环境法学理论
与实务研究

丰晓萌 著

内 容 提 要

本书是以当前环境保护热点为主要背景进行创作的。总体来看,本书从环境法学的基本知识入手,对环境法的基础知识、立法原则、基本权利等内容进行了详细的分析。并在此基础上,重点研究了环境管理体系的构成和环境法律责任的内容。最后还结合我国环境法系对环境法学实务进行了具体阐述。本书在创作过程中,秉承严谨、科学的态度,能帮助读者准确地认识和理解环境法学理论与实务的具体知识,具有较好的指导性。

图书在版编目(CIP)数据

环境法学理论与实务研究/丰晓萌著. --北京:中国水利水电出版社,2014.12(2022.9重印)
ISBN 978-7-5170-2777-5

Ⅰ.①环… Ⅱ.①丰… Ⅲ.①环境法学－研究－中国 Ⅳ.①D922.684

中国版本图书馆 CIP 数据核字(2014)第 308676 号

策划编辑:杨庆川　责任编辑:陈洁　封面设计:崔蕾

书　　名	环境法学理论与实务研究
作　　者	丰晓萌　著
出版发行	中国水利水电出版社 (北京市海淀区玉渊潭南路 1 号 D 座 100038) 网址:www.waterpub.com.cn E-mail:mchannel@263.net(万水) 　　　　sales@mwr.gov.cn 电话:(010)68545888(营销中心)、82562819(万水)
经　　售	北京科水图书销售有限公司 电话:(010)63202643、68545874 全国各地新华书店和相关出版物销售网点
排　　版	北京鑫海胜蓝数码科技有限公司
印　　刷	天津光之彩印刷有限公司
规　　格	170mm×240mm　16 开本　12.75 印张　228 千字
版　　次	2015 年 5 月第 1 版　2022 年 9 月第 2 次印刷
印　　数	3001—4001 册
定　　价	39.00 元

凡购买我社图书,如有缺页、倒页、脱页的,本社发行部负责调换

版权所有·侵权必究

前　言

　　现代科技和经济的迅猛发展,在给人类物质生活带来空前繁荣的同时,也给人类带来前所未有的灾害,不仅造成资源的枯竭和生态的破坏,甚至危及人类的生存和发展。其状况之严重已引起举世之关注。多年来,各国法学专家、学者为解决环境污染和生态破坏进行了艰苦的努力,从而使环境法成为自二次世界大战以来发展最快的法律部门之一。可见,环境法作为一门新兴的部门法,是伴随着环境问题的产生而逐步发展起来的,究其目的乃是人类为了应对自工业革命以来不断升级的环境危机,弥合人与自然之间日趋紧张的态势而设计的用以调整人与自然关系的法律机制。环境法经历了产生、发展和不断成熟阶段。环境法的每一次跃进,无不与时代之发展、社会之变革休戚相关,环境法在当代进一步兴盛的趋向也正是以生物时代、环境时代和信息时代的到来作为其不断成熟的时代背景。

　　为了在环境保护领域做到有法可依,我国立法部门自20世纪70年代末开始进行了一系列的立法活动。到目前为止,我国已经形成了相对完善的以基本法为核心、部门法为基础和行政法规为补充的社会主义环境法律体系。但由于我国仍然并将长期处于社会主义初级发展阶段,发展经济提高人民生活水平一直是我们所面临的长期任务,因此,在发展经济与环境保护之间长期以来存在着十分尖锐的矛盾,各种环境法律规章得不到有效的遵守和实施,行政司法部门在环境执法上困难重重。其结果是在经济发展过程中,往往忽视对生态环境、自然资源的保护和合理利用,造成了大气污染、水污染、噪声和固体废物加剧、森林减少、沙漠扩大、草原退化、水土流失、物种灭绝等一系列日趋严重的环境问题。因而,我国环境法治建设事业仍将面临着长期而艰巨的任务。

　　本书力求紧密联系我国环境法制建设的实践和环境法学研究的前沿领域,努力吸收近十几年我国环境法制建设的丰富经验和国内外环境法学研究的最新理论成果,论述了我国环境法学的基本理论。主要内容包括:环境法的概念、特征、目标、适用范围和作用;环境立法的原则;环境权的性质、特征、主客体和内容;环境管理体系;环境法律责任;我国具体的环境法系等。

　　为适应中国生态环境保护事业的发展需要,环境法学正在迅速发展完善之中。受本人法学理论水平与实践经验的局限,目前的研究所得仍然是初步的，尚需进一步深化和拓展。因此，书中的错误与疏漏必然在所难免，期盼法学界同仁与读者给予批评指正。

作　者

2014 年 9 月

目 录

前言 …………………………………………………………………… 1

第一章　环境法学导论 ………………………………………………… 1
第一节　环境的概念 …………………………………………………… 1
第二节　环境问题 ……………………………………………………… 3
第三节　环境法学的基本问题 ………………………………………… 7

第二章　环境法概述 …………………………………………………… 11
第一节　环境法的概念和特征 ………………………………………… 11
第二节　环境法的目标和任务 ………………………………………… 16
第三节　环境法的适用范围 …………………………………………… 18

第三章　环境立法的原则 ……………………………………………… 25
第一节　可持续发展原则 ……………………………………………… 25
第二节　公众参与原则 ………………………………………………… 30
第三节　风险预防原则 ………………………………………………… 34
第四节　其他原则 ……………………………………………………… 38

第四章　环境法的基本权利研究 ……………………………………… 45
第一节　环境权的性质和特征 ………………………………………… 45
第二节　环境权的内容体系 …………………………………………… 68

第五章　环境管理体系 ………………………………………………… 74
第一节　环境管理概述 ………………………………………………… 74
第二节　国家环境管理体制 …………………………………………… 79
第三节　我国环境保护的执法与司法 ………………………………… 99

第六章　环境法律责任 ………………………………………………… 105
第一节　环境法律责任概述 …………………………………………… 105
第二节　环境行政责任 ………………………………………………… 109

第三节　环境民事责任……………………………………… 117
第四节　环境刑事责任……………………………………… 123

第七章　环境法学实务研究——我国环境法系……………… 132
第一节　环境污染防治法系………………………………… 132
第二节　自然资源保护法系………………………………… 169

参考文献……………………………………………………………… 196

第一章 环境法学导论

环境法学是"环境与资源保护法学"的简称,是以环境法这一独立的法律部门为主要研究对象的一门重要的法学新兴学科,具有突出的自然科学和社会科学交叉的特点。环境问题是当前人类面临的一个重大课题,生态文明时代,加强环境法学研究具有重要的理论与现实意义。

第一节 环境的概念

"环境"是日常生活中的常用词汇,但是环境法学与环境科学中的"环境"一词却有其特定含义,与日常生活中的词义不尽相同。要学习研究环境法学,应首先区分环境的一般概念、环境科学上的概念以及环境法学中的环境概念,明确它们的内涵。

一、环境的一般定义

一般意义上,人们使用"环境"一词时,总是先确定一个中心主体,然后将周围的事物定义为这个主体事物的环境,所以,中心事物不同,环境的具体含义也不同,可见环境是个可变的、相对的概念。因此,研究某一具体的环境概念时,必须先确定其中心事物,这样才可以准确把握环境的定义。

二、环境科学中的环境定义

环境科学中的"环境"是以人类为主体进行定义的,主要指人类环境。这一概念最初是在1972年联合国人类环境会议上提出。它是指人类生存与发展的空间场所和物质来源,其含义可概括为"作用在'人'这一中心客体上的、一切外界事物和力量的总和"。

人类环境与生态学中的"环境"不同,生态学中的"环境"是以整个生物界为主体的生物生存的外部空间和事物,主要包括大气、水、阳光、土壤及其他物质。其主体事物是涵盖动物、植物和微生物的生物界,当然人类包括其中。而人类环境则是以人类为主体。

按环境系统与人类生活的密切关系的程度,可将人类环境系统由小到大分为聚落环境、地理环境、地质环境和星际环境。按人类环境要素的形成,可把环境划分为自然环境和人工环境。自然环境是指人类赖以生存和发展的自然环境体系,如大气、水、土壤、日光辐射等,人工环境也叫人为环境即经人类改造过的环境,是人类在自然环境的基础上,用劳动和智慧创造出来的,如城市、水库、道路、房屋、风景名胜等。环境科学中所研究的人类环境系统一般不包括精神因素。

三、环境法学中的环境定义

环境科学和环境法学对"环境"的定义都是以人类为中心,二者具有一致性,但是,环境法学所规定的环境的范围同环境科学中环境的范围并不完全相同。首先,环境法律所强调保护的环境一般以人力所及为限,在范围上比自然科学中的环境范围要窄。环境法学中的环境局限于当期人类的行为和活动所能够影响和支配的范围内,如太阳光和热及其活动是人类生存不可缺少的基本要素,但法律目前无法规定保护太阳。其次,在自然科学中环境的定义往往比较一致,而在环境法学中,由于各国的政治、经济及法律文化背景的不同,其立法表述也有区别。比如韩国1978年《环境保护法》第二条规定:"本法所称'环境'系指作为自然状态的自然环境和与人类生存有密切关系的财产,与人类生活有密切关系的动物和植物,以及这些动植物所需的生存环境。"俄罗斯《自然环境保护法》第四条规定的生态环境保护对象包括:天然生态系统、臭氧层、微生物、遗传基因、土地、地下资源、森林、大气、动物界、自然景观等。

各国法律对环境的定义主要采取概括式和列举式两种方法。概括式的环境定义如1991年《保加利亚环境保护法》,其对"环境"的规定如下:"环境是相互关联并影响生态平衡、生活质量、人体健康、文化与历史遗产和景观的自然与人工因素综合体。"列举式的环境定义最典型的即1990年颁布的《英国环境保护法》,其将"环境"规定为:"环境由下列媒体或其中之一组成,即空气、水和土地;空气包括室内空气、地上或地下的自然或人工建筑物内的空气。"[①]

我国环境法采取概括式和列举式相结合的方法对环境进行定义,即先对环境作概括性规定,之后又列举了当前与人们密切相关的14类环境要素。《中华人民共和国环境保护法》第2条规定:"本法所称环境,是指影响人类生存和发展的各种天然的和经过人工改造的自然因素的总体,包括大气、水、海洋、土地、矿藏、森林、草原、湿地、野生生物、自然遗迹、人文遗迹、自然保护区、风景名胜区、城市和乡村等。"

---

① 陶信平.环境资源法学.西安:西安交通大学出版社,2006,第2页

第二节 环境问题

由于人类活动的不合理导致了环境问题的出现,主要表现为水污染、大气污染、噪声污染、放射性污染、水土流失、土地荒漠化、生物多样性减少等。环境问题已影响到人类的生产、生活和健康等多个方面。环境法是基于应对环境问题而提出,学习环境法学要先了解和认识环境问题。

一、环境问题的概念

环境问题是指因自然环境的运动变化而给人类造成的一切有害影响和危害。广义的环境问题包括第一类环境问题和第二类环境问题。第一类环境问题又称原生环境问题,主要是指由自然现象如火山爆发、地震、洪水、海啸所引起的环境问题。环境科学和环境法学所研究的环境问题主要是人为环境问题,即第二类环境问题又称次生环境问题。人为环境问题一般可分为环境污染和环境破坏。环境污染主要是指由于人们在生产建设或者其他活动中产生的废气、废水、废渣、粉尘、恶臭气体、放射性物质以及噪声、电磁波辐射等对环境的污染和损害。环境破坏是指由于人类不合理地开发和利用自然资源,过度向环境所取物质或者能量,使自然资源的恢复和繁殖能力受到破坏的现象。如水土流失、土地荒漠化、盐渍化、生态平衡失调等。环境破坏和环境污染具有密切联系,二者具有复合效应。环境破坏可以降低环境的自净能力,如森林减少会加重大气污染,而环境污染又会降低生物生产量,加剧环境破坏。

二、环境问题的产生

如果说早期的环境问题主要是人类对自然资源所造成的破坏,那么到18世纪工业革命及其之后,环境问题的主要表现为工业化和都市化加快、人口激增、科技滥用所造成的环境污染现象。总体上,人类环境问题可以大致分为以下三个时期:

第一个时期,即工业革命开始以前,这是环境问题的萌芽阶段,又称古代环境问题。这个时期人类改造自然环境的能力低下,人类所取自然及向自然中排放的废弃物都未超过环境的承受能力,此时,环境污染问题并不突出。如在原始的捕猎阶段,主要依靠采集、捕猎自然食物来获取生活资料,人与环境的关系的基本特征是人对自然的依赖与崇拜,所谓的"环境问题"主要指因为乱采、乱捕而导致的森林和草地的损毁等。以农业为主的奴隶社会和封建社会中出现了稳定的农、畜牧业、手工业和一定规模的工商业城市。农业和畜牧业虽然要依赖自然条件进行生产,对环境会造成一定的破坏,如水土流失、土地沙漠化、盐渍化等。但因农业生产活动向环境排放的废弃物并不多,一般不会超出环境的自净能力,所以环境污染表现得还不突出,只是在有些城市、手工作坊等人口密集的地方,曾出现轻微环境污染。

第二个时期,即工业革命开始(约18世纪60年代)至1945年第二次世界大战结束,这是环境问题急剧发展、环境污染和环境破坏加剧的阶段,又称近代环境问题。这一时期人与环境的关系是人对环境的占有、征服、统治和掠夺。工业革命促进了生产力的飞速发展,提高了人类改造自然的能力。但人类不合理的经济活动也改变了环境的构成,一系列环境问题随之显现。这个时期的环境问题主要为:首先是环境污染,表现为工业"三废"的点源污染和区域性污染,以煤烟尘、二氧化硫造成的大气污染和以矿冶、制碱等化学工业造成的水质污染为主;其次是生态破坏。因现代化工业的发展需要大量的资源与能源,采掘业、采伐业、捕捞业得以迅猛发展,人类掠夺式的开发导致自然环境遭到破坏,区域性生态平衡失调。主要表现为开发矿产和自然资源所造成的植被破坏和资源破坏,以无林化和水土流失为主。

第三个时期,即从第二次世界大战结束至今,这是环境问题全面发展和局部被抑制的阶段,又称现代环境问题。第二次世界大战结束之后,由于人口迅速膨胀,城市化和工业化加速,人类开发利用环境的能力、规模、强度大大提高,人类活动对环境的冲击逼近环境的承载能力和自净能力,环境污染和生态破坏开始成为全世界关注的一个严重社会问题;与此同时,环境保护开始成为全人类的事业,人类防治环境问题的能力日益提高。这个时期的环境问题主要表现是:因大规模开发、利用、消耗资源能源所形成的水资源、土地资源、石油资源、矿产资源、生物资源等资源危机;局部环境问题和个别环境问题有所抑制,整体环境问题继续恶化;环境问题全球化,如全球气候变化、臭氧层破坏、酸雨、核污染、荒漠化、水资源短缺、跨界环境损害等。

表面上看,环境问题的严重化主要是因为社会生产力的发展、人口的急剧膨胀、科技的滥用等,但环境问题日益加剧的根本原因是人类对环境的价值认识不足、环境保护意识淡漠,缺乏良好的发展规划和环境规划。人类生态环境是一种"经济—社会—自然"的综合复合体,人的生态和人的心态与生态环境密切相关,环境问题的解决有赖于人类生态观和价值观取向的转型。

三、环境问题的性质

关于环境问题的性质,概括起来主要有如下几种观点。

(一)环境问题是一个政治问题

环境问题成为政治问题的主要表现是：环境问题往往与执政理念、选举等相联系。如环境问题的状况、解决机制、处理环境问题的决心往往与一个国家的发展政策及对环境问题的重视程度关系密切，反映一个国家领导层的执政理念。环境问题的处理成效，也逐渐成为衡量一届政府、一个政党的名声和前途的一种依据或标准；如何对待环境问题也往往成为西方国家政党竞选能否取胜的一个关键因素。

(二)环境问题是一个经济问题

从经济分析的角度看，环境问题主要是一个经济问题，各种不适当的经济活动和经济体制催生环境问题。不适当的经济活动指不可持续的生产方式、消费方式，资源开发、利用方式。由于企业以盈利为目的，是市场经济中理性的"经济人"，往往不愿投入人力、物力进行污染治理及环境保护，这种只顾眼前经济利益的不可持续发展的发展思维和模式是造成环境问题的基本原因。

(三)有关环境问题性质的其他观点

有些人认为环境问题主要是一个社会问题，其产生的原因来自多个方面，如道德、教育、文化、宗教信仰、风俗习惯等。例如，环境伦理学家将环境恶化归结于人们缺乏保护环境和热爱大自然的良好道德，他们提倡通过培育人们的环境道德来实现人与自然的和谐共处。一些专家学者将环境问题当做技术问题、生产问题、卫生问题、地理问题、生态问题来看待。也有人认为环境问题主要是一个国际问题，比如核污染、跨国酸雨、危险废物越境转移、迁徙动物保护、公海污染、臭氧层破坏、全球气候变化、全球水危机、热带雨林和生物多样性锐减等，已经成为国际关系、国际和平和国家安全中的一项重要内容。

环境问题与社会生产和生活的各个领域相互影响、相互作用。总体来看，当代环境问题既是一个政治问题、经济问题、生态问题、技术问题、国际问题，也是一个道德问题。各种环境问题的实质，都是指人与自然的关系的失调、失衡和恶化现象，是人与自然的非和谐相处。

四、环境问题的成因

关于环境问题的成因，学界和实务界见仁见智。其原因可归纳为如下几方面：

(一) 市场失灵

市场失灵是指市场不能正确估计和分配环境资源,从而导致商品和劳务的价格不能完全反映它们的环境成本。市场失灵主要反映在以下几个方面:(1)环境的成本外部化。对于经济过程中所需要的环境要素(如空气、水、环境的纳污能力等)的投入和产出,特别是由此产生的广泛的社会后果,如对他人身体的健康、财物、环境的舒适性的损害等,市场本身没有折合成与污染者有关的成本和收益,让污染者承担,结果导致大量的污染。(2)产权界定不清。在产权不清晰的情况下,被污染者是无法要求赔偿的。而且,即使产权明晰,如果污染者有权污染,则被污染者要想避免污染,就只好支付资金给污染者以使之停止污染;而如果污染者无权污染,则被污染者实施赔偿的过程又需要成本,这也阻碍了赔偿的进行。(3)生态系统估值不当。在环境的总体经济价值中,环境资产的直接使用价值量容易定量化,它等于由资产提供的实际产品和劳务。一种资源的某些用途能够出售,而其他用途却不能。因此导致资源不能出售的那部分用途被忽视,从而导致资源被过度利用。

(二) 不利于环境保护的经济增长方式

经济增长方式是一个国家或地区国民经济增长实现的方法、方式和手段、途径的总称。它可以分为粗放型经济增长方式与集约型经济增长方式。通常情况下,在生产技术较低的条件下,往往以粗放型经济增长方式为主,而粗放型增长则主要依靠大规模投资,大量增加劳动力、机器设备、能源等生产要素来实现经济增长的,这种增长方式大多以高投入、高消耗甚至高污染为代价,不具有经济增长的可持续性。

(三) 人口规模的膨胀

人口经济学家认为,人口增长过快是地球环境退化的一个重要原因。人口快速增长,对自然资源过度索取,有时为了生存,不惜以牺牲环境为代价,对环境造成了极大的破坏。而且世界人口城市化的趋势极为明显,人口城市化引起一系列环境问题,如大气、水、土和生物等环境污染,以及噪声污染、交通拥塞等城市生态环境问题。

(四) 国际贸易的影响

自由贸易会增加市场失效的可能性,并使外部性在国家之间传递。如发达国家将污染转移至欠发达国家。一方面,发达国家从欠发达国家大量进口的常常是对自然资源依靠程度很高的初级产品,如木材、农产品等,发达国家通过进口这些产品,降低对环境的破坏。另一方面,发达国家的环境标准通常高于欠发达国家,一些发达国家便将污染严重的工业迁移到欠发达国家。

五、环境问题的对策

不同学科对环境问题有不同的解决思路,比如：

(1)经济学研究认为通过完善市场机制可解决环境问题,一方面要改变社会的经济结构,另一方面要实行环境的商品化和价格化。

(2)行政学研究认为应通过法律法规实行环境保护,加强公权力对环境污染及破坏行为的规制。

(3)生态学(地学、生物学)认为应制定长期的环境政策来解决应对生态平衡的破坏,生态平衡的破坏是环境问题中的主要问题。

(4)工程技术学认为环境污染属于技术问题,只要解决了污染防治技术,环境问题便可以迎刃而解。

(5)法学研究则认为应从公民权利保护的立场把握环境问题,将重点放在环境损害责任的界定及因果关系的认定等方面的实际处理上。可见,在对待环境问题上,思路必须开阔,必须全方位地分析、掌握和解决问题。

随着环境问题的多学科研究以及环境管理的实践的发展,20世纪70年代之后各学科的环境保护思想和方法也被有机地统一在一起：通过市场机制确认环境的价值,以成本效益分析的方式判断环境政策的优良；通过行政法规控制环境污染和环境破坏,以环境管理政策管制自然资源的开发利用；通过法律手段规范人类行为,确立公民的环境权益和企业的环境责任,保障环境保护的经济、行政等措施得以有效实施；以科技的进步为基础,提高自然资源和能量的利用效率,减低污染物的产生等。

20世纪80年代之后,整合型的环境保护理念基本形成,这就是可持续发展思想和战略的出现。不少国家制定了"环境基本法"或"环境法典",将与人类生活息息相关的环境问题纳入了法制化道路,以期通过依法治理实现社会、经济和生态环境的可持续发展。

第三节 环境法学的基本问题

作为一门独立的部门法,环境法学的概念、环境法学的属性、研究范围和研究对象、与其他学科的关系以及如何进行学习与研究都是环境法学的基本问题。

一、环境法学的定义

一般认为,环境法学是以环境法这一新兴部门法为其主要的研究对象,内容涉及环境法的产生和发展、环境法的目的和任务、环境法的体系、环境法的性质和特点、环境法的原则和基本法律制度、环境法基本理论等的一门科学。

还有一部分学者将环境法学定义为对环境立法和环境资源保护的理论与实践概括,以环境法的发展规律及其方法作为研究对象的一门新兴的法学学科;也有学者认为环境法学是研究关于保护自然资源和防治环境污染的立法体系、法律制度和法律措施的科学;环境法学是指对环境立法和司法实践进行理论概括的科学。等等。尽管不同学者对环境法学的定义不同,但总体上讲,对于环境法学是一门新兴的交叉的法学学科的定位却不存在什么分歧。[①]

二、环境法学的属性

环境法学是一门独立的部门法学。是否有独立的保护与调整的对象即一定的社会关系是一个法学部门存在的基本依据。人类生存环境是环境法的保护对象,人们生产、生活活动中形成的与保护和改善环境有关的社会关系,构成了环境法学这一特定的新型部门法调整的对象。因为有明确的调整对象的存在,环境法学从根本上与其他部门法学得以区分开来。

现代环境法学成为一个独立的部门法学,有其必然性的原因:

(1)环境问题作为对社会影响日益广泛的问题,必须纳入国家管理的范围。环境法作为独立的法律部位,是我国社会主义建设发展的必然趋势。不断规范环境立法、环境执法与监督,是社会发展的客观要求。

(2)国家对环境的管理需要通过多种手段,其中特别重要的是法律手段。现代科学技术的发展,尤其是污染防治技术的发展,使国家通过颁布大量环境与资源保护法规,对环境进行经济的、技术的综合治理已成为可能。

(3)环境与资源的整体性决定了环境与资源保护的社会关系是一种特殊的社会关系,需要整体的、全面的保护和调整。环境社会关系的公益性使得对环境的保护和改善带来的恩泽与环境的污染和破坏带来的祸患不分阶级的由全社会共同享受和承担;环境社会关系的技术性也使得原有的各个部门法都不能满足这种需要,而必须创建一个新的综合性的并能对环境与

---

① 金瑞林,汪劲.20世纪环境法学研究评述.北京:北京大学出版社,2003,第31页

资源进行整体、全面保护的法律部门来满足这种需要,这就促进了环境法学作为工业社会的一个新兴部门法学迅速建立和发展起来。

环境法学又是法学和环境科学相结合的一门边缘学科,具有明显的自然科学和社会科学交叉渗透的特点。环境法学是随着环境科学的产生和发展而逐渐与法学相融合而产生和发展起来的。环境法学是法学和环境科学、资源科学、生态学等相互交叉、渗透的产物。

三、环境法学的研究范围

作为法学学科,环境法学主要以环境法作为研究对象。同时,作为法学与自然科学相结合的交叉学科,其研究范围既涉及法理学、行政法、民法、经济法和刑法等法学学科,而且还涉及环境科学、环境社会学、环境经济学等其他自然学科和社会科学学科。

具体而言,环境法学的研究对象及范围包括:

(1)环境法的理论基础,包括生态学基础、伦理学基础以及经济学基础。

(2)环境法的基础理论,主要包括环境法的概念与特征、环境法的产生与发展、环境法的地位与作用、环境法体系、环境法的适用范围、环境法律关系的内涵及环境权理论等。

(3)环境立法问题,涉及环境立法体系及结构现状、法律法规的协调、立法缺陷、立法规划及创新发展等。

(4)环境法的基本制度,包括环境影响评价制度、"三同时"制度、突发事件应急制度、限期治理制度、生态补偿制度等。

(5)环境法律责任体系,即包括违反环境法的行政法律责任、环境民事责任、环境刑事责任。

(6)有关环境污染防治法、自然资源法、区域生态环境保护与建设法、自然灾害防治法等具体领域的法律规范及实践。

(7)国际环境法,包括国际环境法的基本原则、国际环境保护条约、国际环境法律制度。

(8)其他部门法学和环境科学的研究成果。

四、环境法学与环境科学的关系

环境法学是环境科学与法学在环境保护中有机结合的产物。环境法学与环境科学之间有着紧密的联系:一方面,环境法学的发展以环境科学为基础。环境科学作为一门综合性学科,运用多学科的理论来研究环境问题,形成了众多的分支学科,在自然科学方面有环境生物学、环境物理学、环境医学等,在社会科学方面有环境经济学、环境管理学等。只有环境科学得到发展,人们对环境问题的认识才能更加深入,环境法学才能建立在科学的基础之上。同时,科学的发展能够提供更加有效的检测手段和准确的数据信息,法律法规的制定才更精良和完善。另一方面,环境法学为环境科学的发展提供了强有力的法律保障,从而促进其向着健康的方向发展。

此外,环境科学和环境法学之间存在着如下区别。

首先,环境科学主要揭示环境的运动变化规律及其与人类社会活动之间的关系;环境法学则从人类行为规范的角度进行研究,为人类社会确立符合自然规律的行为准则。

其次,环境科学要研究人类行为与自然环境之间的关系,实现人类社会与环境之间的持续发展;环境法学则需以人类环境利用关系为对象,在实现"人类正义"理念的基础上树立全新的"环境正义"(environmental justice)法律理念。

再次,环境科学要研究环境变化对人类生存和发展的影响,为提高环境质量、制定各种环境质量标准提供科学依据;环境法学则需要将这些科学依据、准则和操作规程转变为行为规范和法律后果,赋予其法律效力。

最后,环境科学要研究环境变化对人类生存环境的影响,探索环境污染和环境破坏的综合防治措施;环境法学则需环境法学以环境科学就环境变化对人类影响的因果关系为依据,研究人为环境侵害造成人类既定权利和利益侵害的预防和救济措施,确立法律的保护性和制裁性规范。

环境法学应当注意与环境科学的渗透和融合。它应以法学为源本基础,运用法学的原理,吸收相关学科如环境生物学、环境经济学、环境管理学的科学成果,深入研究环境法学的特点和基本理论,以加强国家的环境与资源保护法制建设,充分发挥法律机制在国家环境管理中的作用。

第二章 环境法概述

环境法是个后起法律部门,因此,环境法存在很多不足之处。从环境法的发展历史来看,环境法具有与民法相似的特征,当然也具有一些不同之处。本章主要研究环境法的概念、环境立法的目标和环境法的适用范围。

第一节 环境法的概念和特征

人类为了更好的生活,已经创造了无数个环境法律文件。这些文件不仅名称各不相同,而且在内容上也存在差异。由此可见,人们对于什么是环境法这个问题的认识存在很大的差异。因此,我们必须先确定环境法的概念,并对它的特征加以总结,从逻辑上确定环境法这个概念的内涵和外延。这不仅仅是为了环境法律实践的方便,更是为了研究的方便,尽管这种说明可能还不是最后的结论。事实上立法者在加给他们所创造的环境法律文件某种名称时,法学家,也包括讨论环境法律问题的其他学问家,在探讨环境法的或与环境法有关的问题时,都使用了或确定了"一般性的解释"。我们这里就来总结过去的立法者和学问家所确定的一般解释,以探求更为合适的一般解释。

一、环境法的概念

从世界范围来看,环境法的名称各不相同,诸如《自然保护法》(德国)、《公共卫生法》(英国)、《环境政策法》(美国)、《污染控制法》(德国)、《环境基本法》(日本)等。从其内容来看,各个国家的环境法大概都是针对合理利用和保护环境与自然资源,从而改善人类的生产生活环境和自然生态环境,防止污染、资源破坏和其他环境侵害的法。

在我国环境法学界,众多学者为环境法的定义做出了努力。有学者把环境法定义为:"调整人们在开发、利用、保护和改善环境的活动中所产生的各种社会关系的法律规范的总称。其目的是为了协调人类和环境的关系,保护人民健康,保障经济社会的持续发展。"[1]有的学者认为环境法"是以保护和改善环境、警惕和预防人为环境侵害为目的,调整与环境相关的人类行

---

[1] 王灿发.环境法学教程.北京:中国政法大学出版社,1997,第19页

为的法律规范的总称"[1]。还有的学者给出如下定义:"环境法,是由国家制定和认可,并由国家强制保证执行的关于保护与改善环境,合理开发利用与保护自然资源、防止污染和其他公害的法律规范的总称。"[2]这些定义都注意到了以下几个方面:

第一,它们都注意到了对利用环境的活动的规范。利用环境是一切环境问题的根源,也是环境立法的最后目的。

第二,都关注人类对环境的侵害以及这种侵害给人类带来的危害,比如公害。

第三,都注意到了人类对环境的付出,包括保护和改善。

作者认为,上述定义对环境法的本质做出了规定。为了能够更加方便的理解,本书对环境法的定义作出梳理:环境法是为了改善人类生产生活环境和自然生态环境,合理利用和保护环境与自然资源,防治污染、资源破坏和其他环境侵害的法律。

对这个定义需要做如下说明:

第一,环境法学中的环境是指人类居住的生产生活环境和生态环境,而非环境法律文件中的环境,如立法环境等。不仅是学者,还有普通民众,他们已经认识到自然生态系统的重要性。维持整个生态系统的稳定,已经是人类生活的必要措施。现存的环境法定义有一定的现时性意义,而我们的讨论则是具有一定的理想性。

第二,环境法的立法目的不仅仅是维护整个生态系统的稳定性,还应该承担已破坏的生态系统恢复或改善。所谓恢复或者改善,主要包含两个方面的意义:一是恢复人类活动已经破坏的环境,使之适合人类的生存或者发展状态;二是对威胁人类的自然生态环境,采取积极措施,使之适合人类的需求。

第三,环境法应规定环境破坏者应承担的责任,并对其民事责任、行政责任作出详细规定。环境法对环境破坏的定义尚不清晰。因为很多情况下环境破坏的效果并不能立即发现,不能作出有效的辨别。就现在各国的立法情况看,环境破坏的定义往往就只停留在当时能够发现的环境危害上。

第四,环境法允许人类对自然环境的合理利用。所谓合理利用,至少包含三方面的含义:第一,避免资源浪费的合理利用;第二,可持续利用,资源利用应在环境可承受范围之内,在维护资源再生所须条件下利用资源;第三,在充分考虑环境开发结果的情况下利用资源。

---

[1] 汪劲.中国环境法原理.北京:北京大学出版社,2000,第32页
[2] 金瑞林.环境法学.北京:北京大学出版社,1999,第31页

二、环境法的特点

环境法就其调整对象来看,具有民事法律和行政法律综合的特点。概括来看,环境法的特点主要有以下几个方面:

(一)综合性

环境法与其他部门法律相比,具有明显的综合性的特点。其他部门法律其调整对象和调整手段往往比较单一,例如刑法和民法。而环境法律则因为是行政法律、刑事法律和民事法律的综合,因此在调整手段、调整范围上都有一定的综合性。在调整手段方面,环境法可以利用行政类的公法手段,如行政管理。涉及环境危害他人生命的,环境法还可以利用刑事处罚手段。涉及民事权利侵害的,环境法还可以用民事制裁手段。在调整领域方面,环境法可以调整与人类生活有关的全部内容,如资源开发、能源利用、土地使用、废物处理等,达到环境保护与人类生活的协调。

要解决广泛领域中的和种类繁多的环境问题,要对付由综合性的原因造成的环境问题,就必须使用综合性的法律武器。从环境立法的实际情况可以看出,环境单行法规特别多,比如,中国有《大气污染防治法》、《水污染防治法》、《环境噪声污染防治条例》、《建设项目环境管理条例》、《民用核设施安全监督管理条例》、《放射性同位素与射线装置放射防护条例》、《防止拆船污染环境管理条例》、《防治陆源污染物污染损害海洋环境管理条例》、《防治海岸工程建设项目污染损害海洋环境管理条例》、《海洋石油勘探开发环境管理条例》等等,这些名称已经向我们透露了这样的信息,即环境问题多种多样,或者说我们要保护或改善的环境的范围非常宽泛,从太空到海底,从海洋到陆地,从动物到植物、矿物,从工农业生产到每家每户的日常生活,等等,无不在环境法的调整范围之内。环境法不是只保护某一个或某几个领域,而是要保护所有这些领域以及这里没有提到的其他领域。

环境立法的实践也告诉我们,环境问题的种类也是多种多样的。有很多问题是普通民众无法感觉到的,例如,臭氧层耗损(法律文件有《保护臭氧层维也纳公约》)、全球气候变暖(法律文件有《联合国气候变化框架公约》)、生物多样性减少(法律文件有《生物多样性公约》)、土地荒漠化(法律文件如《联合国防治荒漠化公约》)、核污染(法律文件如《核安全公约》)等。环境法不是仅解决一个或几个环境问题,而是要解决全部这些以及这里没有提到的其他环境问题。

从以上分析可以看出,环境法不得不采取综合手段,以实现自身的立法目的。要控制污染,要阻遏生物多样性减少的趋势,不能不采取行政的手段,如排污许可制度。保护公民环境权利,要求侵权者对侵权行为承担民事责任是理所当然的。严重的环境侵害行为会对国家大量居民的生命健康造成威胁,并在一定程度上造成整个环境的利益损失。因此,国家就有必要采取一定的刑事手段。中国刑法就对重大环境污染做出规定,如重大环境污染事故罪,破坏性采矿罪,非法采伐、毁坏珍贵树木罪,非法猎捕、杀害珍贵、濒危野生动物罪等。

(二)科学技术性

所谓科学技术性是指环境法的制定和执行要建立在科学研究的基础上,对其中要包含的要素确立科学标准。

环境法的科学技术性是由环境本身的特性所决定的。人类要改善和利用自然环境,就要遵守环境规则。而环境规则遵守就要以科学数据为依据。这是因为环境规则本身就包含着很多科学知识。人们只有进入科学的高度,才能正确认识它。例如,环境法中规定的排污标准,必须要建立在对环境可承受能力的科学认识上。从这一点看,只要涉及环境标准问题,就一定包含科学因素。环境是自然的对象,也是科学研究的对象。只有进入到科学的高度,人们才能真正认识环境。人们在掌握了关于环境的科学知识之后才能正确认识环境,才能做出正确的决策。

许多国际环境法律文件也都提到科学技术。例如,《里约环境与发展宣言》提出的各国为实现"可持续发展"而"加强本国能力建设"的途径就是"通过开展科学和技术知识的交流来提高科学认识,并增进各种技术——包括新技术和革新性技术的开发"[①]。再如,《人类环境宣言》相信,"随着社会进步和生产、科学及技术的发展,人类改善环境的能力也与日俱增"。这些都说明,不仅环境和环境问题需要用科学来说明,环境问题的解决也需要科学技术,实现对环境的有效保护或者改善,必须使用科学技术手段,而用来规范环境利用、保护和改善活动的环境法不可能离开科学技术,不能不按照科学技术的要求向利用环境和负有保护和改善环境义务的人们规定行为准则。

人类的自然环境和生态知识远远没有达到科学顶点,一部分环境问题没有遇见,有一部分环境问题还仍旧没有结论。显然随着当代人类社会的不断扩张,环境问题会逐渐完全暴露在人们的视野中,显然人类的知识未必能够全部解决这些问题。因此,国际环境立法大多选择"宁信其有,不信其无"的态度,采取防止措施。《里约环境与发展宣言》原则 15 规定:"为了保

[①] 《里约环境与发展宣言》原则 9。

护环境,各国应按照本国的能力,广泛使用预防措施。遇有严重或不可逆转损害的威胁时,不得以缺乏科学充分确实证据为理由,延迟采取符合成本效益的措施防止环境恶化。"这种要求也是符合科学规律的,但由于采取措施的依据是不确定的科学结论,所以也有的学者称之为环境法的"科学不确定性"。

(三) 社会性

社会性又称社会公益性,是指环境法的立法宗旨是维护整个人类社会的利益,而不是针对某个阶级、阶层、集团或个人的利益。这种利益甚至不是针对某个国家的,而是地球上生活的全体人类的。整个人类是自然环境的人类共同体。

如果说民法保护具体当时人的利益,那么环境法首先关心的是一定环境区域内的人们的共同利益。与刑法相比,一般来说,刑法也是保护具体的公民或法人的利益,而环境法所保护的利益不具有这种具体性,而是具有明显的不特定性。虽然说刑法、行政法和环境法都在保护公法利益,但是环境法保护的公法利益与前两者却有明显的不同。行政法和刑法所保护的公共利益都以一定政权管辖范围为限,是一定政权所保护的利益,甚至就是一定政权的利益,具有一定的阶级性,而环境法所要保护的利益却没有阶级限制。尽管具体国家的立法可以宣布只保护本国的利益,但由于环境问题的全球性,环境法发挥作用时其保护的具体利益往往超出国家的范围,不发挥作用的话受害群体也不仅仅局限在本国范围内。得到保护的利益超出国家的范围,不发挥作用时受到损害的也不只是国界范围内的利益群体。

(四) 国际关联性

环境法的国际关联性是指任何一国的环境法真正产生实际作用还要同其他国家的环境法制定与执行保持一致。因此,从立法的角度来看,一国建立环境法时往往要考虑其他国家对环境的态度和采取了或将采取怎样的法律措施等,而不是简单地使用国内立法权设置某种规范。

在一般情况下,立法是显示国家主权的必要组成内容。主权国家可自主构建其所需的各种法律法规,而不必考虑别国是否建立以及建立怎样的法律,除非是为了向别国学习或者考察国际舆论的态度。每一个国家的法律都各不相同,例如一部分国家把婚姻关系作为民事关系的一种,从而把对婚姻关系的规定放在民法之中,而在中国则有专门婚姻与家庭法律;有的国家设定风化罪,但其他国家并没有效仿。然而由于环境问题已经得到世界大多数国家的认同,环境立法已经成为国际舆论的一种要求。

环境方面的国际公约要求各个参与国家尽到环境立法的国际义务,例如《防止倾倒废物及其他物质污染海洋公约》要求缔约国"个别地和集体地采取有效措施,以防止因倾倒而造成的海洋污染,并在这方面协调其政策"(第2条)。每一个主权国家尽到义务最明显的一种方式就是进行环境立法。这就为国际环境立法建立一种无法斩断的联系。

一些国际环境法律文件的规定给缔约国环境法规定了两种不同程度的"关联",一种是采取一致行动,一种是采取与能力大小或条件好坏相应的行动。《里约环境与发展宣言》关于"各国负有共同但有差别的责任"(原则7)的规定,就为后一种"关联"提供了根据。

第二节 环境法的目标和任务

对环境法基本问题的研究,应包括环境法的目标和任务问题。立法的目标,决定立法的指导思想和法律的调整方向,有助于正确制定、理解和执行法律。

一、环境法的目标

环境法的目标,是指国家在制定、认可或修改环境法时希望达到的目标或预期要实现的结果。立法目标决定立法的指导思想和法律的调整对象。

我国《环境保护法》第1条规定:"为保护和改善生活环境与生态环境,防治污染和其他公害,保障公众健康,推进生态文明建设,促进经济和社会可持续发展,制定本法。"这是我国最新颁布的《环境保护法》的规定。把追查我国《环境保护法》的立法目的历史,发现"保护和改善生活环境与生态环境,防治污染和其他公害"概括为环境法的任务(直接目的);"保障公众健康",促进社会主义现代化建设是环境法的目的(最终目的或根本目的)。

(一)保障人体健康

保障人体健康是宪法赋予环境法的基本职责,因此也是环境法立法的最根本的目的。国家有义务保障人们具有有效工作、维持健康的身体和幸福生活的物质基础和必要条件,环境正是这个条件的基本组成部分。环境污染会给人的身体健康造成极大危害,甚至会危及人的生命。有的还会造成遗传疾病,危害子孙后代。同时,人体健康受到损害,就是生产力的破坏,也会影响和阻碍经济、社会的发展。正由于这样,作为环境法法规重要内容的环境标准,在制定时总要首先考虑污染物对人的致害阈值,确保人体不受危害。

(二)促进经济社会的可持续发展

在我国进入全面建成小康社会、加快推进社会主义现代化的新的发展阶段中,可持续发展已经成为国人关注的一个重要领域。可持续发展要求经济发展和人口、资源、环境相协调。经济发展速度与环境可承受力度保持协调。经济发展能够促进社会进步,但是不可忽视环境这一因素对人们造成的危害。因此,环境法是推进和保障可持续发展战略的重要法律部门,自然要把促进经济社会的可持续发展作为立法目的之一。

虽然上述两个目的,学界已经一致认为是"一元论",但是在实际执行过程中却普遍存在"二元论"的做法。之所以在理论上是"一元论",是因为党的十八大会议上,党中央明确提出要实现经济建设、政治建设、文化建设、社会建设、生态文明建设的五位一体的总体布局。因此,以保障人体健康和防治污染公害为主要内容的生态文明建设与以经济社会的可持续发展在根本上是一致的。然而,从目前看,我国许多地方的政府在操作过程中仍存"二元论"的做法,通常是为经济建设而舍弃保障人体健康。究其原因,我国生产力的发展水平仍旧不高,环保产业仍然没有成为一项支柱产业,经济各项发展仍然没有与之相应的环境保护方法。环保与经济发展仍旧存在分裂的状况。因此,在地方财力有限的情况下,环保投入与建设资金的矛盾会很尖锐。

要实现实际做法与理论思路的同一,在环境立法上还有很长一段路要走。首先要协同中央和地方政府的步调,实现政府真正重视环境保护。其次,要管理好工厂,督促工厂采用环境保护设备。我国很多工厂都存在不安装环保设备,或者安装环保设备不启用的现象。这些极大程度地威胁到我国自然环境,也是实际做法与理论思路不同一的根本原因。因此,在立法的过程中,不仅要治理污染,还要确保污染环境的单位能够正常使用环保设备。最后,要加大环境执法力度,保证环境执法单位的独立性。由于经济发展的原因,地方政府明显存在保护落后产能的倾向。从新闻上,经常可以见到,一些环境执法单位不敢查处污染企业。这其中的主要原因就是地方政府给环境保护单位的压力。建设法治政府,是十八届四中全会明确提出的政府发展方向。法治政府要求地方政府在环境保护司法的过程中,依法办事,不得进行干扰。

二、环境立法的任务

环境法是随着环境问题的日益严重而产生的。环境法是用来治理环境问题的。"保护和改善生活环境与生态环境,防治污染和其他公害",是环境法的直接目的,也是环境法的任务。

(一)保护和改善生活环境与生态环境

环境法的任务不仅是保护环境,不使其恶化,还是改善环境,即治理、改进环境现状,不断提高环境质量;不仅要保护和改善生活环境,而且要保护和改善生态环境,注重的是对自然环境的合理利用和可持续利用。

(二)防治污染和其他公害

由于环境污染日趋恶化,污染防治是环境保护工作中的一件大事,我国《环境保护法》把防治污染和其他公害作为它的一项重要任务。保护和改善环境,防治污染和其他公害、防止资源的耗竭,是环境保护事业的正反两方面或积极方面和消极方面。这正反两方面的规定,构成了我国环境法的任务。

第三节 环境法的适用范围

对环境法的适用范围,学术界存在很多不同观点,这些观点的冲突和争论,为人们更科学地把握这一问题的本质提供了重要借鉴。本节重点研究环境法的适用范围。

一、环境法的适用范围概述

法律的适用范围问题历来是法学研究中的一个基本理论问题,因为它关系到法律的定义和法律部门的划分。例如,张文显教授主编的《法理学》将法定义为:"法是由国家专门机关创制的,以权利义务为调整机制,并通过国家强制力保证的调整行为关系的规范。"[1]各部门法的定义也基本上沿用了同一思路。《民法通则》第 2 条规定:"中华人民共和国民法调整平等主体的公民之间、法人之间、公民和法人之间的财产关系和人身关系。"这一规定不仅界定了民法的调整对象,而且明确了民事法律部门的界限。"民法,乃规定私人与私人之间之法律关系。"[2]行政法则被认为是适用于不平等主体之间社会关系的法律规范的总称。显然,部门法的定义是按照适用范围来进行的,法律部门的划分同样也不例外,因为"'法律部门'这一概念,在有的法学著作和教材中被称为'部门法',它是指根据一定的标准和原则,按照法

---

[1] 张文显.法理学.北京:法律出版社,1997,第 49 页
[2] 胡长清.中国民法总论.北京:中国政法大学出版社,1997,第 9—10 页

律调整社会关系的不同领域和不同方法等所划分的同类法律规范的总和"[1]。由此可见,法律的适用范围问题在法理中占有十分重要的地位,是各门类法学划分与发展的基础。新兴法律部门的存在意义就在于是否与已有法律相冲突,而且是否具有独特意义。因而,在法律研究中,法律的适用范围问题是不能忽略的,而且是应该特别重视的。

环境法学也不应例外。然而,目前学界对此问题展开充分论述的可谓凤毛麟角。其背后的原因也并非是学界已经就适用范围问题达成了共识。因此,我们有必要对其进行探讨。从国际上看,目前学界存在两种不同的观点:一种认为环境法适用于人们在环境保护中的社会关系的法律规范的总称,通过调整人与人的关系间接调整人与自然之间的关系,可称之为人与人关系说;一种认为环境法既适用于调整人与自然关系,又适用于人与人关系,为作区别这里称之为人与自然关系说。这两种观点存在明显的联系,都承认环境法的调整对象包括人与人之间的关系,也都承认环境法同人与自然的关系有关。所不同的是后一种观点具有明显的二元性特征,两种观点分歧的焦点在于环境法能否调整人与自然的关系。

二、关于人与自然关系说

(一)人与自然关系说的逻辑分析

持有人与自然关系说的代表人物是蔡守秋教授。其有关思想集中反映在他主编的几部环境法教材之中。从他的思想发展来看,人与自然关系说的发展经历了几个阶段。从我们的研究中,可以发现人与自然关系说中存在这样几个明显的问题:①按该学说,环境法既能调整人与人的关系,又能调整人与自然的关系的观点,自然而然地得出法律部门二分法的结论,即一种为既调整人与人关系又调整人与自然关系的环境法律部门,另一种为仅调整人与人之间关系的法律部门(因为不存在仅仅调整人与自然关系的法律)。因为"法律部门的划分标准自然就应该是:A.法律规范所调整的社会关系;B.法律规范的调整方法"[2]。人与自然关系说对此种水到渠成的结论却没有论述。②该学说认为:"环境法律关系是一种社会关系即人与人的关系。环境法既可以调整人与人的关系,又可以调整人与环境的关系;在这两种关系中,我们把环境法调整的人与人的关系定义为或称之为环境法律关

---

[1] 张文显.法理学.北京:法律出版社,1997,第100页
[2] 同上书,第101页

系。"①"环境法律关系虽然是一种人与人之间的社会关系,但它却反映人与环境之间的关系。"②环境法律关系所调整的人与自然的关系是一种什么关系,是约束人还是约束自然?"说环境法律关系是一种人与人的关系,完全是一种定义选择,并没有否认环境法可以调整人与环境的关系,更不能理解为环境法否认人与环境关系的存在。"③这真的"完全是一种定义选择"吗?难道"一种定义选择"可以完全不顾水到渠成的逻辑必然吗?

　　针对问题①,人与自然关系说认为,划定法律部门的主要标准之一是法的适用范围。不同法律部门有不同的适用范围,环境法之所以具有一定的合理性,其关键组成即其适用范围。环境问题自人类存在以来就有两对各不相同的矛盾:人与人之间的矛盾和人与自然之间的矛盾。这是所有环境部门立法者和法学家都不可能绕开的一个问题。基于这两对基本矛盾,可以发展为两大基本的环境法律部门,即调整人与人关系的环境法律部门和调整人与自然关系的环境法律部门。以调整人与人关系的如环境污染防治法系,调整人与自然关系的灾害防治法和野生动物保护法等。

　　关于人与自然关系的具体含义这个问题,人与自然关系说的回答是人与自然关系是环境社会关系的一部分。环境法的适用对象是环境社会关系,即因环境资源问题或环境事务问题而引起的环境社会问题。环境社会关系包括两部分,除前面提到的人与自然关系之外,还有人与人的关系。显然这个回答绕过了我们所期待的人与自然关系的正面回答。那么究竟人与自然关系的准确属加种差定义是什么呢?蔡教授并没有在其著作中做出回答,相关的研究也没有显示。不过从其所举的例子我们可以看出,所谓人与自然关系大概是社会与自然的关系,即自然对人类整个社会所造成的整体影响,和人类科技进步对整个自然所带来的改变。因此,环境保护法之中人与自然关系的调整即是在整个自然界对象面前人类可以采取的措施,当然前提是不危害整个人类在地球上的生存。

　　从人与自然关系说对针对性问题的回答可以看出,作者认为,人与自然关系的本质仍旧是人与人的关系。通过调整人与人的关系,从而实现人类社会同自然的和平相处,进而维护整个人类社会的环境稳定。只不过人与自然关系说将环境与社会的关系分开成为人与自然的关系和人与人的关系。

　　人与自然关系学说反复强调环境法律关系是环境法所调整的环境社会

---

① 蔡守秋.环境法教程.北京:法律出版社,1995,第 28 页
② 同上书,第 29 页
③ 同上书,第 28 页

关系,环境社会关系包括人与人的关系和人与自然的关系。环境社会关系仍然是一种社会关系,只不过在社会关系前加了"环境"这一限定语。无论是社会关系,还是环境社会关系,都表明了环境法只能调整社会关系。环境社会关系包括人与人的关系和人与自然的关系,是人与自然关系说的需要,是解决人与自然的关系既受环境法调整而又游离于环境法律关系之外的途径,以克服教材中自相矛盾、逻辑混乱的困境。人与自然关系说显然是能分清这两种关系的,将人与自然的关系归属于社会关系,完全是该学说自身逻辑的需要,而没有确凿的理论基础。这势必使人与自然关系说从一个困境走入另外一个困境;从一个矛盾转化为另一种矛盾。马克思曾对社会关系作了定义,"社会关系的含义在这里是指许多个人的共同活动,至于这种活动在什么条件下、用什么方式和为了什么目的而进行,则是无关紧要的。凡是有某种关系存在的地方,这种关系都是为我而存在的;动物不对什么东西发生'关系',而且根本没有'关系'。"① 显然,社会关系局限于人域之内。人与自然的关系或人与物的关系是性质不同的另外一种关系,它只是表明了人与物的一种状态,与社会关系可以转化成法律关系相比,它只是一种事实关系。比如说"此物是我的,我占有此物"。对我来说只表明了我与此物的一种状态,并没有表明我与该物之间存在法律关系,对我自己而言并无法律意义。而对我之外的其他人来说,这句话就有了法律意义。所以我们通常说传统所有权是绝对权,不是对物而言的,而是对其他人来说的。所以法律只能是社会中的法律,而不是关于人与物关系的法律。由此来看,社会关系和人与自然的关系是并生的,且是相互影响,相互作用的。但二者是两种性质根本不同的关系,不可能同一化。由此可见,人与自然的关系与社会关系是两种性质不同的关系,人与自然的关系根本不能归属于环境社会关系。

由以上论述可以看出,人与自然关系说的逻辑基础是人与人之间构成的社会关系。那么我们可以进一步追问,人与自然关系说的环境法律关系之中的主体是什么,客体又为什么。

从一般意义上说,主体相对于客体而言,主体是一种自在、自为的存在,任何事物要成为主体,就必须具有自在、自为的属性。自在是指主体具有不依赖于外在事物的独立价值;自为是指主体具有能动的属性,即认识和实现自己价值的能力。当然针对一些具体的问题,人们会有不同的看法。要成为权利主体,具体说要具备这些条件:"①表面上的独立性;②人格化(外在

---

① 马克思恩格斯选集(第1卷).北京:人民出版社,1995,第80、81页

地表现为统一的人);③形成、表达和实现人格化意志的能力。"①"意志是指决定达到某种目的(如满足一种要求,获得某种利益)而产生的自觉的心理状态和心理过程,是支配人的思想和行为并影响他人的思想和行为的精神力量。"②马克思主义认为,人是唯一的主体。因此,在人与自然关系说中,人类组成的集合体是法律关系的主体。

主体是权利义务的统一体,既享有权利,同时又履行义务。即使无意志的人他们同样也要履行义务(当然以自己能力为限)。人类在享受自然提供成果的同时,理应保护自然不被人类的行为所侵害。

(二)人与自然关系说的理论基础分析

人与自然关系学说的出现,不是一单纯的偶然现象,其内在中蕴含着必然。西方环境伦理学的兴起和发展无疑为该学说的产生奠定了深厚的伦理学基础;而自然法学的再度勃兴为该学说的发展提供了法理学上的支持。

西方环境伦理理论基点之一是自然体具有内在价值,而且这种价值是离开人类评价者而"自存"、"自在"的。这种伦理是以自然界自身为尺度而确立价值,这种价值必然是"自足"的,这种观点显然是把价值论同存在论等同起来,照此,世界上一切存在物都是有价值的,只有非存在才是没有价值的。③ 从马克思主义的观点看,这显然是一种谬论,因为西方环境伦理价值观忽略了价值是专属于人的。西方伦理学者所主张的生态价值、内在价值实际上是建立在人对自然的选择性基础上的。假如失去了人的主体性,自然将不具备任何意义。例如自然之中存在的外太空陨石,在不威胁到人类地球生活的时候,外太空陨石对整个人类来说没有任何意义,自然也谈不上什么价值。因为没有人可以到达甚至去捕捉这样一颗陨石。如果这颗陨石换做是人类卫星轨道上运行的一粒微尘,这样就可能具备负价值。因为这粒高速运行的微尘对于外太空活动的人类来说可能造成致命威胁。经过上述两个例子的对比,我们可以看出,自然必须要和人类紧密联系以后才能产生价值。价值并不是客观存在的,而是随着人类社会的发展而不断变化的。这一点通过自然界存在的矿石可以很好的证明。自然界之中存在的矿石在千百年前人类无法利用之时,只能是人类发展的障碍。然而随着人类科技的发展,矿石得到了利用,成为人类发展的助力。显然,随着时间的变化,矿

---

① [苏]阿列克谢耶夫著;黄良平,丁文琪译.法的一般理论.北京:法律出版社,1991,第510页

② 张文显.法学基本范畴研究.北京:中国政法大学出版社,1993,第39页

③ 刘福森.自然中心主义——生态伦理观的理论困境.中国社会科学,1997(3)

石的价值产生了变动。

西方环境伦理理论基点之二是自然物的权利(或曰生命权利、生态权利)。这是一种唯心主义的观点。自然物是存在的,意味着它们有存在的权利,自然应当受到保护。自然物为什么有存在的权利?就因为它们存在,此外再无别的理由。这显然走入了循环推理的误区。英国哲学家G.E.摩尔称之为"自然主义谬误",认为在逻辑上不可能从"是"推论出"应当"。事实与价值之间、"是"与"应当"之间存在裂隙,称为"承担裂隙"[①]。马克思主义认为,权利是一个人道主义概念,只适合于人类。自然物存在的权利是人类赋予的,因为这种权利能够给整个人类带来更大的利益。举一个例子,蕾切尔·卡森于1963年撰写的《寂静的春天》一书提醒人们,人类过度使用农药的后果,其实也是在说明普通的鸟类和昆虫的存在价值。这本书引起了人们的反思,假如地球上只有人类,那么人类该走向何方,或者会走向何方?是的,这本书就是引导人们去追问这一个问题。这一个问题也从侧面说明了一个现象,自然物存在的权利是建立在人类发展的基础上的。因为没有人会去质疑地球之外的宇宙之中为什么除了陨石,什么都没有。也不会质疑,在两亿年前,造山运动将巨大的爬行类动物——恐龙完全抹杀所产生的伦理意义。因为这些和当代人类没有关系。因此,我们可以认为,人类要保护某一物存在的权利,其根本目的是为了整个人类社会的利益。因此,我们要保护生态自然。

由这些论述我们可以看出,人与自然关系学说存在很大的漏洞,是值得商榷的。无论从逻辑上,还是从理论上,人与自然关系的本质都是人与人的关系。因为人与人之间的关系,人类思想之中才产生了自然的拟人权利。

三、环境法的调整对象

环境法调整对象的二分法,即环境法调整人与人之间的社会关系与环境法既调整人与人之间的社会关系又调整人与自然之间的关系,使其呈现非此即彼的格局,人与自然关系说自身的矛盾性和逻辑的混乱性是环境法调整对象的归属趋于唯一:人与人之间的社会关系。这符合了传统法学对法律调整对象的认识。因为在此之前这一理论是放之四海皆准的真理,但环境法是否依然适用呢?按照一般逻辑推理,环境法是法律的一种,法律的调整对象是人与人之间的社会关系,当然,环境法也不例外。但是如果出现环境法不仅仅调整人与人之间的社会关系的话,那么可得出法律的调整对象是社会关系这一理论的谬误。

---

① 刘福森.自然中心主义——生态伦理观的理论困境.中国社会科学,1997(3)

传统法学理论认为法律规范是调整人与人之间的社会关系的,技术规范则是调整人与自然之间的关系的。而当技术规范因社会实证条件的需要上升成为法律规范的一部分后,技术规范则要通过对人与自然关系的核查转变成为对人与自然关系的进一步审查。显然技术规范调整了两个层面的关系,即人与自然的关系和人与人的关系。从顺序上来看,技术规范首先确定了人与自然关系,并以此为依据确定人与人的关系,以人与人的关系为最终目的。所谓的调整社会关系,其实是在调整人的行为之后发生的,是调整行为之后的后果,是第二层次的问题,因而,法律的调整对象是行为,而非社会关系。法律通过对行为的调整,进而影响或作用于各种关系(包括社会关系及人与自然),使之达致人域与人际的和谐稳定。

因此,从我国环境立法出发,环境法的调整对象中华人民共和国领域和中华人民共和国管辖的其他海域的自然人和法人的行为。这里的自然人和法人,不仅是指我国公民以及我国公民所注册的法人,还包括在我国领域和管辖的其他海域内从事活动的经过我国政府允许的其他国家自然人和法人。环境法调整他们的行为是为了实现环境立法的目的。

第三章 环境立法的原则

环境立法原则是环境立法精神的基本体现。从当前环境与社会经济发展的矛盾来看,环境立法的原则主要有可持续发展原则、公众参与原则、风险预防原则和其他原则。

我国《环境保护法》第五条确立的环境保护原则是坚持保护优先、预防为主、综合治理、公众参与和损害担责的原则。这一原则既吸收了各国或地区的先进经验,又体现了我国环境保护相关法律规定的最大公约数。然而从我国"五位一体"的总布局来看,我国进行环境保护的目的是为了实现经济发展与生态建设的协同,是为了使我国公民在享受经济发展成果的同时能够不受生态环境污染的危害。因此,从环境法学的角度研究环境立法的原则看,环境立法的原则应进一步严格要求。

第一节 可持续发展原则

一、可持续发展原则的含义

可持续发展原则,也称"协调发展原则",是指国家的经济建设与社会发展应当与环境和资源的承载力相适应,促进环境、经济、社会的协调可持续发展,即"满足当前需要,且不损害后代人满足其自身需要的能力"的发展方式,实现经济效益、社会效益和环境效益的统一。

首先,可持续发展原则的核心理念是使经济建设、社会发展与环境保护相协调,因此在实现经济社会发展的同时促进保护和改善环境是践行协调发展原则的基本目标,它要求人类社会的发展过程和发展方式要充分考虑环境资源承载力和维护生态平衡。实践经验表明,从根本上解决环境问题的有效途径,是维护经济建设与环境发展这一对矛盾的可持续运行。通过对国民经济建设和社会发展的全面规划和自然资源的合理开发利用,根据生态平衡规律、进行综合性防治,来达到保护与改善环境的目的。1972 年联合国人类环境会议通过的《人类环境宣言》指出:"人类既是他的环境的创造物,又是他的环境的塑造者,环境给予人以维持生存的东西,并给他提供了在智力、道德、社会和精神等方面获得发展的机会。"保护和改善环境是保障基本人权、开展经济建设和社会发展的重要物质保障和前提,也是全人类促进实现自身福祉的共同希望。保护和改善环境与争取和平、全世界的经济与社会发展具有内在一致性,同属人类社会的基本目标。

其次,促进经济建设、社会发展与环境保护相协调的发展方式是实现可持续发展。1992年在巴西里约热内卢召开的联合国环境与发展会议通过了《关于环境与发展的里约热内卢宣言》,指出:"人类处于普受关注的可持续发展问题的中心。他们应享有以与自然相和谐的方式过健康而富有生产成果的生活的权利。"可持续发展原则即是要保障当代人与后代人公平享有这种生活的权利。

最后,贯彻和实施可持续发展原则是各国政府、各机关团体、企事业单位和公民的共同责任。各国政府,包括中央政府和地方政府通过制定促进经济、社会与环境相协调的各类政策和决策,并实施与此相关的行为,对贯彻和实施协调发展原则、将环境与发展纳入决策过程、推动实现可持续发展承担着最大的责任。各机关团体、各企事业单位作为环境事务和环境法律关系直接参与人,对保护和改善环境负有直接义务和责任。公民,包括公民中的妇女、青年、儿童、工人、农民、科技工作者等各社会成员和各行业人士均依其价值观念、道德意识和行动,决定着国家经济、社会与环境的发展格局。

二、可持续发展原则的提出和发展

1972年联合国人类环境会议通过《人类环境宣言》指出:"为这一代和将来的世世代代保护和改善人类环境,已经成为人类一个紧迫的目标,这个目标将同争取和平和全世界的经济与社会发展这两个既定的基本目标共同和协调地实现。"

国民经济的健康有序发展,一个关键的指标就是可持续。这一指标在20世纪70年代即作为中国环境管理的一个基本原则规定于环境法律中。1979年《环境保护法(试行)》第5条规定:"国务院和所属各部门、地方各级人民政府必须切实做好环境保护工作;在制定发展国民经济计划的时候,必须对环境的保护和改善统筹安排,并认真组织实施……"1981年在国民经济调整时期,为解决经济发展与环境保护比例失调的问题,国务院发布了《关于在国民经济调整时期加强环境保护工作的决定》,强调要求各级人民政府在制订国民经济和社会发展计划、规划时,必须把保护环境和自然资源作为综合平衡的重要内容,把环境保护的目标、要求和措施,切实纳入计划和规划,加强计划管理。

1983年12月召开的第二次全国环境保护会议,进一步总结了中国环境保护的基本经验,并针对环境问题的严重性确定了环境保护同人口问题一样,是一项基本国策,制定了环境保护与经济建设统筹兼顾、同步发展的方针。其具体内容是经济建设、城乡建设和环境建设同步规划、同步实施、同步发展,做到经济效益、社会效益、环境效益的统一,简称之为"三项建设、三同步和三统一"。

1987年,世界环境与发展委员会应联合国大会的要求,提出了一份长达20万字的长篇报告——《我们共同的未来》,为世界各国的环境政策和发展战略提出了一个基本的指导原则即"可持续发展"(Sustainable Development)。可持续发展战略,被认为是具有历史意义的战略转变。在这个战略转变过程中,罗马俱乐部的研究报告《增长的极限》起了重要作用。该报告的基本观点是:人类社会的发展由人口激增、加速发展的工业生产、农业生产、资源消耗和环境恶化五种互相制约的因素构成。这五种趋势都按一定的指数增长(指数增长是指一定数值在一定时间里按一定的百分比增长,例如一个单细胞生物10分钟变成2个,增长一倍,再过10分钟变成4个,然后是8个、16个)。人类社会这五种增长趋势的起动因素是人口的增长。人口增长要求提供更多的粮食和工业品,进而使耕地和工业生产量也以指数增长,工业增长使资源的消耗量越来越大,排入环境的废弃物也越来越多。它们是人口增长和工业增长的双重产物,因而其增长速度比人口和工业生产更快。通过模拟计算,这五种增长趋势到21世纪会达到极限。由于人类与环境系统存在着发展的无限性和地球的有限性这一基本矛盾,如果增长不停止而达到极限时,便会导致全球性危机及人类社会的突然瓦解。《增长的极限》发表后引起了广泛、热烈的讨论。持反对意见的主要观点是:其结论是悲观的,忽视了人类社会的能动性;停止发展即"零增长"的观点是不能被接受的,尤其是在发展中国家。另一种意见认为,《增长的极限》指出了人口、工农业生产、资源和环境之间有相互制约的关系,并提出增长超过极限将导致全球性危机的警告是具有科学意义的。对于解决全球面临的环境与发展的挑战具有重要参考价值。《我们共同的未来》提出的"可持续发展",实际上既肯定和吸取了《增长的极限》中的合理论点,又修正了它的"零增长"的观点,要求把经济增长建立在生态平衡的基础上,使发展和环境得到协调,从而保持长期的、持续的发展。

我国于1989年颁布的《环境保护法》第4条规定:"国家制定的环境保护规划必须纳入国民经济和社会发展计划。国家采取有利于环境保护的经济技术政策和措施,使环境保护工作同经济建设和社会发展相协调。"这是《环境保护法》作为国家的环境基本法规定的最重要的基本的环境方针,但与国际上普遍讨论的可持续发展原则的要求还是存在一定差距。"环境保护工作同经济建设和社会发展相协调"是将经济建设和社会发展置于优先于环境保护工作的地位,包含"经济发展优先论"的思想,使得实践中常常是环境保护从属于经济社会发展,尤其是经济建设和发展,甚至出现了环境保护让位于经济建设的情况；而可持续发展原则要求将经济建设、社会发展、环境保护置于同等重要的地位，缺一不可。

1992年联合国环境与发展大会通过了被称为"世界范围内可持续发展行动计划"的《21世纪议程》，是一项关于政府、政府间组织和非政府组织所应采取行动的广泛计划，旨在实现人类社会朝着可持续发展的方向转变。《21世纪议程》由序言、社会和经济方面、保存和管理资源以促进发展、加强各主要群组的作用、实施手段等五部分构成，从各个方面对促进实现可持续发展进行了阐述。

2005年国务院《关于落实科学发展观加强环境保护的决定》明确提出："经济社会发展必须与环境保护相协调"，并第一次在国务院的文件中提出了"环境优先"。该《决定》指出，全面落实科学发展观，促进可持续发展，必须把环境保护摆在更加重要的战略位置，要坚持"协调发展，互惠共赢"。正确处理环境保护与经济发展和社会进步的关系，在发展中落实保护，在保护中促进发展，坚持节约发展、安全发展、清洁发展，实现可持续的科学发展。可持续发展，就是要促进地区经济与环境协调发展，要大力发展循环经济，要积极发展环境保护产业。这绝不只是文字和语序上的一种变化，而是反映了中国环境政策正在发生历史性的转变，进而也必将引起环境法基本原则的历史性转变。

2011年国务院发布《关于加强环境保护重点工作的意见》重申要通过全面提高环境保护监督管理水平、着力解决影响科学发展和损害群众健康的突出环境问题、改革创新环境保护体制机制等方法和手段，深入贯彻落实科学发展观，加快推动经济发展方式转变，提高生态文明建设水平。

可持续发展原则注重经济效益、社会效益、环境效益的统一，是针对过去各项建设中只重视经济效益提出的，从理论上说是正确的，但实际贯彻起来却很复杂和困难。事实上，在很多情况下，三种效益并不完全一致。单拿经济效益和环境效益来说不外有四种情况：一是经济效益好，环境效益也好；二是经济效益好，环境效益不好；三是经济效益不好，环境效益好；四是经济效益不好，环境效益也不好。从原则上来说，我们应该争取第一种情况，避免第四种情况，有区别地容忍第二、三种情况。要求在任何情况下都使三种效益统一起来，实际上是很难做到的。

三、贯彻可持续发展原则

（一）把环境保护纳入经济和社会发展计划

把环境保护纳入国民经济和社会发展计划，是使环境保护的力度与发展经济的力度保持一定的比例关系，实现协调发展的根本措施之一。然而，我国自改革开放以来，虽然经常在多个五年规划之中提到环境保护，但是在实际执行过程中仍然出现很严重的偏差。地方政府为追求经济增长，忽略环境保护这一重要内容，

"十五"计划以来，中国环境法制不断得到完善和强化。"十五"计划提出"科学发展观"，将可持续发展作为国家重大战略规划，地方政绩考核之中环境保护开始作为一个重要的指标。在"十五"计划中，我国政府有针对性地提出环境保护的目标，分两章"节约保护资源，实现永续利用"和"加强生态建设，保护和治理环境"专门规定和说明了可持续发展的有关内容。

"十一五"首次提出"建设资源节约型、环境友好型社会"，分为发展循环经济、保护修复自然生态、加大环境保护力度、强化资源管理和合理利用海洋和气候资源等五章，并首次提出主体功能区划的制度构想。

"十二五"规划纲要再次把建设资源节约型、环境友好型社会作为加快转变经济发展方式的重要着力点，"促进经济社会发展与人口资源环境相协调，走可持续发展之路。"规划用两篇"优化格局促进区域协调发展和城镇化健康发展"和"绿色发展建设资源节约型、环境友好型社会"，从区域发展、主体功能区战略、应对气候变化、加强资源节约和管理、发展循环经济、加大环境保护力度、促进生态保护和修复、加强水利和防灾救灾体系建设等方面提出了推动和实现协调发展的现实方法，并列明了有关各项经济社会发展指标。

(二) 制订环境保护规划

坚持可持续发展原则，要把环境保护真正纳入国民经济和社会发展规划，就需要制订与国民经济总体规划相协调和衔接的全面反映环境保护的目标、任务和措施的环境保护规划。

1973年国务院召开第一次全国环境保护会议之后，国家开始着手编制保障经济发展的环境保护计划。经过多年发展，至"十一五"期间，国务院根据《国民经济和社会发展"十一五"规划纲要》和《国务院关于落实科学发展观加强环境保护的决定》，于2007年编制发布了《国家环境保护"十一五"规划》，在分析环境形势的基础上，确定我国环境保护工作的规划目标、重要领域、主要任务、保障措施和考核机制等。同时，国家环境保护总局于2006年印发了《"十一五"全国环境保护法规建设规划》，并经国务院批复，与国家发展和改革委员会联合发布了《"十一五"期间全国主要污染物排放总量控制计划》。

2011年国务院印发《国家环境保护"十二五"规划》，提出要加大结构调

整力度等近三十项环境保护规划发展举措。至此,环境保护规划已经成为推动实现协调发展的一项重要措施。

(三)把环境保护纳入经济管理与企业管理中去

中国当前的环境污染和破坏活动,主要起因是经济生产,尤其是工业生产。把环境保护纳入有关部门的经济管理与企业管理中去,是使环境保护规划得到具体落实,从而使环境保护与经济发展相协调的重要措施。

具体来说,要把环境管理和资源管理包括工业污染防治、"三废"综合利用、节约能源、节约用水、保护水域和海域环境、水土保持、扩大绿化面积、矿藏合理开发与共生矿综合利用等纳入和渗透到有关部门的经济管理与企业的生产管理中去。在制度构建和实施方面,要发展循环经济,实施清洁生产制度、环境影响评价制度和"三同时"制度。同时,要转变能源利用方式,改革经济核算体系、探索建立绿色 GDP 核算制度和生态补偿制度,完善考核机制和监督检查制度,推动实现国家绿色经济转型。

第二节 公众参与原则

一、公众参与原则含义

(一)公众参与原则的含义

公众参与原则,也称为民主参与原则。民主是一个西方概念,马克·E.凯恩在"美国的环境民主"一文中认为:"环境民主是指自然和社会的相互作用,应该主要受行使权力去规定人的活动和获得公共利益的公众的影响,它坚持对已经形成并正在处理当代环境危机的精英统治作合乎需要的选择。"我国学者认为环境民主是指:"自然和社会的相互作用,应该主要受行使管理权力的管理阶层和获得公共利益的公众的影响;公众和国家权力机关应该联合起来共同作出那些影响环境质量的管理政策和措施;公众应该和政府部门一起参加鉴定那些规定公共环境的目标和价值的过程;公众应对已经形成并正在处理当代环境资源危机的国家行政管理做出合乎需要的选择;公众在鉴定和争取公共环境利益方面应该有平等的自由和影响力。"综上可以看出,在公众参与原则的指导下,环境资源保护中任何单位和个人都应平等地享有为公益或私益保护环境资源、参与环境决策的权利,相应地也负有保护环境资源的义务。因此,公众参与原则是指:在环境资源保护的活动中,社会公众享有平等地参与环境保护事业并参与环境决策的权利,从而保护公众的环境权益。

环境法的民主参与原则主要包括以下内容:

第一,对公众参与原则的理论基础——环境权予以确认。环境权作为公民的一项基本权利,应该在宪法以及环境基本法中予以确认,并积极地从应有权利向实有权利转化,从而引申出更多权利,更具体的对民主参与原则进行概括。

第二,公众参与原则在实践中主要包含如下具体权利:首先是公众的环境知情权,也称环境信息权,即公众有获得执政当局所持有的本国乃至世界的环境状况、国家环境管理状况以及自身环境状况,特别是关于在其生活的社区内危险物质和活动的信息的权利,例如环境规划,环境调查报告等资料。为了实现公众的这一权利,环境法应确立信息公开法律制度。环境知情权是公众参与环境保护的基础,是公众参与原则实现的前提。其次是决策参与权,即公众可以通过适当的方式向执政当局充分表达其环境改善建议,并能确保合理建议为决策机关采纳,甚至在必要时参与环境决策。再次是环境结社权。为了更好地参与环境决策,公众可以自由组成社团,充分发挥公众力量。最后是环境救济请求权,即公众的环境权益受到损害时,可通过有效途径申请保护自身环境权利。环境公益诉讼制度就是环境民主的一种代表性制度,它是发达国家环境法中公众参与法律制度的一个核心,也是民主参与原则的重要制度保障。

(二)公众参与原则的重要意义

1. 提高公众环境意识

公众参与原则调动了全社会参与环境建设的力量,充分发挥了公众对环境保护的积极性、主动性和创造性。环境质量的好坏,直接关系到公众的生活质量,对一个民族的生存与发展至关重要。因此,人们既享有在良好的环境中生活的权利,依法参与环境资源管理的权利,同时也有保护改善环境资源的义务;同时,民主参与原则有利于提高公众的环境意识,公众积极参与的过程本身就是提高自身环境意识的过程,并且两者可以相互促进。

2. 实现公众的环境权

环境和生态是公共财物,是稀缺的公共资源。保护和改善环境是全人类的事情,每一位公民都有权利通过适当的途径参与到环境保护中,这就要求民主原则在环境法中得到充分的贯彻,从而使法的公平与正义价值得到体现。

3. 有效监督政府环境管理

公众参与决策是实现环境管理公平、公正、公开的重要条件,可以从根本上限制政府的自由裁量权,保障民主决策和科学决策。这是因为信息公开与公众的早期介入,使得各利益冲突团体能够协商妥协,政府的环境决策更易获得认同和支持,从而加强了政府决策的公开透明度,使政府决策更符合民心民意和反映实际情况,有利于解决和处理环境问题,实现对环境问题的全方位、全过程管理。

4. 公众参与原则是实现环境可持续发展的必然选择

1992年联合国里约环境与发展大会通过的《21世纪议程》认为:"公众的广泛参与和社会团体的真正介入是实现可持续发展的重要条件之一。"公众是可持续发展的行为肇始者和受益者,个人和机构的参与方式和程度,将决定可持续发展目标实现的进度与结果。只有在公众参与原则下、在民主的气氛中,公众才能真正参与到环境保护中,保障公众的环境权利。

二、公众参与原则的形成

公众参与原则是环境法的一个基本原则,一般认为,它的理论基础主要包括环境公共财产理论和公共信托理论等。这些理论在一定程度上为公众参与环境管理提供了理论支撑,但非常明显,这种公众参与模式实际上限制了公众的权利,并没有反映公众应有的全部内涵,公众未能直接参与环境管理,公民环境权利受害时仍无法寻求法律救济。其中的根本原因是公众的环境权仍旧缺乏法律基础。因此,我们还应该积极扩展公众的环境权,使其成为法律条文的必备内容。

公众参与原则,在国际上已经作为环境法的基本原则得到普遍的确定与遵守。美国1969年的《国家环境政策法》对环境保护的基本政策进行规定,公众参与作为与美国长期标榜的现代民主政治观念相适应的一个政策,得到了充分的体现。1976年美国通过的《联邦土地政策管理法》进一步规定了实行公众参与的具体政策——"所谓公众参与是指在制定公有土地管理规划、作出关于公有土地的决定及制定共有土地的规划时,给受影响的公民参与其事的机会"。《21世纪议程》更是用了一整编的篇幅专门论述包括公众参与问题在内的环境民主参与问题,认为"公众的广泛参与和社会团体的真正介入是实现可持续发展的重要条件之一"。后来,又有许多国家在各自的环境法律中对民主参与原则进行强化,如加拿大、法国和俄罗斯。

在我国,公众参与原则的发展主要得力于党的群众路线以及经济发展与环境事业矛盾解决的迫切需要。为了更好地实现民主与法治,环境公众参与正逐步成为我国环境法的基本原则,公众参与环境保护的保障也在不断加强。首先,环境公众参与在我国具有宪法根据:"人民依照法律规定,通过各种途径和形式,管理国家事务,管理经济和文化事业,管理社会事务。"其次,我国《环境保护法》也对民主参与原则作了相关规定:"一切单位和个人都有保护环境的义务,并有权对污染和破坏环境的单位和个人进行检举和控告。"为了鼓励公民参与环境保护,规定:"对保护和改善环境有显著成绩的单位和个人,由人民政府给予奖励。"另外,1996年《国务院关于环境保护若干问题的决定》第10条规定:"建立公众参与机制,发挥社会团体的作用,鼓励公众参与环境保护工作,检举和揭发各种违反环境保护法律法规的行为";2002年颁布的《环境影响评价法》对环境影响评价中的公众参与作了进一步的具体规定:"国家鼓励有关单位、专家和公众以适当方式参与环境影响评价",而且该法也对公众的知情权、提出意见权作出了具体的规定;2006年国家环保总局正式发布了《环境影响评价公众参与暂行办法》,它是我国环境保护领域第一部专门关于公众参与的规范性文件,该《办法》明确了公众参与的权利和具体程序。虽然这些权利和程序只是有关环境影响评价方面的,但是对于公众参与其他环境保护领域制度将起到极大的示范和推动作用。

三、公众参与原则在我国的应用

(一)提高我国公民的环境意识

环境意识是公民行使环境权利的先导。只有不断加强公众的环境保护意识,公众才能有足够的动力参与到环保的具体行动之中。在我国,环境保护事业起步较晚,我国公民对环境问题还缺乏了解。因此,当前环境普法的重点仍在于加强我国公民环境知识的宣传教育,增强公民的环境危机感,让公民意识到享有美好的环境是他们的权利,同时每一位公民也都有保护环境的义务。

(二)完善立法保障公众参与

公民能够参与环境保护,关键在于公民具有环境权利。而环境权利的明确则在于通过法律确立公民的环境权,并保障公民参与环境决策的权力。当前,我国《宪法》和《环境保护法》并没有对公民的环境权进行明确,因此可以考虑在宪法中明确确立环境权为公民的基本权利,使对环境权的保护获得直接而具体的宪法依据,并基于此制定和完善相应的法律规范,使我国公民的环境权真正落到实处。同时,要积极在环境法体系中完善公众参与的制度,通过具体法律制度来保障公众真正参与到环境保护中。

(三)发挥公众的监督作用

公众参与原则要求环境执法的民主化、公开化,发挥公众的监督作用。首先,环境信息公开制度是政府部门决策的民主化、公开化的体现,也是公民发挥监督作用的前提。其次,政府决策部门在制定环境政策、法规、规划或进行开发建设项目可行性论证时,应该更加透明,使公众了解决策的过程,并尽可能参与到决策之中。建立公众参与的环境影响评价制度,公众不认可的环境决策不能出台,公众不允许的项目不予立项。

(四)完善环保团体参与制度

国家应鼓励和引导成立环境保护NGO组织和其他社会团体,将公众组织起来对其开展环境保护宣传、环境学术交流、环境知识咨询、环境科技成果推广等教育宣传活动,为公众参与环境保护提供多种途径,从而提高公众参与环境决策和立项的效率。另外,积极借鉴国际环保社会团体可以成为环境公益诉讼适格主体的先进经验,并将其引入到我国社会发展之中,从而更好地实现环境民主。

第三节 风险预防原则

一、风险预防原则的含义

环境法上的风险预防原则,是指在经济开发过程中开发行为所产生的环境质量下降或者环境破坏等应当事前采取预测、分析和防范措施,以避免、消除由此可能带来的环境风险。风险预防原则要求在环境利用行为实施前,采取一定的手段,防止环境利用行为导致环境污染或者破坏现象的发生,即所谓"防患于未然"。

在20世纪70年代,我国便将预防为主、防治结合原则作为环境保护工作的一个重要方针政策。这一原则要求将保护的重点放在事前防止环境污染和自然破坏之上,同时也要求积极治理和恢复现有的环境污染和自然破坏,以保护生态系统的安全和人类的健康及其财产安全。

风险预防原则已经被列入我国《环境保护法》之中,2014年《环境保护法》第5条规定了环境保护坚持"保护优先""预防为主"和"综合治理"的原则,其总体思路还是源于"预防"的基本理念。其中,"保护优先"是指在经济发展与环境保护的矛盾之中,采取优先保护环境的基本原则,从而避免生态破坏;"预防为主"是指在全面考量环境风险的同时,坚持事前、事中、事后治理相结合,并采取以环境风险事前预防为主的措施;"综合治理"是指对各项环境要素的污染防治思路、目标与方法等应当统筹考虑、综合运用、协调一致和联防联治。①

从国内外环境立法实践分析,风险预防原则应当包含两层含义:一是运用已有的知识和经验,对开发和利用环境行为带来的可能的环境风险事前采取措施以避免危害的产生;二是在科学技术条件不确定的情况下,基于现有的科学知识去评价环境风险,即对开发和利用环境行为可能带来的尚未明确或者无法具体确定的环境危害进行事前预测、分析和评价,促使开发决策避免这种可能造成的环境危害及其风险的出现。

在对上述含义的理解中,"可能的环境风险"与传统行政法有关警察法或秩序法所谓"危险"的概念相似,一般指运用现有人员已经掌握的知识或者经验,就足以判断决策对象具有较高的造成公众环境权益等具体危害可能性的状态。而"风险"则是指运用现有的科学知识可以得知决策的对象存在着某些具体危险,但又无法肯定针对该危险所采取的措施能够避免该危险及其可能造成危害的状态。

在国际社会,环境保护的风险预防原则最早出现在 1980 年联合国环境规划署(UNEP)与世界自然保护联盟(International Union for Conservation of Nature,IUCN)制定的《世界自然保护大纲》中。该份文件认为,"试图预测重要的经济、社会及生态事件,比试图只对这些事件作出反应的政策,越来越重要"。"这种预期的环境政策包括所有行动以确保任何可能影响环境的重大决定,均在其最早阶段,充分地考虑到资源保护及其他的环境要求。这些政策并非企图代替反应性或治理性的政策,而是纯粹起加强作用而已。"② 1985 年,联合国在《保护臭氧层维也纳公约》中明确提出了风险预防原则。

针对不确定性对环境决策的困扰,1987 年经济合作与发展组织(OECD)提出了一个更为严格的原则——谨慎原则(Precautionary Principle)。谨慎原则明确在不确定是否存在环境风险的情况下,只要存在发生危害的风险,决策者就应当本着谨慎的态度采取措施。目前许多国家环境立法已经采用风险谨慎原则。

---

① 信春鹰.《中华人民共和国环境保护法》学习读本.北京:中国民主法制出版社,2014,第 64—66 页

② 参见 1980 年《世界自然保护大纲》"国家的工作重点"一节中的"预期的环境政策"

另外,风险预防原则与可持续发展原则是相辅相成、密不可分的,因为风险预防环境损害是实现可持续发展目标的必然而适宜的途径。

二、风险预防原则的适用

风险预防原则需要由具体的环境政策和法律制度予以明确确定才能有效地贯彻执行,因此该原则没有直接的法的拘束力。它的适用主要表现在与开发决策相关联的若干方面,具有多功能性。

(一)合理规划、有计划地开发利用环境和自然资源

为执行风险预防原则,就必须按照一定规划开发利用环境和资源,为此各国确立了环境保护规划制度,要求各有关部门严格执行相应的计划安排。在环境立法上专门确立了环境保护规划和环境规划制度,要求政府行政主管部门和相关企事业单位对工业发展与环境保护事前作出合理的计划和安排,对自然资源的开发利用应当与生态保护相结合并有计划地实施。

另外,我国的环境政策与法律还确立了"全面规划与合理布局"的环境保护措施。其中,全面规划就是对工业和农业、城市和乡村、生产和生活、经济发展与环境保护各方面的关系作全面考虑,进而制定国土空间主体功能区规划以及国土利用规划、区域规划、城市规划和环境规划,从而使各项事业得以协调发展;合理布局主要是指在城市及其发展过程中,要对城市布局的合理性作出专门论证,并且对老城区不合理的布局予以改变,使得城市布局不会对周围环境和人民生活环境造成污染和破坏的不良影响。

(二)运用环境标准控制和减少社会经济造成的环境污染

环境污染的危害起因于污染物向环境的排放量超过环境承载能力,因此,严格制定并执行污染排放标准是减轻甚至消除环境污染的重要措施。

制定环境标准是以环境质量标准为依据确定某地域(水域)保持良好环境质量的基础数值,在此基础上以该地域(水域)的环境容量或者污染物排放标准的最大限度为限,将排放进入环境的污染物的种类、数量和浓度控制在一定的水平之内。

为了防止因新建、改建、扩建生产工艺和设备造成新的污染,各国环境立法逐渐提高了对企业的生产设施和设备的要求。例如,在美国和加拿大等国家,环境法律要求在原有生产规模基础上对设施进行改造或者新增的,应当采用现实可得的最佳实用技术,否则不予许可和批准。我国目前也制定有清洁生产促进法,意在通过实行清洁生产措施来提高资源利用效率、减少和避免污染物的产生。

民法之中的一些预防性民事责任措施(如消除危险、排除妨害等)在诸如噪声妨害、光照妨害等领域的运用,也是环境法的一种消除和减轻环境损害的保障措施。

(三)对开发利用环境和资源的活动实行环境影响评价

从风险预防原则的内容来讲,避免环境污染发生比减轻环境污染显得更为重要。因此,在经济活动之前,有必要进行环境风险评价。环境评价是环境法的一项基本制度,是各国运用环境预防原则的直接体现。环境评价制度要求,一切可能造成环境影响的经济活动,均应当在公众民主的参与下,对可能造成的后果进行分析和评价,并将评价报告公示。公示通过之后,再将该项目交由政府批准。

为了保障环境影响评价制度实施的有效性,我国还确立了建设项目环境保护管理的"三同时"制度。"三同时"制度主要包含同时设计(环境保护工程与主体工程同时进行设计)、同时施工(环境保护工程与主体工程同时进行)、同时投产并使用(环境保护设施与主体生产设施同时投产使用)。我国环境法要求严格执行"三同时"制度。

(四)增强风险防范意识,谨慎地对待具有科学不确定性的开发利用活动

决策者常常忽略科学的不确定性,或者对科学抱有盲目的自信。因此,处于谨慎预防的需要,决策者们应当时刻想到"宁信其有、不信其无"。现在国际社会联合在臭氧层耗竭、气候变化问题上采取行动的做法就是一个例证。

由于危险性存在时间和空间上的神秘感,危险性要比危险更加重要。为此,应当谨慎对待具有危险性的开发利用活动。具体来说,应当着重从如下几方面采取对策:第一,将有关在时间和空间上视为较为遥远的危险(包括对未来世代可能产生的危险)的决策作为国家的责任,予以事前的规划和预防;第二,对于危险出现的可能性较低或者只有危险嫌疑的决策,只需损害的出现具有可能性、可预见性或者可想象性即可认定危险存在,而无须明确的证据证实该危险。

世界银行的专家认为,对于决策者来说,当一种活动造成危害人类健康时,应该采取预防措施,即使有些因果关系还不能完全确定。这时,证明的负担应该由活动的支持者而不是公众来承担。此外,应用预防原则的过程必须是公开的、知情的、民主的,包容可能受影响的各方。

风险预防的本意在于防患于未然,因此增强决策者和管理者的风险防范意识是非常重要的。例如,对于大型建设项目、改造自然项目(如在河川

筑坝、发展核电、兴建大型工业、农业、水利、交通等项目)以及对外来物种的有意引进等行为,更应将可能造成的长久不良环境影响放在首位考虑。

第四节 其他原则

一、受益者负担原则

(一)受益者负担原则的含义

受益者负担原则与"开发者养护、污染者治理原则"是同义的,也有学者将其称之为"污染者负担原则",是强制污染和破坏环境与资源者或者从环境污染和破坏中受益者承担责任的一项环境管理的基本原则。

开发者养护,是指开发地区资源的组织或个人,有责任对当地环境进行恢复、整治和养护。

当前人类科技尚不发达,自然界的许多信息,人类仍旧没有掌握。经济开发过程中,人类可能会对自然界造成一定的损害,影响生态系统的稳定。因此作为开发者,从开发活动中获益,损害自然资源,他们有义务对自然环境进行恢复,从而保障整个人类的生态安全。我国《宪法》有关自然资源保护的条文,各种环境与资源单行法规定的资源开发者的法律责任都体现了开发者养护的原则。

污染者治理,是指对环境造成污染的组织或个人,有责任对其污染源和被污染的环境进行治理。

从法律上说各种工业企业在其经营活动中有义务防止对环境造成污染,因此由污染者负责治理自己造成的污染就是理所当然了。在法律上确定"污染者治理"的原则,目的就在于:明确污染者的责任,促进企业治理污染,保护环境。

(二)受益者负担原则的理论基础

受益者负担原则,是与微观经济学中的"外部性理论"和法理学中的"公平责任原则"的基础上,对污染者负担原则所作的发展。所谓"外部性理论",主要是指个体经济单位的行为对社会或者其他部门造成了影响却没有承担相应的义务或获得回报。外部性可以分为正外部性(或称正的外部经济效应)和负外部性(或称负外部经济效应)。关于外部性理论在环境保护领域的运用,也可以参看"环境立法"一章对环境外部不经济性内部化的解释。由于经济单位环境与资源开发利用行为所产生的负外部性,被认为是

第三章 环境立法的原则

人为环境问题的一个主要成因。

一方面,环境保护的理念已经从简单的污染防治扩大到了对整个自然生态的整体性保护,从治理废弃物扩大到了生产、分配、消费等物质经济流通领域的各个环节。对此,要求开发者养护、污染者治理无疑是防治人为环境问题的最直接手段。但是,由于经济制度所具有的基本特征,市场需求在很大程度上决定着生产、分配环节对环境与资源的利用与消耗,从环境开发获得利益的不仅仅是开发者,还有消费者和政府,因此,仅仅让企业承担环境恢复的责任同样存在一定的不公平。因此,要求受益者承担恢复环境的义务,更有实践价值。

另一方面,现实生活中,常常存在环境与资源开发利用行为人虽然依照法律规定从事开发利用行为,但仍对环境和资源造成破坏或者价值减损的情形,即行为人的行为并不存在违法性,此时,仅要求直接进行开发利用的行为人承担环境与资源价值减损的补偿义务,有违法律上的公平理念,应由概念范围更为广泛的受益人共同进行负担。

此外,从市场经济的角度来看,生产者、产品分配者等所负担的生产与流通成本,包括环境与资源的养护和治理成本最终都要转嫁给消费者,因此采用受益者负担原则更有利于体现市场流通的本质。

(三)受益者负担原则的提出和发展

在国际上,受益者负担原则的最初原型是"污染者负担原则"(polluter pays principle)(也有的译为"污染者付费原则")。污染者负担这一原则的背景是:环境污染会直接间接地造成经济损失、人身危害和环境损害。随着环境污染的加剧,环境保护的投资越来越大。各国政府过去对环境保护投资大都实行财政援助政策。但是,政府因为对失业率的关注,从而加大财政援助,而实际上政府过大的财政援助,等于把本应由污染者承担的经济责任转嫁给了全体纳税人。这样就造成了一种不公平,给污染者以污染环境的理由,也不利于保护环境和资源。针对这一问题,20世纪七十年代初经济合作与发展组织(OECD)理事会首先提出了"污染者负担原则",认为实行这一原则可以促进合理利用环境与资源,防止并减轻环境损害,实现社会公平。这一原则提出后,很快得到国际上的广泛承认,并被很多国家确定为环境法的一项基本原则。

关于污染者负担费用的范围,国际上有两种意见:一种意见认为污染者应支付其污染造成的全部环境费用。所谓全部环境费用,日本人认为应该至少包括防治公害费用、环境恢复费用、预防费用和被害者救济费用。理由是,环境损害实际上至少造成了这些损失,按照民事赔偿的基本原则,环境加害者应该至少承担这些责任,环境受损害者并附有后续求偿权。另一种意见认为,把全部环境费用都加在生产者身上,会对经济发展造成不利影响,从而影响社会就业,在实践中很难执行得通。因此他们主张污染者应承担部分费用,至少包含消除污染费用和损害赔偿费用。消除污染费用包括治理污染源和恢复被污染的环境的费用;损害赔偿费用,是指赔偿环境污染受害者的人身和财产损失。后一种主张提出的负担范围为更多国家所确认。

中国参照"污染者负担原则"的精神,在《环境保护法(试行)》中曾规定"谁污染谁治理"的原则。该法第6条规定:"已经对环境造成污染和其他公害的单位,应当按照谁污染谁治理的原则,制定规划,积极治理,或者报请主管部门批准转产、搬迁。"1989年《环境保护法》对污染者的责任问题规定为:产生环境污染和其他公害的单位,必须采取有效措施防治在生产建设或者其他活动中产生的对环境的污染和危害。政府提出这一原则,当时主要是为了明确环境治理的责任。依据我国依法治国的基本原则,有学者主张把"谁污染谁治理"这一原则作为一项立法精神融入法律之中,从而作为一项基本的环境执法原则。我国当时的司法解释对这一原则做了明确规定。首先,关于污染者的责任,明确了治理责任(实践中理解为只是治理污染源的责任),而非全部责任。其次,由于历史原因,相当一批国有老企业设备陈旧、工艺落后,排污量大,原来就没有净化设备,这批企业污染的治理,需要结合技术改造进行,投资较大。如果要求他们承担全部的治理责任,明显行不通。这需要一个过程。上级领导机关通过指导、注资改变国有企业的旧况,才能逐步实现问题的解决。最后,由于企业公有制的性质,中国污染企业除了各单位应自行承担污染治理责任之外,还应有国家和地方政府出面组织区域的污染治理。例如,污水的治理,一个企业不可能造成如此大规模的环境污染,除了该流域的企业应加强环境治理外,整个流域的政府应该协同治理污染,减少流域内造成污染的企业数量,最终实现整条河流的生态平衡。

(四)如何贯彻受益者负担原则

1. 立法规范污染者的整治与养护责任

我国《环境保护法》第18条规定:"在……风景名胜区、自然保护区和其他需要特别保护的区域内,不得建设污染环境的工业生产设施;建设其他设施,其污染物排放不得超过规定的排放标准。已经建成的设施,其污染物超过规定的排放标准的,限期治理。"第19条规定:"开发利用自然资源,必须采取措施保护生态环境。"

在《森林法》、《草原法》、《土地管理法》、《矿产资源法》、《水土保持法》等单行法规中,对于开发者的整治、护养的责任都分别地进一步作了具体规定。

显然,这是不够的。我国社会经济发展十分迅速,环境立法明显存在滞后。我国企业所造成的污染远远超过政府之前的预计。因此我国环境立法应加快节奏,针对社会发展的情况,迅速采取措施加强立法规范。

2. 实行环境保护目标责任制

环境保护目标责任制,是在第二次全国环境保护会议以后,在不少省市开展起来的一种把环境保护的任务定量化、指标化,并层层落实的管理措施。《环境保护法》第16条规定:"地方各级人民政府,应当对本辖区的环境质量负责,采取措施改善环境质量。"

环境保护目标责任制,一般是以签订责任书的形式,具体规定各级领导从省长、市长、区长(县长)直到基层企业的厂长,在任期内的环境目标和管理指标,并建立相应的定期检查、考核和奖惩办法。环境目标责任制的措施至少有三个好处。第一,明确环境的责任,把环境保护的任务划分到具体的责任人,从而使得环境保护规划能够真正实施。第二,环境保护责任制有利于加强管理,从而能够推动负责人积极想办法保护环境。第三,量化的责任制,与环境法的科学性特征紧密联系,有利于责任人探索环境保护的规律。为了把环境保护目标责任制更好地落实到基础企业,有的地区如湖北省开展了建立厂长任期责任制,推行清洁无害工厂活动。

进入21世纪以来,环境保护目标责任制获得了进一步发展与落实。"十一五"规划纲要之中把一些主要污染物的排放总量融入进来,促使各级政府、各部门更加注重环境质量改善。2012年,国务院印发了《节能减排"十二五"规划》,确定了到2015年,全国万元国内生产总值能耗比2010年下降16%,"十二五"期间,实现节约能源6.7亿吨标准煤;全国化学需氧量和二氧化硫排放总量比2010年各减少8%;全国氨氮和氮氧化物排放总量比2010年各减少10%的总体目标。

3. 采取污染限期治理的措施

继1978年国家安排第一批限期治理项目至1984年完成后,1989年国家环境保护委员会和国家计委又下达了第二批国家污染限期治理项目共140项。2004年完成限期治理项目22649项。

此后,随着市场经济改革的稳步推进,企业成为独立的主体,国家对企业的管理,从规模计划改变为依法监督,国家加强环境执法。2004年修订后的《固体废物污染环境防治法》,改为由县级以上人民政府环境保护行政主管部门按照国务院规定行使限期治理的决定权。仅 2004 年一年,全国总共责令停产治理 3861 家、限期治理 6755 家,处理有关责任人 155 人。

大体来说,限期治理的适用范围一般包括:(1)排放单一污染物超过标准的单位;(2)污染物地区总量控制,排放污染物超过总量的单位;(3)未完成排污削减任务的单位;(4)造成严重污染的单位。

对污染严重的企业实行限期治理,是贯彻污染者治理原则的一种强制性的和十分有效的措施。这种措施使污染企业的治理责任更加明确并有了时间上的限制,使污染治理得以按计划进行。

4. 采用环境税、费等经济手段和措施

为贯彻受益者负担原则,国家逐渐改变过去企业单独承担环境污染责任的做法,开征重污染产品税,使受益者承担环境治理的责任。总体来说,我国环境税费主要包括排污费、生态补偿金、有关环境或资源税以及实行环境与资源开发利用的其他经济补偿措施等。

具体而言,征收排污费是向环境排放污染物的单位或个人按照其排放污染物的种类、数量或者浓度而向国家交纳一定的费用,以用于治理和恢复因污染对环境造成的损害;建立与完善生态补偿制度,本质是由生态服务功能受益者向生态服务功能提供者付费,根据生态系统服务价值、生态保护成本、发展机会成本,综合运用行政和市场手段,调整生态环境保护和建设与利用者等相关各方之间利益关系的环境经济政策和环境与资源保护法律制度;其他环境或资源税、费包括自然资源恢复和自然开发利用的税、费,如土地复垦费、草原植被恢复费、森林植被恢复费等,用以专门补偿因开发利用自然资源和自然环境导致自然环境利益损失所需花费的代价。

二、环境正义、公平、安全与秩序原则

(一)环境正义原则

环境正义是随着环境正义运动的深入发展和环境正义理念的推广而实现内容的不断丰富的。环境正义作为环境法学的基本理念,首先表示环境法应该合乎自然,即合乎自然生态规律、社会经济规律和人类基本生存规律。合乎这些规律并不意味着维持原状,而是在尊重自然规律和他人健康权利的情况下实现环境的改善。其次,环境正义作为环境法学的基本理念,是其他环境法学原则的基础。环境公平是环境正义的应有之义,环境安全是环境正义的必然要求,环境秩序则是环境安全的必然结果。再次,环境正义强调通过环境和资源这一天然纽带,将生存在同一环境之中的不同主体紧密联系起来,包括不同人、不同国家、不同代的人。环境正义要求从环境

正义的角度考虑众多不同主体具有享有同样环境的权利。因此,维护环境正义是环境立法的正当性评价的一个基本标准。环境立法要考虑不同主体共有的基本生存环境要求。

(二)环境公平原则

公平原则是法的精髓,它既是民法的传统原则,也是国际法的传统原则。环境公平包括多个不同的内容,有区际公平、代内公平、代际公平。区际公平是指不同地区要实现环境公平,西方国家与东方国家、北方国家和南方国家、东部地区与西部地区、城市地区与乡村地区都要实现公平。代内公平是指同一代的人们和其他生命形式共同享有清洁与健康的环境。代内公平还提出了限制私有财产的问题。私有财产的存在必须不妨害大众享有清洁环境的权利。代际公平是指人类及其他生物的各代有权利获得与人类及其他生物同样清洁的自然环境。代际公平观认为:全人类在过去、现在和将来共同拥有这个星球的环境;当代人和后代人对其赖以生存发展的环境资源有相同的选择机会和相同的获取利益的机会;每一代人都有相同的地位和平等的权利。

从某种意义上可以认为,环境公平理念的形成和发展是现实中环境不公平现象的反映,是人们追求改变环境不公平、努力实现环境公平的实践活动的结晶。应该承认,当代世界和当代中国存在着严重的环境不公平问题。增强环境公平意识,对于正确认识和处理当代社会中存在的各种环境不公平现象和问题,具有重要的意义和作用。

(三)环境安全原则

环境安全是环境保护法和生态安全法的灵魂,是制定和实施环境保护法和生态安全法的指导思想,是构建生态安全法律体系和环境保护法律体系的出发点。目前世界上绝大多数国家都有包含生态安全和环境安全的内容的法律,主要包括如下几个方面:生物安全法律,包括防治因生物技术、转基因生物产品、基因武器、外来物种入侵等人为因素所引起的生物多样性锐减和物种灭绝等生物安全问题的法律;有关防治自然灾害安全问题的法律;有关自然资源(能源)安全的法律,包括土地安全、水资源安全、森林安全、草原安全、海洋安全、矿产资源安全等法律;有关生态环境安全的法律,包括防治因排放各种生产和生活废弃物所产生的安全问题的法律;防治因放射性污染和核污染所引起的安全问题的法律;防治危险化学品、农药、化肥等所引起的安全问题的法律;防治食品安全问题的法律;防治劳动环境安全问题、生产安全问题、技术安全问题、卫生安全问题的法律;有关追究生态安全法律责任(包括行政责任、民事责任和刑事责任)的法律;有关生态安全事故和纠纷处理的法律;有关生态安全管理体制和管理机构的法律;有关生态安全管理制度的法律;有关生态安全规划、标准、监测、监视的法律;等等。

(四)环境秩序原则

秩序是人类社会维持稳定的基础和条件,每个人都生活在社会秩序和自然秩序中。传统的法学理论认为法律是秩序的代表,维持基本的秩序是法律的基本立法所在。秩序包含社会秩序和非社会秩序,有一部分学者认为法律所追求的是社会秩序,而将自然秩序以及人与自然之间的秩序(生态秩序或环境秩序)排除在外。环境秩序是人与人的和谐、人与自然的和谐的基础,环境法的立法目的就在于维护人类与自然和谐相处的良好秩序。

环境法的环境秩序原则是与西方的自然法学理论、东方的天人合一观念与当代环境学、生态学、生态伦理学的综合,是人类现实利益与理性智慧、科学态度与道德精神相结合的产物,是整个法学理论、环境学理论甚至马克思主义理论与环境法制建设实践共同发展的结晶。

环境秩序是指生态系统中各组成部分之间相互联系和作用的关系状态。良好的生态秩序是指生态系统处于良性循环状态的秩序,是指人与自然和谐共处的秩序。人与自然、人与非人生命体之间也像人与人之间一样形成某种相互联系、相互影响的秩序状态,人与自然、人与非人生命体只有处于和谐共处状态和秩序时,人类社会才能得到可持续发展。实现人与自然的和谐相处、和谐发展,包括非常丰富的内涵和深远的意义。它建立在人与自然共生共荣共发展、人与自然双赢的理念上,强调"以人为本,以自然为根"和"以人为主导,以自然为基础"的思想。人与自然的和谐是现代社会价值体系的核心概念,它将超越人类中心主义,促使人类重新审视自我,重新评估历史,重新定义幸福。人类现代文明的最高表现是人性的进化,即人与自然的相融。人与自然的和谐必然促进人与人的和谐,而人与人的和谐必然促进人与社会的和谐。

第四章 环境法的基本权利研究

法律赋予了其主体以基本的权利和义务。环境法则以明确的形式确立了人们的环境权。环境权的存在是笔者在前文所讨论的环境法立法原则在公众面前的集中展示。

第一节 环境权的性质和特征

一、环境权的含义

(一) 环境权的提出

环境权是 20 世纪六七十年代世界性环境保护运动的产物。从国际范围来看,环境权的理念和运动主要发端于美国、日本、欧洲等工业发达国家和地区,并在 20 世纪 70 年代和 90 年代形成了高潮。

环境权始于 1960 年,原联邦德国的一位医生向欧洲人权委员会提出控告,认为向北海倾倒放射性废物这种行为违反了《欧洲人权条约》中关于保障清洁、卫生的环境的规定。之后,围绕环境权的问题,多个国家展开了讨论。在美国,许多美国人要求享有在良好生活环境的权利。反对方认为,环境是任何人都可使用和先占的无主物,因而向大气、河流排放污染物的行为并不是违法行为。另外,设置环境权限制了"企业自由",违反了资本主义社会的基本原则。密执安大学的萨克斯(Joseph L. Sax)以"共有财产"(common property)和"公共信托"(public trust doctrine)理论为基础,提出了环境权的主张。美国的《国家环境政策法》(1969 年)对环境权作了概括性规定。在日本,日本律师联合会把享受自然作为一项公共财产提了出来,仁藤一、池尾隆良两位律师提出了"环境权"的主张,并阐述以下观点:任何人都可以依照宪法第二十五条(生存权)规定的基本权利享受良好的环境和排除环境污染;良好环境是该地区居民的共有财产,企业根本无权单方面污染环境。

1972 年 6 月,环境权在斯德哥尔摩召开的联合国人类环境会议上获得通过。这次会议通过的《人类环境宣言》提出:"人类环境的两个方面,即天然和人工的环境,对于人类的健康幸福和对于享受基本人权,甚至生存权利本身,都是必不可少的。"20世纪80年代末,环境权在可持续发展思想的推动下再次成为人们关注的热点。世界环境与发展委员会于1987年在其研究报告《我们共同的未来》中多次提到环境权,对宣传和倡导环境权发挥了重要作用。该报告的前言指出,目前各国政府需要在现行的国内和国际环境法规方面填补主要的空白,寻找途径来认识和保护今世后代人类生活在对健康和福利都适宜的环境中的权利。

(二)环境权的界定

环境权是一种崭新的法律理念,是指公民环境权,即自然人的环境权,即自然人生存所应具备的基本环境权。一般意义上环境权可以简单定义为,公民个人对其赖以生存、发展的环境所享有的基本权利。这样的环境权就是要通过对良好环境的保护,来确保人们健康而舒适的生活。

亚历山大·基斯认为,环境权是人类尊严的一种表达方式,它完善了当代人的人权,是实现后代人其他人权的必要前提条件。由于"环境"一词包含有多种不同的含义,环境权的内涵非常难以定义,环境权也难以得到承认。但同时他又认为:"……环境权不应被解释为很难抽象定义的对理想环境的权利,而应解释为使现有环境受到保护、使之不受破坏以及在某些情况下使环境得到改善的权利。总之,环境权实际上意味着使环境得到保护和改善的权利。"

我国学界学者从不同视角和理论出发,制定对环境权概念的观点可谓是各有千秋。从不同角度研究环境理论的观点总起来看,总共包含以下几种。

第一,环境权是公民个人有在适宜环境中生活的权利。这里"适宜"是指环境立法机关所认可的环境,大部分情况下是指社会大部分公民所能够接受的平衡健康的环境,满足人体的基本需要。平衡、健康的环境主要是生态平衡的环境。只有生态平衡的环境,才能满足人的基本需要。所谓生态平衡,是指在生物学意义上,生态系统内各种生物在数量和关系上的平衡,这种平衡是在一定空间和时间范围内才能得以维持的。生态环境的健康,即指生态环境的功能正常。这个概念实际上也存在缺陷。首先,环境权是一种环境法赋予人们的基本权利,虽与人们的基本生活需要紧密联系,但是仍然是在法律背景下的。其次,环境权是环境法律权利与义务的统一。环境权不仅表明环境主体享有基本环境权利,也表明主体承担基本环境义务。美国的爱蒂丝·布朗·魏伊丝(Edith Brown Weiss)认为:"地球权利和义务是内在联系的,权利总是与义务结合在一起。它们共存于每一世代。"

第二,环境权的经典定义是《人类环境宣言》中的宣告。环境权的主体包括当代人和后代人,环境权的对象是人类环境整体,环境权是权利和义务的统一。"公民环境权是公民所享有的在健康、舒适和优美的环境中生存和发展的目的性权利,其既体现环境权的价值取向,也可在宪法和具体制度中得以实现。其主要有四个方面的内容,即环境资源利用权、环境状况知情权、环境事务参与权和环境侵害请求权。"

第三,环境权是指公民在良好环境中享受一定环境品质的基本权利。这个定义包含以下几层含义。

(1)环境权的主体是公民,更确切地说,环境权的主体是自然人。良好环境品质只能为具有自然生命的主体所享受。

(2)环境权的客体是能够对人类生产或生活产生直接或间接影响的环境及其构成要素,不包括国家的行为。

(3)环境权仅是一种生态性的实体权利,不包括经济性权利和程序性权利,实质上是享受生态环境的权利。

(4)环境权在性质上是一种宪法基本权利,具有宪法位阶。

(5)环境权所指向的义务人是国家,它对国家的立法权、行政权和司法权具有拘束力。

第四,环境权是指每一个人有在适宜于人类健康的环境中生活及合理开发利用环境资源的权利。环境权包括享受良好环境权和环境资源开发利用权两个方面。环境权的主体不仅包括各国公民,也包括各类机构,其中核心是各国的公民。因此,环境权的核心是各国公民的环境权,包括清洁空气权、清洁水权、清洁产品权、环境审美权、环境教育权、环境文化权、户外休闲权等。环境权最基本的法律特征是共享性和与生存权的密切相关性,最本质的法律特征是环境权关系中的权利义务不一致性,即权利主体和义务主体的错位设计,最独特的法律特征是作为环境权客体的环境带有明显的价值判断的特征。

第五,环境权是指环境法律关系主体享有适宜健康和良好生活的环境以及合理利用环境资源的基本权利。环境权的适用范围是,所有环境法律关系主体均享有在不受一定程度污染和破坏的环境里生存和在一定程度上利用环境资源的权利。环境权主体为全体人民,它不仅包括公民、法人及其他组织、国家乃至全人类,还包括尚未出生的后代人。环境权客体包括环境法规定的各种环境要素、防治对象和行为。

第六,环境权的一般定义是享受良好环境并进行支配的权利。环境权的具体内容包括:健康、舒适、安全的环境保证;当代人传给子孙后代的是未被污染和破坏的自然资源要素;当代人负有保护资源和改善环境的庄严义务。

　　公民环境权论自身存在难以克服的矛盾。人类整体性的环境权中包含个体性环境权这个基础性判断是不能成立的。人类环境权中的人类是集合概念,这种意义上的人类所享有的权利不必然落实在作为人类的分子的自然人身上。人类现有的生存环境是自然供给的客观利益。每个人在这种不可分割的共同利益面前只能是享受者,从法律意义上说,每个人只有环境的使用权。

　　所谓环境权不是关于具体的环境利益享有者与其他人之间关系的概念,而是人类整体与人类个体关系的概念。在环境的整体利益和综合利益之下发生的人类个体的单独的、分配性的利益关系是财产关系、人身关系等,与之相联系的权利是财产权、人身权,而不是环境权。在这种社会生活中发生的侵权是对财产权、人身权等的侵犯,而不是对环境权的侵犯。公民环境权论者以权利制约权利的设想无法自圆其说,他们所论述的"环境参与权"的实质是参与权不是环境权。

　　随着人们环境意识的日益增强,公民环境权理论与现行的法律制度和政治制度尚无法在可预见的时期内实现有效对接。应将环境权定性为参与环境决策的程序权,以区别于传统的享有舒适环境的实体权,这将更加符合环境问题所具有的高度科技背景、决策风险和利益衡量等特质,更能汇聚公众参与公共决策程序的张力,以实现制度的合理构建和公众民主参与环境保护的目标。另外,基于公众参与的理念,个人或环保团体因环境价值而诉诸法院的各种障碍应通过立法予以清除,并通过法院的判决适度弥补政治运作的不足。

　　在各国学者不懈的努力下,环境权的理论研究有了深入的发展,主要表现在三个方面。

　　(1)环境权的理论基础得到了强化,公共信托理论、可持续发展理论、代际公平理论、自然的权利理论等都是随着环境权研究的不断深入而提出的,这些理论不仅为环境权体系的建构提供了坚实的理论基础,也为各个国家的环境保护工作提供了丰富的理论指导。

　　(2)环境权的主体范围不断得到扩展,已经出现了个人环境权、法人(单位)环境权、国家环境权、人类环境权甚至动物和自然环境权等,既包括当代人又包括未来各代人。

　　(3)环境权的内容在各国学者的研究下不断得到扩充和完善,不仅将实体性环境纳入到环境体系当中,还将程序性环境权纳入到了环境权体系当中,前者又分为生态性权利、经济性权利,有学者认为还包括精神性权利。

二、环境权的必要性

(一)传统民事权利设计的欠缺

大家知道,人类社会的发展一时一刻也离不开其赖以生存的自然环境,人是自然环境的产物,同时又是自然环境的改造者。在人类文明的早期,限于对自然认识水平的低下,人类对自然的利用和改造尚不足以破坏自然环境,因而环境资源被认为是一种取之不尽、用之不竭,任何人无须支付任何代价,随时都可以任意使用的自由财产。

其反映在传统民法理论中,认为环境是无主物,属于人力所不能控制和支配的物。而依据以权利私有化为最高原则的传统民法权利理论,权利或利益仅以个人所能支配的利益为限,环境既然被认为属人力所不能控制和支配的无主物,自然就不能成为所有权的客体。况且,按照传统民法理论,无主物实行先占原则,先占者可以无偿利用,因此向空中排放污染物是合法的。而根据"有损害,始有救济"的民事责任原则,环境侵害因不属于权利保护之列,也就不存在救济问题了。若以传统民法的财产权、人格权、相邻权等作为救济的根据,又因其各自的局限性而难以适用。

1. 财产权

财产权,是指民事权利主体对一定范围内的财产的占有、使用、收益和处分的权利。但将其适用于环境侵害中却捉襟见肘。因为许多重要的环境要素如空气、阳光、水等根本不是传统意义上的个人财产,无法对其进行分割,从而不具有民法中财产的属性,因此不能成为财产权的客体;而且,环境侵害不仅损害公私财产,也损害人的身心健康,还损害无主物,因而无法以财产权作为对其救济的根据。

2. 人格权

人格权,是指与作为民事主体必要条件的身体、人格相联系,并为法律所承认和保护的人身权利。它包括生命权、健康权、身体权、名誉权等。虽然环境侵害的后果也有表现为对公民身体健康甚至生命的侵害。但是,生命健康权的保护是以对人身的直接侵害为构成要件的,而环境侵害大多是通过环境这一载体间接对他人造成侵害,从而不具备这一要件。而且,环境侵害不仅损害人的身心健康,同时还损害人们享受具有特殊美学价值和卫生价值的优美环境等权利,此外也损害公私财产及无主物。其侵害范围已远远超出人格权的保护范畴,为此,亦无法将人格权作为对其救济的根据。

3. 相邻权

相邻权,是指以不动产在地理位置上相邻、交接为基础所构成的一定主体享有的权利,是一个与财产所有权有关的民事权利。也就是说,相邻权是指两个或两个以上的不动产所有人或占有人、使用人、收益人因一方对自己所有或占有、使用、收益的不动产行使所有权或占有权、使用权和收益权时,享有的要求对方给自己必要便利的权利。它的实质是对相邻关系的一方财产所有人或占有人、使用人、收益人行使权利的限制,同时又是对另一方行使权利的延伸。它通常包括通行权、相邻排水、截水关系、相邻管线设置关系、相邻排污关系、相邻防险关系、相邻各方因通风、采光而产生的关系。

通过上面的叙述我们可以知道,相邻权产生的基础是对于相互毗邻的不动产的占有、使用、收益的处分。由于相邻权在限制所有权的绝对化上,要求人们在行使自己的权利同时不得损害他人的合法权益,从这个角度来讲,将相邻权适用于环境侵害是可以取得一定成效的。但是,相邻权的范围毕竟过于狭小,只限于以不动产的相邻关系为前提的环境侵害。而环境侵害大多则表现为污染物进入大气、海洋之中,从而给不相邻的远距离的地方带来损害,比如酸雨、海洋污染、核辐射等。倘若以相邻权作为救济的根据,则十分牵强。

(二)传统宪法制定的先天不足

众所周知,由于传统宪法是基于立宪主义"尊重人类"的基本理念而制定的,为此在立法内容上,其只能遵循传统的法律价值取向,将因环境而形成的社会关系作为法律保护的客体来对待,只能以保护当代人的权利作为权利保护的核心,从而在立法内容上存在诸多的局限性:

1. 扩张宪法国家权力规定的局限性[1]

在一些国家,宪法十分稳定,修改起来非常困难,而环境污染和生态破坏本身的特点又要求在国家规模上予以统一协调的管理,为此这些国家就将宪法中原有的关于国家权力的许多规定,经过适当的解释和扩张后应用于环境保护。在这方面美国的做法堪称典范。

美国联邦政府只是一个拥有有限委托权力的政府。根据美国宪法规定,美国联邦政府没有采取它认为是符合公共利益的一切行动的权力。经过适当的扩张可用于环境保护的联邦政府的宪法权力主要是:管理州际商

---

[1] 马骧聪,陈茂云.宪法中的环境保护规定.宪法比较研究文集.南京:南京大学出版社,1993,第313页

务的权力、征收和使用税款的权力、管理公有土地用途的权力等。其中最重要的是管理州际商务的权力。

美国《宪法》第1条第8款规定,国会有权"规定合众国与外国、各州间及与印第安种族间的贸易"。这就是联邦政府的商务权。实践中美国国会对此作了扩张解释,从而使国会拥有了广泛的权力,并用此权力来干预环境事务。

典型的事例是:美国国会认为露天采矿影响了州际贸易,因而制定了《露天采矿和复垦法》。该法对露天采矿规定了一系列详细的限制,其中最重要的是要求把土地恢复到近似原来的状态。由于露天采矿主要是在私人的土地上进行,所以这一法律的制定实际上是扩张了商务条款,而且扩张的目的是进行环境立法。美国联邦最高法院在司法审查中维护了国会的这一做法。

美国《宪法》第10条修正案对商务条款作了限制,它规定:"本宪法所未授予中央或未禁止各州行使的权力,皆由各州或人民保存之。"该规定对美国联邦政府通过立法强迫各州实施环境管理有一定的消极影响。比如,在"哥伦比亚特区诉特雷恩"案中,哥伦比亚特区巡回法院判决认为,国会无权强迫各州执行环境保护局颁布的各项详细规定。但是,联邦最高法院对认定某制定法违反第10条宪法修正案的条件作了一系列严格的限制。事实上,只要国会能合理地认定,某种行为如果综合起来,即具有一种跨州的实质性影响,最高法院就会维持该制定法。

通过扩张传统的宪法权力,美国联邦政府享有了广泛的环境立法权,但它仍有一定的局限性。即:①这种环境管理权力不是宪法直接规定的,其获得必须通过适当的解释;②其范围仍有一定的限制,障碍主要来自《宪法》第10条的修正案;③在一定范围内和一定程度上,环境法有关规定的执行还有一定的局限性,可能被以违宪为由提起诉讼并予以司法审查。

2.适用宪法人权规定的局限性

大家知道,人权的内容是随着社会的发展而不断变化的。近代社会人权的主要内容为自由权,而现代社会人权的主要内容则为生存权。由于生存权的基本内容包括了"生命权"、"安全权"等,它在环境保护中也获得了一定的应用,其中最典型的例证是日本的实践。

《日本国宪法》规定:"不得妨碍国民享有的一切基本人权。本宪法所保障的国民的基本人权,为不可侵犯的永久权利,现在及将来均赋予国民。"随着日本公害问题的日益严重,上述宪法规定就被有限制地应用于环境保护之中。为依据宪法规定保护国民的人权,日本法务省设立人权保护局,对侵犯人权的案件进行调查等活动。其具体程序规定在《侵犯人权案件处理规则》中。该《规则》规定:对于"因噪声、烟尘以及其他公害所造成的侵犯人权案件",作为特别案件进行处理,其处理比对一般案件的处理更为慎重。在受理这类案件时,法务局长应毫不拖延地向法务省人权保护局长进行报告,地方法务局长也应毫不拖延地向人权保护局长和法务局长进行报告。处理案件时,事前必须向法务局长报告,并接受其指示。

对于因噪声、烟尘以及其他公害所造成的侵犯人权的案件,在认定侵犯人权事实时,由法务局长或地方法务局长采取以下处理方法:①起诉;②对造成公害者进行教育和必要的劝告;③通报其他机关;④斡旋并帮助公害受害者;⑤采取认为相当的排除措施。法务局进行调查时,如认为有困难,可作出中止的决定;如认为由其他机关处理更适宜时,可作出移送的决定。对于由人权保护机关按照这一程序处理的案件,受害人如果认为处理不公正,未能保障基本人权的,也可以向裁判所申诉,请求重新处理。

实践当中比较典型的以宪法中的人权规定进行环境保护的案例有,1970年2月5日神户地方裁判所伊丹分院的一项判决。该判决即是以侵犯人权为根据而确认了排除妨害的请求权,从而停止了对日照、通风和其他居住环境造成侵害的工程建筑的。

日本利用宪法中的人权规定进行环境保护虽有一定的成效,但其局限性也是十分明显的:第一,适用范围狭窄,无法起到预防作用;第二,处理程序中隐藏了规避和拖延环境问题处理的因素;第三,有关处理程序中未能反映环境保护的全面要求和主要特点。

3. 体现环境权利某些内容规定的局限性

现代各国宪法对环境保护均十分重视,纷纷在各自的宪法中设有环境保护的规定,而且有些国家宪法的有关规定还在一定程度上体现了环境权利的某些内容。比如,原《匈牙利人民共和国宪法》第7章第57条明文规定:"①在匈牙利人民共和国,公民有保护生命、人身不可侵犯和健康的权利;②这种权利由匈牙利人民共和国通过组织劳动保护、卫生保健机构和医疗,通过保护人类环境来实现。"又如,旧《泰国宪法》(1974年)第93条曾经规定:"国家必须维持环境清洁,并且排除对国民健康和卫生造成危险的污染。"之后,在1978年对其进行了修改,该规定更加简洁:"国家应维护自然环境生态平衡,清除有害于人民卫生与健康的污染物。"(《泰王国宪法》第65条)[①];《南斯拉夫社会主义联邦共和国宪法》第192条也规定:"公民拥有

[①] 程正康.环境法概要.北京:光明日报出版社,1986,第58页

健康的生活环境的权利才具有了法定性格的标志。而上述宪法规定虽在一定程度上涉及环境权利的某些内容,但是这些规定过于原则,尤其是对公民环境权利的规定更为笼统,只不过是作为一种宣言性的规范加以确定,而不具有任何实体权利性质,受害人无法直接援引上述规定,请求法律救济。

而且,由于公民所享有的环境权利是各种环境权利的核心和基础,倘若宪法没有明确确认公民所享有的环境权利,那么其所体现的环境权利也是不完整的环境权利。而从上述宪法规定中不难发现,其对公民所享有的环境权利的确认仅仅是停留在总体上肯定而具体上否定的层面,从而具有一定的局限性。这对于切实保障公民环境权益,有效防止环境污染和破坏显然十分不利。

(三)传统国际法领土权对国家环境保护的不力

由于环境是无国界的,所以环境问题所造成的危险性,其叠加的效应往往超越了国家的界线。比如,大气污染和酸雨这类因远距离迁徙造成的跨国界污染事件就日见增多。又如,因海上石油运输的发展造成大面积的海洋污染而损害沿岸国利益的纠纷也越来越多。这些行为显然是环境侵害行为,但又不能在国际法上作出构成对领土权和主权侵犯的解释。因为按照国际法,领土权是指处于国家主权管辖下的地球表面的特定部分。在这个部分,国家享有完全的主权,称为领土主权。领土主权包括统治权和所有权两个方面。统治权是国家对领土范围内的一切人、物和事件(除享有外交特权和豁免权者外)有排他性和管辖权,不容他国干涉;所有权就是国家对领土范围的一切土地和资源拥有占有、使用和支配的永久权利,不容他国侵犯。可见,适用国际法上的领土主权不足以保护一国的环境利益。

然而,随着当今全球环境污染和生态破坏的日趋加剧,环境危机成为威胁人类生存、制约经济发展和影响社会稳定的直接因素后,人类对自然环境才有了比较清醒的认识,认识到大多数自然资源的有限性、环境自净能力的有限性和生态系统负载能力的有限性,从而悟出了人类应当尊重自然,与自然和谐相处的真谛。有鉴于此,保护人类生存和发展的环境,使人类可以在舒适的生活环境里生存的问题,便成为当今世界关注的焦点之一,也成为法学界探讨的重心。鉴于传统法律囿于自身的时代实践,已无法适应环境时代的需要,而对其改造,又恐破坏其原有体系的严谨,使受其保护的那些权利得不到妥善的保护,唯有突破传统法律的樊篱,另辟蹊径,创设新的法律权利,以满足这一需要。于是,环境权便作为环境时代全面协调人类与环境关系的产物而形成和发展。

三、环境权的本质

在马克思主义哲学中,本质是相对于现象的一个辩证法范畴。本质和现象是不同等级的范畴,分别从事物的根据和表现两个方面把握事物,本质是决定客观事物存在和具有各种表现形式的内在根据,人对事物本质的认识,要"由现象到本质,由所谓初级本质到二级本质,不断深化,以至无穷"[①]。环境权作为一个新的权利类型,其产生有着深刻的现实基础和根源,经过学者们的不懈努力,可以说环境权理论的框架和体系已经初步建构起来了。然而,作为一个主体、客体、内容等都相当广泛的新型复合性权利,其表现形式也是复杂多样的,加之环境权提出的时间还不是很长,学者们对环境权的认识和研究尚不全面,也不是很深入,甚至会存在一些偏差。这也是学界对环境权众说纷纭的一个重要原因。笔者认为,对环境权的认识和研究也应遵循马克思主义的认识论,由表及里,层层深入,最后达到对环境权本质的把握。本书就拟以这一研究进路对环境权的本质作一探讨。

(一)环境权是一项权利

"权利"一词是由西方国家传入的,中国古代典籍中虽有"权利"之语,但与现在法学意义上的"权利"却有着本质的区别。在西方,权利的渊源可追溯至罗马法。英国学者梅因曾言:"概括的权利这个用语不是古典的,但法律学有这个观念,应该完全归功于罗马法。"[②]在罗马法中,拉丁文的"Jus"就被现代人译为"法"、"权利",这很大程度上是因为古罗马时期商品经济的繁荣导致的私法(市民法)发达的结果。到了中世纪末期,"资本主义商品经济的发展使各种利益独立化、个量化,权利观念逐渐成为普遍的社会意识"[③]。至17世纪、18世纪,资产阶级启蒙思想家在反封建的斗争中提出了"自然权利"(natural rights)、"天赋人权"(rights inborn)等权利观念,随着资产阶级革命的胜利和资本主义民主制度的建立,权利作为造物主赋予人的资格的观念得到广泛的认同和传播。到了19世纪,由于资本主义生产方式的推动,商品经济的不断发展,法定权利和义务成为社会生产、交换和社会秩序的机制,法定权利成为人们权利观念的核心。在19世纪末,以功利主义、实用主义哲学为指导的德国法学家耶林敏锐地注意到了权利背后的利益,他说,权利就是受法律保护的一种利益。当然,不是所有的利益都是

[①] 列宁.列宁全集.北京:人民出版社,1990,第213页
[②] [英]梅因.古代法.北京:商务印书馆,1997,第102页
[③] 张文显.法哲学范畴研究.北京:中国政法大学出版社,2001,第283页

权利,只有法律所承认和保障的利益才是权利。近代以来,随着权利理念的确立以及日益普及,甚至使世界范围内出现了"权利流行色"和"权利拜物教",在20世纪的最后50年,在社会生活、政治斗争、国际关系、法律论辩中,"权利之声压倒一切",人们把自己的经济主张、政治要求、精神需要纷纷提升到权利的高度,迫使国会、政府、法院承认其正当性和合法性。

从以上我们对权利发展进程的回顾中,我们就可以发现,权利的形成和发展是与人的自身利益密切相关的。人的利益从本质上说就是人的某种需要,需要的满足也就是利益的实现。而权利本质上就是对人某种利益的正当性与必要性的确认,同时通过强制性的或非强制性的机制去保障这种利益的实现。人类要生存和发展必然要有多种需要,而在人类社会中,有些需要的满足是没有保证的,所以才出现了确认某种利益和以国家强制力保障这种利益实现的法定权利。一方面,人作为高级生物,其需要是多方面、多层次的;另一方面,随着人类社会的不断发展,人的需要也随之不断发生变化,因而权利观念和权利类型也是一个不断演进的历史过程。

人作为地球生态系统的一员,其生存和发展离不开周围自然环境的支撑。在适宜、健康的环境中生活是人最基本的生存需要。这种需要的满足是必不可少的。然而自人类诞生起很长一段时间内,自然环境是良好的,资源是充足的,大自然很"充分"地、"无微不至"地满足了人类的各种需要,而且由于环境的公共性、非独占性、使用非排他性,人类这种需要无须保障即可自动满足。所以,人在适宜、健康的环境中生活这种需要并没有通过法定权利予以保障,而仅仅是作为当然的、不证自明的应有权利而存在,但其权利性质是确定无疑的。

许多学者否定环境权权利性质是环境权所保障的环境权益本质上看是一项公共利益,不能为个人所排他性独享,因而不能构成个人权利的基础。但应该看到,这种观点是以传统法学上的公私法二分,以及公共利益和个人利益二元论为前提的,而公共利益和个人利益二元论又是建立在近代政治国家与市民社会二元对立基础上的。随着近代国家向现代国家的转型,政治国家与市民社会的界限也逐渐淡化,二者的相互支撑与融合日益加强,"公法私法化"、"私法公法化"的趋势日趋明显。可以说,在当代,公共利益和个人利益已经是相互交融、密不可分的了,公共利益虽然不是个人利益的简单相加,但其必须建立在实在的个人利益的基础上,必然要包含着个人利益的因子。

环境权益从传统上看是一种公共利益,但在当今严重的环境危机面前,它对每一个人来说都是不可或缺、不可剥夺的重要利益,已经构成了个人利益的一部分,故可以说环境权益已经是公共利益与个人利益的融合,而不再仅仅是纯粹的公共利益,如果仍然遵循传统的公法上的公共利益保护方法,公民仅能享受反射利益而不能主张权利,那么公民个人的环境权益损害将无由补救,对环境权益的保障也是不充分的。当然,由于环境权益具有公共利益和个人利益的双重性质,所以环境权的行使是应受到较严格限制的,也即主体在行使权利的同时,必须承担相应的义务,不得侵害其他主体的环境权。这也是环境权作为一项新型权利的独特性所在。

(二)环境权是一项法律权利

权利理论通常认为,权利主要有四种存在形态,即应有权利(道德权利)、习惯权利、法定权利和现实权利。应有权利是指人作为人所应当享有的当然的权利。广义的"应有权利"包括一切正当的权利。狭义的"应有权利"特指当有,而且能够有,但还没有法律化的权利。由于应有权利又往往表现为道德上的主张,所以也被称为"道德权利"。习惯权利是人们在长期的社会生活过程中形成的或从先前的社会承传下来的,或由人们约定俗成的,存在于人们意识和社会惯常中,并表现为群体性、重复性自由行动的一种权利。法定权利是通过法律明文规定和保障的权利;现实权利又称实在权利,是主体实际享有与行使的权利,它是通过主体自身的努力(权利行使)而实现的;应有权利是一种道德性的宣言或主张,缺乏实现权利的有效保障机制;习惯权利也只能靠社会习俗、舆论压力等予以保障,一般也不具有强制执行力。只有法定权利具有明确的内容和以国家权力为后盾的强制性保障机制,因而最容易转化为现实权利,对权利主体的利益保障也最有力。故人类权利演进的历史也可以说就是应有权利向习惯权利,习惯权利向法定权利(当然有时应有权利直接转化为法定权利)演化的过程。而现实权利是前三者权利的运行目标,也是人们设置权利的初衷所在。

一些学者认为环境权是一种习惯权利,但事实上将环境权认定为习惯性权利是不妥的,其原因主要有以下几个。

(1)作为世界性环境危机和环境保护运动的产物,环境权一开始就是作为法律权利被提出来的,因为环境权保障的是人类生存和发展这一根本利益,并且面对日益严重的环境问题,这一根本利益的保护也变得更加迫切和紧要,必须通过法律确认环境权,以国家强制力来保障权利的实现。而习惯权利是不具备权利实现的强制保障机制的,其作用十分有限。

(2)从现实角度来看,不仅联合国等国际和地区组织明确通过宣言、条约等和倡导环境权,而且世界上许多国家也纷纷立法直接或间接规定环境权,在司法实践中也已经有了一些承认和保障环境权的案例。

(3)将环境权作为习惯权利,不利于主体环境权的行使和保障,不利于权利的实现，最终影响到环境权这一新型权利的发展和完善。当然，作为一项新型权利，其在主体、客体、内容等方面尚有不确定的地方，在司法实践中也屡有碰壁。但这正是它需要发展、完善的地方，而不能作为否定它法定权利属性的理由。

（三）环境权兼具公益性和私权

在承认环境权是一项法律权利的前提下，对环境权的具体法律属性，学者们的认识仍有较大分歧，有的认为环境权是一项公益性的权利，有的认为环境权是一项私权。笔者认为，鉴于环境权益所具有的公共利益与个人利益相交融的特点，环境权既不是纯粹的公益权，也不是纯粹的私权，而是一项超越了传统公益权与私权的新型法律权利。

1. 环境权不是一项纯粹的公益权

环境权益无论是传统上还是在当代都是一项公共利益，公益性是环境权的一个重要特征，是环境权法律属性的一方面，而不是其法律属性的全部。公共利益和个人利益二元论是以政治国家和市民社会的二元对立为基础的。而在现代国家，一方面，国家已经不再是"消极的守夜人"角色，而是承担起越来越多的经济和社会职能；另一方面，市民社会也通过各种方式和途径积极参与到国家的决策和治理过程中。二者已经更多的表现为相互支撑和彼此融合。因此公共利益和个人利益二元化已经失去了现实基础。可以说在现代社会中，公共利益和个人利益已经变得密不可分，一方面，现代社会是高度整体化的社会，任何个人都不可能离开整体去追求个人利益；另一方面，任何公共利益都离不开个人利益的支撑，都必须含有个人利益的因子。尤其是全球性的环境危机不断加重的情况下，环境利益不再仅仅是公共利益，它已经成为个人生存与发展的一项基本权利了。

2. 环境权不是一项纯粹意义上的私权

近代以来，环境污染和生态破坏日益严重，环境侵权逐渐引起了人们的广泛关注和担忧，然而作为一种新的侵权类型，其还缺乏新的相应的法律规范予以调整和救济。囿于传统私法思维的局限，同时也为了填补因社会发展而产生的法律漏洞，在理论上和司法实践中，学者和法官均倾向于将环境权侵害视为民事侵权的一种新类型，运用民法规范来进行调整和救济。因而，环境权是一项私权的主张逐渐成为了主流观点，但是随着人们对环境权认识的逐渐深入，这种观点的局限性和弊端也逐渐暴露了出来，持此主张的人也越来越少。就目前而言，环境权研究的学者对环境权作为一种私权的认识主要可以分为两种。

(1) 人格权说

所谓人格权,是指"以主体依法固有的人格利益为客体的,以维护和实现人格平等、人格尊严、人身自由为目标的权利"[1]。作为人格权的客体,人格利益是指主体就其人身自由和人格尊严、生命、健康、姓名或者名称、名誉、隐私、肖像等所享有的利益的总和。由于传统上环境权的主体是公民,而公民的环境权益包括了人身利益,又加之侵犯环境权的后果往往表现为对公民身体、健康的损害,因此,一些学者认为环境权属于人格权。如日本宪法学者大须贺明从《日本宪法》第25条的生存条款中推导出了公民享有的环境权,从而使环境权是一种人格权的主张有了宪法依据;我国民法学者徐国栋先生在其主编的《绿色民法典草案》中也将环境权纳入"生命健康权"一节中。

(2) 财产权说

这种学说主张环境权是一种财产权。持这种观点的学者首推美国密执安大学的萨克斯教授。他认为,空气、阳光、水、野生动植物等环境要素是全体公民的共有财产;公民为了管理他们的公有财产而将其委托给政府,政府与公民从而建立起"信托"关系。政府作为受托人有责任为全体人民,包括当代美国人及其子孙后代管理好这些财产,未经委托人许可,政府不得自行处理这些财产。从现实角度看,将环境权视为一种财产权,一定程度上可以说近代以来是学者和法官们运用传统民法思维来应对环境问题的结果。

吕忠梅认为,环境权的主体仅为公民,"即环境权仅指公民环境权,不包括所谓的'法人环境权'与'国家环境权'。"[2]我们认为,虽然环境权的主体在当今已经扩展到了法人、国家,甚至人类,但公民作为最基本、最重要的环境权主体,其核心和基石地位是毋庸置疑的。

环境权与人格权是有区别的。首先,人格权中的生命健康权的保护以对人身的直接侵害为构成要件,而环境污染和破坏行为在大多数情况下不具备这一特征(即具有侵害的间接性和累积性,侵害结果需要一段较长时间才能表现出来);其次,衡量是否造成生命健康权侵害的标准是医学标准,尤其是对健康权的侵害是以产生疾病为承担责任的标准的,而在环境保护中,造成疾病已为环境污染和破坏的最严重后果,环境法要以保证环境的清洁和优美、不对人体健康构成威胁作为立法目标,以环境质量作为承担责任的依据。

环境权与财产权也是不同的。首先,财产权尤其是所有权的客体只能

---

[1] 张文显.法哲学范畴研究.北京:中国政法大学出版社,2001,第283页
[2] 王利明.人格权法研究.北京:中国人民大学出版社,2005,第14页

是人力所能够支配和控制之物,而作为环境要素(环境权客体)的空气、水体、野生动植物尤其是生态因不能为人力所支配和控制,因而往往无法成为财产权的客体。其次,对于财产权尤其是财产所有权来说,对财产的独占和排他性使用、收益、处分是其重要的特征,而每个人对环境是不能也无法独占和排他性使用的。即使某些环境要素归属于某个主体,但他也不能排除他人对基本环境利益的共同享有。再次,当环境资源作为财产权客体时,主要体现的是其经济价值,而当其作为环境权客体时,主要体现的是其生态价值。

客观地说,将环境权视为一种人格权或财产权具有一定程度的合理性,因为环境权益里面的确包含着一定的人格利益和财产利益,两种学说包含着对环境权属性的正确性认识,但又都因只反映了环境权的某一方面的特征而失之片面。环境权不仅具有私权的属性,而且由于环境的整体性、关联性,环境利益的共享性、非排他性,从而使其还具有很强的公益性,它已经不是一项纯粹的私权。

(四)环境权是一项基本人权

人权即人成其为人所应享有的权利,是人作为人为维持其生存和尊严,形成独立人格和发展完善自己的权利。人权来源于对人自身正当性与至上性的认识。它最初是作为道德权利或自然权利而存在的,具有超国家与超实定法的性质。

近代,资产阶级在反对封建特权的过程中,资产阶级启蒙思想家洛克、孟德斯鸠、卢梭等系统提出并大力宣扬"天赋人权"、"人民主权"、"社会契约"等理念,从而使人权观念普遍化,得到了人民广泛的支持和认同。资本主义民主制度建立后,鉴于某些人权类型的根本性和不可或缺性,各国纷纷通过宪法予以确认和保障。这些宪法化的人权就被称为"基本权利"或"基本人权"。随着人权保护的国际化,一些国际人权公约或洲的人权公约也规定了这种意义上的人权。

人权不是封闭的,它是一个开放的体系。随着人类社会的发展与变迁,人权内容和人权类型也在不断地发展和完善。按照法国学者卡雷尔·瓦萨克先生的研究,从人权发展历史的视角看,人权可分为三代:第一代人权是法国大革命时代倡导的公民政治权利,如公民自由权、言论权和结社权等权利,这类权利的功能在于保障公民不受政府的侵扰,也称做"消极的权利";第二代人权是垄断资本主义时期出现的普遍的社会权利,主要指俄国革命和西方福利国家所提出的经济、社会和文化权利,也称做"积极的权利";第三代人权是全球合作以维护和平、保护环境和促进发展的"连带权"(solidarity right)。与第一代、第二代人权不同,第三代人权是"集体人权",其主体已不再是单个公民,而是作为"集体"的国家或民族。它越出了国界,是国际人权法的重要内容。

基于对人权的上述理解,我们可以确定环境权本质上是一项基本人权。具体来讲,我们可以从两个层面来进行理解。第一,在国内法上,环境权是一项具有宪法位阶的人权;第二,在国际法上,环境权是一项集体人权,可以称之为国家环境权或人类环境权。

1. 环境权是一项具有宪法位阶的人权(国内法)

按照西方学者的观点,作为一项人权应当具备三个要件:文化正统性、不可或缺性和生存需要性,而环境权均能很好地满足。

(1)环境权满足文化正统性的要求。所谓文化正统性是指与人们可识别和接受的既有文化所确定的规则和标准相一致的特性,也就是文化传统上的正当性、一致性。环境权一直被人们视为一种当然的、不言自明的自然权利,在当代日益严峻的环境危机面前,环境权更是与人们环境保护、可持续发展等观念具有目的上的一致性。

(2)环境权满足不可或缺性的要求。在适宜、健康的环境中生活是每个人生存的必不可少的基础,环境权对于每个人来说都是不可或缺的。同时,一个清洁健康的环境也是其他任何人权得以实现的基础和前提,否则,任何生命权、自由权和发展权都是妄谈。因此,环境权应当作为一项人权加以确立。

(3)环境权能够满足人们的生存需要。适宜的环境是人类在地球上生存的最基本需要,它是所有生物生存所必需的最为基本的条件。由于环境权涉及的是作为一个整体的人类之生存的问题,具有人权所要求的"普遍性",足以成为一项人权。

与其他种类或者性质的人权不同,环境权是一项独立的人权,主要体现在三个方面。

(1)环境权是一项复合型的权利:从主体上看,既包括公民,还包括法人、国家,甚至未来世代的人类;从客体上看,既包括整体的环境,又包括具体的环境要素;从保护的利益上看,既注重对个人利益的维护,也不忽视对公共利益的保障,兼具公益性和私益性。这些都是生存权或其他传统人权所无法涵盖的。

(2)环境权主要保障的不是人类的经济利益,而是人类的生态利益,保障人类生活的环境质量,这也是传统人权所没有的功能。第三,在某种程度上,环境权是对其他人权的控制或修正。

(3)因为环境权要保障的是人类的环境质量和生态利益,而环境问题主要是人的行为,包括依某项权利而进行的行为造成的,为保障环境质量,就必须对人类行为进行规范,包括对某些传统人权的权利范围进行界定和限制。

环境权不但是一项独立的人权,而且还是一项基本人权。在人权的权利体系中,各项人权并不是地位均等的,而是有差别的。有些人权具有根本性、基石性,对人的生存和发展都是必不可少的,就构成了基本人权,是人权体系的核心。宪法所确定和保障的也正是这些基本人权。从这个意义上,也可以说基本人权就是具有宪法位阶的人权。适宜的生活环境是人类生存和发展的前提,对于人类生存来说是不可或缺的,环境权也是个人行使其他任何权利的基础。失去了环境权,人的生存基础都将丧失,更遑论行使其他人权了。环境权作为基本人权的地位是显而易见的。从实证的角度也可以看到,许多国家明确规定了环境权或与环境权相关的权利。根据美国学者爱蒂丝·布朗·魏伊丝在其所著的《公平地对待未来人类:国际法、共同遗产与世代间衡平》一书中所作的统计,截至2000年,全世界已经有41个国家(地区)在宪法中规定了"普遍享有清洁、健康、平衡的环境的一般性权利";有9个国家(地区)规定了"一般的、普遍的环境知情权";有8个国家(地区)规定了"受他人所致环境损害影响的个人的求偿权"。

2.环境权是一项集体人权(国际法)

在国际环境法领域,环境权是作为一项集体人权而存在的。集体人权即第三代人权是从人权发展历史阶段的角度作的划分,它是相对于第一代人权自由权和第二代人权社会权而言的。权利主体已不是单个公民,而是代表一国公民的国家和人类整体。因而,在国际环境法上,环境权可分为国家环境权和人类环境权。

在承认环境权主体包括国家的学者中,不同国家对国家环境权界定的视角是不同的,归纳起来这些视角大致有三类:国际法视角、国内法视角和国内国际相结合的视角。而学者们在采用后两种视角界定国家环境权时,在国内法层面,基本上都认为国家环境权就是国家环境管理权。如陈泉生教授认为"国家环境权是指国家根据宪法的授权而拥有的保障全体人民(包括当代人及其子孙后代)的环境权益的权利";[1]蔡守秋先生认为"国家的环境权主要指的是国家在保护国民生活的自然环境方面的基本职责,国家的基本环境职责与国家的环境权具有基本相同的含义。"[2]

---

[1] 陈泉生.环境时代与宪法环境权的创设.福州大学学报,2001(4)
[2] 蔡守秋.环境权初探.中国社会科学,1982(3)

从现实状况来看,在国内法层面,是不存在国家环境权的,虽然在宪法上基本权利的权利主体的范围已经由自然人扩大到了法人,但国家是不能作为权利主体的。因为在国内法层面,所谓的国家环境权只不过是国家保护和管理环境的权力,是国家权力在环境领域的具体表现形式。环境权利则是一项权利。然而,权利和权力,虽然具有某些共性,但差异却是根本性的,绝不能混淆或等同。一般来说,在近代以来的宪政国家,以下理念是被共同遵奉的:主权在民,人民为了保障固有权利而组成国家,国家权力来源于人民权利的让渡,其存在的正当性与根本目的即在于保障人权。从中我们可以看出,权利是第一位的,目的性的;而权力是第二位的,工具性的。

作为集体人权的国家环境权和人类环境权的产生,也有其深刻根源。从根本上说,其是环境问题日趋严重,从一地区、一国发展到全球范围的结果。20世纪80年代后,全球范围的环境污染与生态破坏更加严重,环境问题愈加突出,且环境问题呈现全球化发展趋向,主要表现在:首先,跨国污染骤增,由于环境污染具有流动性,一些重大污染事故的危害后果可能在不同国家或地区出现。其次,现在的一些环境问题,特别像温室效应、臭氧层破坏等危害是全球性的。环境问题的全球化,使环境污染和生态破坏所引起的损害已不再局限于公民个人权利,而且,环境问题的全球化,决定了环境问题的解决要靠全球的共同努力,特别是全球国家间的通力合作。要解决世界性的环境问题,不能靠一个国家,甚至也不是靠几个国家或集团所能独自解决的,它需要全球的决心和协调一致的行动。日益严峻的全球性环境问题,不仅对一国公民的生存,而且对全人类的生存都是巨大的威胁,为了保障一国以及人类整体的环境利益,国家环境权和人类环境权应运而生。

国家环境权就是指国家作为一国的全体公民的代表,在国际环境法律关系中所享有的权利,主要包括对本国环境资源的主权性权利和对国际(包括对他国的)环境资源一定程度上的共享权。其是基于国家主权、人类环境整体性以及环境问题的全球化而产生的。当然,也正是由于人类环境的整体性、环境利益的共享性,国家在国际环境法上享有权利的同时,也负有不可推卸的义务和责任。

所谓人类环境权是指人类作为一个整体对人类共有的整体环境资源所享有的权利。其是基于人类环境的整体性、环境利益的共享性、环境危机的全球化而产生的。作为一项集体人权,其主体是不可分的人类整体,客体则是人类赖以生存的整体环境。由于人类环境权是人类整体的权利,那么其实现也只能靠人类自己,故权利义务的一体化是其重要特征。也是在这种意义上,有学者认为环境权是一项自得权,是以自负义务的履行为实现手段的保护和维护适宜人类生存繁衍的自然环境的人类权利,但观点是值得商权的。因为如果把环境权仅视为人类环境权,那么首先面临的就是权利如何主张和行使的问题,既然是人类环境权,那么其权利主体就只能是人类整体,而在环境问题上,人类是很难达到意志的绝对统一的,这从《京都议定书》签订和生效的曲折历程就可以得到证明。况且正如该观点所言,环境权的实现依赖于具体主体(人类各成员)环境义务的履行,然而在具体主体间的环境义务的承担与分配上要想达成共识更是难上加难,最后的结果必然是义务无法有效履行,进而环境权也因无法实现而成为一项"乌托邦权利"。笔者认为,人类环境权只有和公民环境权、国家环境权结合起来才有意义,在后两者的基础上才能发挥其功用,实现其价值。

四、环境权的特征

(一)环境权是环境社会关系的反映和法定化,是自然权利和道德权利的法定化

1. 环境权是环境社会关系的反映

环境权是环境社会关系的反映,这一论断实际上是说环境权是人与人的关系和人与环境的关系的反映,主要体现在以下几个方面。

(1)环境权确定了人与环境之间的关系

环境是每个人赖以生存发展的基本条件和必要条件,人不能将环境视为自己可以任意处置(包括污染和破坏)的私有财产;人在开发、利用环境时,必须保护、治理环境;人不能滥用自己的权利,违背自然生态规律和超过环境的自净、承载能力而对环境为所欲为。环境权区别于其他基本人权的一个重要标志和显著特点是:环境权既反映了人对人的权利和义务,也反映了人对自然的权利和义务;它既是人的权利,也反映"环境的权利",既是对人的尊重,也是"对其他生命物种的尊重",这也是某些人主张将环境权理解为环境的权利而不是人对环境的权利的理由;它既反映了经济、社会与环境保护持续、协调发展的思想,也是"人类与大自然和谐相处"的基本伦理道德准则;它既调整人与人的关系,也调整人与自然的关系。

(2)环境权确定了人与人之间的基本关系

环境权确定了每个人都有享有适宜环境的权利,任何人不得侵害这种权利;在开发、利用环境的某种要素或某种功能时,要注意别人对相关环境要素或其他环境功能的开发、利用,即在享有自己的环境权利时不要妨碍别人享有相关的环境权利;在开发、利用环境资源时,应同时保护和治理环境,即在享有自己的环境权利时,不要因行为不当产生环境污染和破坏而损害别人的利益。

2. 环境权是自然权利和道德权利的法定化

环境权所固有的自然权利和道德权利的特性,使个人环境权具有如下五大特性:自然性、不可缺乏性、不可取代性、不可转让性和稳定性。

(1)自然性是指环境权具有自然权利(又称固有权利、天赋权利、与生俱来的权利)的鲜明特性。法治学说或基本权利理论的一个重要观点是,基本权利都是自然权利。美国《独立宣言》指出:"人人都享有上帝赋予的某些不可让与的权利,其中包括生命权、自由权和追求幸福的权利。"人权观念最突出、最集中地反映了人与自然的关系,马克思在《论犹太人的问题》、《黑格尔法哲学批判导言》和《英国状况英国宪法》等文中多次论及人权问题。他认为人权在狭义上是指一般人权,即人与生俱来的不可剥夺的自然权利,"把人和社会连接起来的唯一纽带是天然必然性"。

(2)不可缺乏性是指任何人不能离开或摆脱自然或环境,没有环境权也就没有人的生存条件,在法律上人与环境既不能真正分开也不能真正合而为一。

(3)不可取代性是指不能用其他基本权利代替环境权,如果抽掉或否定环境权,整个环境法体系或环境资源法的整座大厦便会动摇;可以用其他权利来补充它、协助它,但决不能用其他权利来取代它、否定它。

(4)不可转让性是指环境权主体对于其赖以生存发展的整体环境不具有选择性,主体不能将整体环境权转让给其他主体。整体环境的共享性、流动性、消费不排他性使得整体环境不具有可转让的性质。作为环境权的一项内容的基本排污权(指根据有进必有出、有吃必有拉的自然规律,人类生活生产活动必须排放的废物)也不能转让,目前人们所说的排污权转让或交易不是转让整体环境权或基本排污量,而只是转让超过基本排污量的排污权(这实际上是一种特殊的财产权或治污产品权)。财产权可以易主、债权可以转让,但作为整体的环境权不能。一个人转让其整体环境权等于自杀,其他人也不可能通过剥夺、侵占他人的整体环境权而使自己获得双份或多份环境权。

(5)稳定性(又称永久性)是指一个人的环境权从生至死与人身相伴。国家可以依法限制但不得剥夺一个人的整体环境权(如呼吸空气、保持人体与自然的联系),除非依法对罪犯剥夺其生命或依法宣布关停某个企业。

(二)环境权中的基本权利和基本义务具有不可分割性

环境权中的基本权利和基本义务具有不可分割性,主要体现在以下几点。

第四章 环境法的基本权利研究

1. 个人环境权中的基本环境权利中蕴含着义务

我们知道任何一个主体必须同时享有基本权利和承担基本义务。一般而言，法律权利和法律义务是有区别的，但环境权并非只有权利的含义，它是基本环境法律权利和基本环境法律义务的统一。马克思主义认为，权利与义务是相互联系不可分割的，"没有无义务的权利，也没有无权利的义务"[①]；这在环境权上表现得尤为充分。正如魏伊丝所言："地球权利和义务是内在联系的，权利总是与义务结合在一起。"[②] 如果环境权主体没有保护环境的基本义务，也就不可能享受其基本环境权利，主体基本环境权利的实现以其履行自负的义务为条件即以履行保护环境的基本义务为条件，这种状况使得基本环境权利变成了基本环境义务。

2. 环境保护义务具有普遍性

"每个人都有保护环境的义务"中的"保护"既可以被理解为每个人的义务，也可以被理解为每个人的权利。个人环境权中的基本环境法律权利和基本环境法律义务具有相互依赖的关系，不仅一方主体有享用适宜环境的权利，意味着对方主体应承担保护环境的义务；而且"保护环境"中的"保护"既有人理解为权利，也有人理解为义务，还有人将环境权同时理解为环境保护权利和环境保护义务。公民防止自己污染破坏环境的权力或权能，既可以称为公民保护环境的权利，也可以称为公民保护环境的义务。在一些国家的法律和一些专家学者的著述中将"环境权"表述为或理解为"保护环境的权利"而不是"享用适宜环境的权利"，即"保护环境"既可以理解为权利又可以理解为义务，他们认为称"保护环境"为权利还是义务都无关紧要。在一些司法诉讼案件中，一些人往往以他有"保护环境的权利"为由而不仅仅是他有"享用适宜环境的权利"为由提起环境公益诉讼。

3. 环境权与人和环境不可分割

人有享用适宜环境的权利，意味着环境具有满足人需要的功能和价值，人有保护环境的义务，意味着环境有受到人尊重的权利。环境权不仅表明了一个人对他人的态度，也表明了人对环境的态度，是人类自律的高级表现形式。在人与自然或环境的关系中，人不能约束自己的行为就不能正确认识和对待自己；人不会尊重自然也不会尊重自己。"环境法律关系的主体有保护环境资源的义务"，对人而言是基本环境法律义务，对环境而言则是"环

[①] 马克思恩格斯选集.北京：人民出版社,1995,第 610 页

[②] 爱蒂丝·布朗·魏伊丝著；王劲,于方,王海鑫译.公平对待人类：国际法、共同遗产与时代公平.北京：法律出版社,第 49 页

境和自然有受人尊重、热爱和保护的权利"。因此,从某种意义上讲,环境权是人与环境的共同"权利"。"环境权不应被解释为很难抽象定义的对理想环境的权利,而应解释为使现有环境受到保护、使之不被破坏,以及在某些情况下使环境得到改善的权利。总之,环境权实际上意味着使环境得到保护和改善的权利。"①

(三)环境权的预防性、公益性、指导性和有限性与宪法中的环境权

1. 环境权的预防性、公益性、指导性和有限性等特征

所谓预防性,是指环境权重在预防,对人类环境重视防患于未然,这突出地表现在人类环境权以及代际环境平等和代际环境权方面。环境权不仅是一种重视预防的基本法律权利,也是一种旨在预防的法律学说。由于环境权的预防性,使得环境权的保障、补救措施,或者实施、适用环境权的程序与民事、刑事领域的惯用的途径有所不同。

2. 环境权是宪法保护的权利

宪法中的环境权是一种概括性、指导性的环境权,它主要表现为宪法或法律对环境权的原则性、概括性规定,一般在"环境"前面加上"合理"与"适宜"等限制词。这种限制词不是表明环境权的不确定性,而是表明环境权的具体内容应该由有关实体法和程序法进一步具体化。首先,"合理"与"适宜"表示环境权的客体即环境是该国法律(包括国家和国民)所需要的环境,而人对环境的需要或需求是分层级的、变化的,即使是人对环境的基本需求也会因时因地因社会经济发展水平而有所不同,由于宪法所规范的内容特多,因而不宜在规定环境权时简单地认定是何种需求层级的环境权(如安全的、平衡的、健康的、无害的、清洁的、舒适的、美感的、适合人的精神发展的、赏心悦目的环境等)或详细地规定各种层次的环境权。其次,"合理"与"适宜"表示不同发展程度的国家对不同时期的环境质量有不同的需求或需要。

(四)环境权是一种新型的法律权利

目前学界对于环境权的性质(环境权属于何种类型的权利)存在不同认识。笔者认为,环境权是一项新型人权,它具有人权的本质属性;个人环境权既不是公权,也不是私权,而是带有公益性的个人的权利;它既不是私权性的财产权,也不是公权性的政治权利,而是不同于财产权和政治权利的一

---

① [法]亚历山大·基斯著;张若思译.国际环境法.北京:法律出版社,2000,第20页

种新的人权类型;环境权是具有鲜明个性和丰富内容,并与多种基本人权和社会经济性法律权利有关联的一种新的、连带性权利。

环境权之所以与多种基本人权和社会经济性法律权利有关联,主要是因为环境权的主体广泛、客体多样、内容丰富,涉及人与自然两个领域。由于环境权的主体包括个人、单位、国家和人类,这使得环境权兼有个人权、集体权的性质甚至自然权利的某些性质。由于环境权的客体包括具有经济功能和生态功能的环境、自然资源和生态系统,使得环境权兼有物权、财产权、经济性法权和生态性法权的某些性质。

由于环境权的内容包括合理开发利用环境、享受适宜环境、保护和改善环境等方面,使得环境权兼有生存权、发展权、追求幸福、生命健康权的某些内容,甚至还与行政管理权、开业权、劳动权、休息权等有关。这正如国际法院副院长卫拉曼特雷法官在匈牙利和斯洛伐克之间关于多瑙河水坝案的个别意见书(1997年9月25日)中所指出的:"保护环境同样是当代人权理论的一个至关重要的部分,因为它对于各种人权如健康权和生命权本身来说是一项必要条件。对此几乎没有必要做详细论述,因为对环境的损害能够损害和侵蚀《世界人权宣言》和其他人权文件所阐述的所有人权。"[1]

(五)环境权的实现和救济具有特点

目前一些国家的宪法或环境基本法规定的公民环境权不仅是一种原则性的规定,而且也对其实施提出了明确的要求。例如,《俄罗斯宪法》第二章"人和公民的自由和权利"第42条规定:"每个人都有享受良好的环境、被通报关于环境状况的可靠信息的权利,都有因破坏生态损害其健康或财产而要求赔偿的权利。"已被纳入法国宪法的《环境宪章》对环境权的实施的规定更加详细。应该肯定,上述法律不仅规定了公民环境权,而且也规定了公民有权在其环境权受到侵犯时提起司法诉讼等环境权救济方式。由于个人环境权的实现重在有效地预防,不能单纯依靠事后救济手段,因而环境权有其独特的实施方式,环境公益诉讼和环境治理是实施公民环境权等环境权的主要方式和途径。

环境权的实现可以通过公实施(主要通过行政法和国家行政管理机关去实施)、私实施(主要通过民商法和公民去实施)和自己实施等诸多方式和途径。环境权是一种积极权利,是要求国家权利做出相应作为的权利。作为实施环境权的首选方法,各国大都采用环境公法或环境行政法来保障和

---

[1] 王曦.国际环境法资料选编.北京:民主与建设出版社,1999,第635页

实施环境权,即通过对造成或引起环境污染和环境破坏者的行为的法律控制来保障适宜的环境质量,从而保障环境权特别是公民环境权。目前公法实施环境权已经取得了很大成就,不少学者认为,所有的环境资源行政管理法律都是实施环境权的法律,所有的行政管理活动都与实施环境权存在直接或间接的联系。

第二节　环境权的内容体系

环境权在环境法中处于核心地位,而上述环境权宪法地位的确立,给环境法中环境权的建立以合法的依据,并随着环境时代的到来,正朝着主体逐步扩大的方向发展,从而逐步形成了公民环境权、法人及其他组织环境权、国家环境权、人类环境权等种类多样,内容丰富的环境权利体系。

一、公民环境权

公民环境权,是指公民享有适宜健康和良好生活环境的权利。它是法人及其他组织、国家、人类环境权得以实现的基础。因为法人及其他组织、国家甚至全人类均乃公民组合而成,法人及其他组织、国家甚至全人类所享有的环境权亦源自公民所享有的环境权,为此,在各种环境权中,公民环境权是最基础的环境权。同时,还由于环境是每个人赖以生存和发展的基本条件和物质基础,为此公民环境权在内容上主要侧重于生态性权利。综观各国有关公民环境权的立法,公民环境权除了包括前已述及的生命权、健康权、财产权外,还包括以下几项内容。

(一)日照权

随着当代城市的日益膨胀,人口的日趋密集,高楼林立现象十分普遍,以致日照的重要性日渐突出。能源危机的冲击也使人们转而寻找新的能源,而作为再生能源的太阳能开始被开发和利用,从而导致日照的重要性愈加突出而被法律所承认。比如,日本就制定了《日照条例》,对公民合法的享受日照的权利进行了保护。

(二)通风权

当代社会人口密集,高楼林立,以致通风问题亦日益突出从而成为法律保护的利益。比如,美国威斯康星州议会和其他几个州的议会就通过了必须确保风不受干扰地流动的立法。

(三)安宁权

当代科技和经济的迅猛发展,在给人类带来物质生活繁荣的同时,也给人类带来电波和噪声污染等,其妨扰环境的安全和宁静,使人长期无法正常工作、学习、生活,甚至对人体健康产生不良影响。为此,各国普遍制定《噪音管制法》等法律、法规,以确保公民居住环境的安全和宁静。

(四)清洁空气权

当代大工业生产常常致使大气污染,以致居民无法打开窗户,不能在室外晾晒衣服和活动;而且,大气的污染也将使周围的农田遭受危害,庄稼大面积减产。此外,航空业的发展又把污染扩散到大气空间,而原子能的利用也使全球受到污染的威胁。为了使公民不受污染空气的侵害,各国都相应制定了《空气污染防治法》、《恶臭防止法》、《废弃物处理法》等法律、法规,以确保空气清洁。

(五)清洁水权

水的污染急剧上升,它足以导致公众健康遭受严重的危害,如日本熊本地区出现的水俣病就是典型一例。同时,石油业和海洋运输的发展也使世界海洋遭到了污染。为此,各国纷纷制定《水污染防治法》和《海洋污染防治法》等法律、法规,以保证水的清洁。

(六)观赏权

众所周知,公园、风景胜地、人文遗迹等具有为人们在生理上、精神上提供利益的效能,人们通过对其的观赏,从而达到生理上、精神上的满足。为了保证公民这一权利享受的实现,各国均制定有《自然环境保全法》、《都市绿地保全法》等法律、法规。

二、法人及其他组织环境权

法人及其他组织环境权,是指法人及其他组织拥有享受适宜环境和合理利用环境资源的权利。它是处于公民环境权和国家环境权之间的环境权,具有承上启下的特殊作用。它在内容上主要体现为经济性权利,但同时也包括生态性权利,其包括以下几项内容。

(一)对良好环境进行无害使用权

法人及其他组织是从事生产、经营或其他活动的主要承担者,其各种生产、经营或其他活动都必须占有一定的场所、空间,使用一定的环境资源。但这些生产、经营或其他活动必须以不使环境资源遭受破坏或污染为前提,否则该活动就必须受到严格的限制,甚至绝对的禁止。也就是说,法人及其他组织有权对环境资源进行开发利用,但前提是必须对良好环境进行无害的使用;否则,将为法律所不允许。

(二)依法排放其生活废物权

如前所述,法人及其他组织是从事生产、经营或其他活动的主要承担者,那么在这些活动的过程中就很难做到零排放,所以其向环境排污也是客观的必要。有鉴于此,法律赋予法人及其他组织向环境排放其生产废物的权利,但这种排放必须是在法定的范围内的排放。也就是说,这种排放必须在排污许可证规定的许可排污量内进行;否则,将视为违法。

(三)享受清洁适宜的生产劳动环境权

法人及其他组织的生产、经营或其他活动须在一定的环境中进行,倘若该环境遭受严重污染,损害劳动者的健康,致使该环境不适宜从事生产劳动,那么全体员工就有要求在符合一定标准的环境中进行生产劳动的权利。

三、国家环境权

国家环境权,是指国家根据宪法的授权而拥有的、保障全体人民(包括当代人及其子孙后代)的环境权益的权利。它是一种委托代管权,是全体公民及其子孙后代为了更多地保障自己的环境权益而通过宪法,赋予国家保护和管理环境的权利。为此,国家环境权更多体现的是国家对环境保护的职责和义务,它包括以下几项内容。

(一)环境处理权

众所周知,国家是由国土、国民、国家机关等要素所组成,而其中国土就是国家管辖范围内的环境资源,失去了它,国家也就失去了立国之本。为此,为了发展本国的经济和保护本国赖以生存和发展的环境资源,国家有权采取适合自己情况的手段,对本国的环境资源进行合理的处理,比如对国土的治理、开发、矿藏的开发等等,但这些治理和开发行为须以不损害环境资源为前提。

(二)环境管理权

环境管理权,是国家基于全体国民的委托,代为保护和管理本国的环境资源而产生的一种权利。国家为了达到对本国环境资源的有效管理,主要通过以下办法来实现。

(1)通过立法机构的立法,将环境保护纳入法制轨道,并在法律上使公民的环境权得到体现和保障。

(2)通过行政管理机关对公民、法人及其他组织的违反环境管理法律、法规的行为进行处罚。

(3)通过制定经济发展与环境保护相协调的经济发展和社会发展计划、土地利用规划等和实行环境影响评价、许可证制度等来实现国家对环境资源的保护和管理。

(4)通过经济鼓励和经济抑制两个方面来实现国家对开发利用环境资源活动的干预,比如利用税收杠杆、实行排污收费制或排污收税制等措施来促进对环境的保护和改善。

(三)环境监督权

环境监督权包括两方面内容:一方面由国家通过环境监督部门或其他经授权的部门,对环境质量进行监测,并督促各环境法律关系的主体改善环境,防治污染;另一方面由国家通过立法赋予广大公民环境监督权、损害索赔权和请求排除危害权等,以督促国家切实履行保护环境的职责,不致滥用全体公民委托给其的环境代管权。

(四)保护和改善环境的职责

国家负有保护本国环境资源不被污染或破坏的职责。同时,国家对位于本国管辖范围内的日趋恶化的环境也有不可推卸的治理污染、改善环境的责任。

(五)履行国际义务

国家作为国际法的主体,负有确保在其管辖范围内或在其控制下的活动不致损害其他国家或在各国管辖范围以外地区的环境的责任。国家应当遵守其所签订的有关环境保护方面的国际公约或条约,并在国内法中有所体现,以履行其所应承担的国际义务。

四、人类环境权

人类环境权,是指全人类共同拥有享受和利用环境资源的权利。人类环境权的主体包括国家、国际组织、公民、法人及其他组织。人类环境权的客体则为整个地球的生物圈,甚至外层空间。其不仅包括各国管辖范围以外的环境要素,如公海、南极、臭氧层等;而且也包括各国管辖范围之内的某些环境要素,如位于某国境内的对全人类具有重大意义的世界著名文化或自然遗产,位于某国境内的具有全球意义的湿地,位于某国境内的迁徙物种、濒危野生动植物等;当然,它还包括空气、阳光等全人类生存和发展必不可少的环境要素。

通过上面的分析,我们可以知道人类环境权是一项超越国界,需要通过国际合作来加以解决的权利,正因如此环境权才具有"连带性",它包括以下几项内容。

(一)平等享用共有财产权

由于地球是人类共同拥有的唯一家园,而且地球又是生态、地理的整体,为此,地球上的环境资源是全人类的共有财产,它不只是某些拥有技术、装备、资金的少数人的私人财产,而是属于所有生活在地球上的每一个人。在环境资源面前,人人平等,每一个人都有享受良好环境和合理利用资源的权利,同时,每一个人也都有保护和改善环境的义务。

(二)共同继承共有遗产权

世界上至今仍然保存的某些具有特殊价值的文化和自然遗产,以及独一无二和无法补偿的珍品,是人类智慧的结晶和人类社会进步的成果。它属于全人类共同继承的遗产。无论它处于何国何地,均应使之受到国际性的保护,以便永久保存,为全人类共同享用。

(三)与后代人共享环境资源权

地球上的环境资源不仅仅属于当代人,而且也属于后代人;否则,人类社会就无法持续发展。为此,地球上的环境资源是属于当代人和后代人所共同享用的共有财产。当代人只是作为后代人环境资源的托管者,为后代人保存可供其持续发展的环境资源。有鉴于此,当代人绝不能一味地,甚至是自私地追求当代人的权益,而应当在求取当代人利益的过程中为后代人保护好环境资源,为后代人的发展留下更加适宜的机会,从而使环境资源得以永续利用。

(四)与其他生命物种种群共同拥有地球

在自然界还生存着千百万的其他生命物种种群,它们与人类共同处于地球生态系统中,共同维持地球生态系统的平衡。当代科学研究已经证明,多种多样的物种是生态系统不可缺少的组成部分。生态系统中生物之间,生物与非生物环境之间的物质循环、能量流动、信息传递,有着相互依赖、相互制约的辩证关系。当生态系统丧失某些物种时,就可能导致系统功能的失调,甚至使整个系统瓦解,从而危及人类的生存和发展。由此可见,人类作为自然界的一部分,是与其他生命物种种群共同拥有地球的,人类只有尊重其他生命物种种群的生存权利,与大自然和谐相处,才能维持人类自身的生存和发展。

第五章　环境管理体系

人类依赖环境而生存,环境保护与管理意义重大。环境管理法律、法规、制度的制定,环境管理机构的设置,环境管理手段的创新与发展等环境管理工作已形成了庞大的体系与体统。

第一节　环境管理概述

随着环境问题日益严重,人类开始意识到自己行为的不当给自然环境带来的破坏与干扰。人类的一些基本观念及社会经济活动需要得到调整,于是环境管理学应运而生。环境管理学中环境管理的目的就是通过可持续发展思想的传播,运用各种手段,使社会组织及个人的行为符合人与自然和谐相处的要求,进而促进环境的良性发展。

一、环境管理的概念

环境管理是依据国家的环境政策、法规和标准,从环境与发展综合决策入手,运用各种管理手段调控人们的各种行为,限制人类损害环境质量的活动,以维护区域正常的环境秩序和环境安全,实现区域社会可持续发展的行为总体。

(1)环境问题的产生并且日益严重的根源在于人类自然观和发展观上的错误,进而导致人类社会行为的失当。因此,人类必须改变自身一系列的基本思想观念,减少对自然的索取,恢复环境的结构和功能,保证人类与环境能够可持续地协同发展。这就是环境管理的根本目的——维持环境秩序和安全。

(2)环境管理是针对次生环境问题而言的一种管理活动,主要解决由于人类活动所造成的各类环境问题。

(3)环境管理的核心是对人和人的行为的管理。人是各种行为包括环境污染行为的实施主体,是产生各种环境问题的根源,只有解决人的问题,从人的基本行为入手开展环境管理,环境问题才能得到有效解决。

(4)环境管理是国家管理的重要组成部分。环境管理的目的是解决环境污染和生态破坏所造成的各类环境问题,保证区域的环境安全,实现经济社会的可持续发展。环境管理的内容广泛,涉及国家管理的社会领域、经济领域和资源领域等所有领域,是国家管理系统的重要组成部分。[①]

二、环境管理的特点

环境管理不同于一般的行政管理,具有区域性、综合性、社会性和环境决策的程序化等特点。

(1)环境管理的区域性。环境管理的区域性是由气候条件的区域性、人口分布的区域性、经济发展的区域性、资源分布的区域性、生产布局的区域性和产业结构的区域性等特点所决定的。世界各国、各地的自然背景以及经济发展水平等差异甚大,环境问题存在明显的地域性。环境管理必须根据不同区域的特点,制定有针对性的环境管理的对策与措施,既要强调全国的统一化管理,又要考虑区域发展的特殊性。

(2)环境管理的综合性。环境管理综合性的特点是由环境问题的综合性、管理手段的综合性、管理领域的综合性等特点所决定的。环境管理的对象是一个成分多样、结构复杂的大系统,涉及土壤、水、大气等各种因素;环境管理的手段涉及技术、经济、行政、法律、教育等多方面;环境管理的领域包括社会、经济、政治、自然、科学技术等方面。因此,在环境管理工作中,需要针对环境系统的不同特点,运用多学科知识,发挥政府、企业、社会等不同主体的作用,进行综合管理。

(3)环境管理的社会性。大到水污染与生态的破坏,小到生活垃圾的处理,环境保护与人们的环境意识及与社会行为紧密相关。保护环境是全社会的责任和义务,需要社会公众的广泛参与。所以,一方面要加强环境保护的宣传教育力度,提高公众的环保意识与参与能力;另一方面要建立健全环境保护的社会公众参与和监督机制,这是加强环境管理的两个重要条件。

(4)环境管理决策的非程序化。一般行政管理具有决策的程序化特点,对于重复出现的问题可采用固定的程序来决策、解决,而环境管理中的决策大多数表现为新颖、无结构、具有非寻常的、非重复的例行状态和不寻常的影响。这是因为每一环境问题的产生具有非例行、非寻常状态,每一环境问题的处理和解决的程序与方案无法预先设定。因此,环境决策具有明显的非程序化特点。

三、环境管理的分类

环境管理的内容有多种不同的分类方法,目前较多按范围和性质来划分。环境管理的内容从管理的范围划分,可分为资源环境管理、区域环境管

[①] 孟伟庆.环境管理与规划.北京:化学工业出版社,2011,第8—9页

理和部门环境管理;由管理的性质划分,可分为计划管理、质量管理和技术管理。

(一)按管理的范围划分

1. 资源环境管理

资源的不合理使用可导致不可再生资源的枯竭,以及可再生资源的锐减。因此必须采取一定的管理措施保护资源,做到资源的合理开发利用。资源环境管理就是通过建立资源环境管理的指标体系等措施,来实现可再生资源的恢复和扩大再生产,以及不可再生资源的合理利用。资源环境管理的对象主要包括:①水资源的保护与开发利用;②土地资源的管理与持续利用;③森林资源的培育、保护、管理与可持续发展;④海洋资源的可持续开发与保护;⑤矿产资源的合理开发利用与保护;⑥草地资源的开发利用与保护;⑦生物多样性保护;⑧能源的合理开发利用与保护等。目前资源管理已成为现代环境管理的重要内容之一,因此必须采取一切可能采用的管理措施,保护资源,做到资源的优化开发和利用。

2. 区域环境管理

区域通常是指行政区域(省、市、自治区),或一些特殊地域如水域、工业开发区、经济协作区等。因环境问题存在着明显的区域性特征,环境管理也要因地制宜,根据区域特征选择有利于环境的发展模式,协调区域的经济发展目标与环境目标,制定区域环境规划,进行环境质量管理与技术管理。

3. 部门环境管理

部门环境管理是指在现行行政体制下的部门的环境管理,包括能源、工业、农业、交通运输、商业和医疗等国民经济各部门的环境管理,也包括具体的各企业的环境管理等。

(二)按环境管理的性质划分

1. 环境计划管理

对环境保护加强计划指导是环境管理的重要组成部分。环境计划管理即通过计划协调发展与环境的关系。环境计划管理是用规划内容指导环境保护工作,通过确定一定阶段内的环境目标并制订达到这一目标的可操作的方案,使环境规划成为整个经济发展规划的有机组成部分,并在实践中不断调整和完善规划。各部门、各行业、各地区的环境规划的制定有利于促进环境管理人员在管理活动中进行更加有效的管理。20 世纪 80 年代以来,我国不少城市及经济技术发展区都制定了环境规划,事实证明,环境规划在环境管理工作中起着重要作用。

2. 环境质量管理

质量环境管理是一种以改善环境质量为目标,以环境质量标准为依据,以环境质量评价和环境监测为内容的环境管理。环境质量管理是环境管理的核心内容。环境质量管理既包括对环境质量的现状进行管理,也包括对未来环境质量进行预测和评价。环境质量管理要不断掌握环境质量变化的趋势及有关精确的数据信息,以调查研究、监测数据为基础,通过检查、评价,不断调整、改进环保措施。

3. 环境技术管理

环境技术管理是制定技术标准、技术规程、技术政策等,以协调技术发展与环境保护的关系。从广义上讲,环境保护技术可分为环境工程技术、清洁生产技术、环境预测与评价技术、环境决策技术、环境监测技术等方面。技术环境管理要求有比较强的程序性、规范性、严谨性和可操作性。

四、环境管理的手段

同其他管理一样,环境管理是一个具有对象性、目的性的管理过程。为了实现管理目标,需运用一定的手段对管理对象施以控制和管理。

环境管理的手段包括法律手段、行政手段、经济手段、技术手段和宣传教育手段。

(一)法律手段

法律手段是环境管理的根本手段,是管理者依据国家环境法律、法规所赋予的,并受国家强制力保证实施的保护环境的强制性、权威性、规范性手段。法律手段是其他手段的保障和支撑,通常亦称为"最终手段"。目前,我国已初步形成了由宪法、环境保护法、环境保护单行法、地方环境法律法规、环境保护标准等组成的环境保护法律体系。有法必依,执法必严,违法必究的环境保护执法氛围已基本形成。

运用好法律手段,一方面要靠立法,把国家对环境保护的要求、做法以法律形式固定下来并强制执行;另一方面还要靠执法。环境管理部门要协助和配合司法部门对违反环境保护法律的犯罪行为进行斗争、协助仲裁;按照环境法规对严重污染和破坏环境的行为提起公诉甚至追究法律责任;也可依据环境法规对危害人民健康和财产、破坏环境的个人或单位给予批评、警告、罚款或责令赔偿损失等。

(二)行政手段

环境管理的行政手段是指在国家法律监督之下,各级环保行政管理机构运用国家和地方政府授予的行政权限开展环境管理的手段。例如,组织制定国家和地方的环境保护政策、工作计划和环境规划;对一些污染严重的工业、企业,责令其关、停、并、转、迁;对违反环境保护法律和法规的行为进行警告等。

行政手段具有强制性。行政手段是通过行政命令、指示、规定等来进行指挥和控制,具有强制性。但是这种强制性与法律手段的强制性又有所不同,行政手段的强制程度则相对低一些。它主要强调原则上的统一,手段上则可灵活多样。

行政手段具有具体性。行政命令发布的对象及命令的内容都是具体的,行政手段在具体方式、方法上因对象、目的等的变化而变化。因此,它通常只对某一特定时间和对象有用,否则是无效的。

行政手段具有无偿性。运用行政手段开展环境管理,管理者可根据上级的有关规定和环境保护目标要求,有权对下级的人、财、物和技术进行调动和使用,有权对经济行为主体的生产与开发行为进行统一管理,不实行等价交换的原则,因而具有明显的无偿性特征。

(三)经济手段

经济手段是指运用价格、成本、利润、信贷、利息、税收、保险、收费和罚款等经济手段,调节社会经济活动的主体的经济利益关系,使其主体主动采取有利于保护环境的措施。其方法主要包括对排放污染物超过国家规定标准的单位按照污染物的种类、数量和浓度征收排污费;对积极开展"三废"综合利用、减少排污量的企业给予减免税和利润留成奖励等。

经济手段具有利益性:利益性是经济手段的根本特征。其核心是把经济行为主体的环境责任和经济利益结合起来,运用激励原则充分调动企业环境保护的积极性。让企业既主动承担环境保护的责任和义务,又能从中获得有利于自我发展的机遇和外部环境。

经济手段具有间接性:它是指国家运用经济手段对各方面经济利益进行调节,来间接控制和干预各经济行为主体的排污行为、生产方式、资源开发与利用方式。促使各经济行为主体自主选择既有利于环境保护,又有利于经济发展的资源开发、生产和经营策略。

经济手段具有有偿性:它是指各经济行为主体在环境责任与经济利益方面应遵循等价交换的原则。即实行谁开发谁保护、谁利用谁补偿、谁破坏谁恢复、谁污染谁治理的"使用者支付原则"。[①]

(四)技术手段

环境管理的技术手段是指管理者为实现环境保护目标所采取的环境工程、环境监测、环境预测、评价、决策分析等技术,以达到强化环境执法监督的手段。主要表现为制度环境质量的标准;通过环境监测、环境统计方法,根据环境监测资料对本地区、本部门、本行业污染状况进行调查等。环境问题解决得好坏,很大程度上取决于科学技术,许多环境政策、法律、法规的制定和实施也都涉及较多科学技术问题,可见,科学技术手段在环境管理中具有重要的作用。

(五)宣传教育手段

宣传教育是环境管理重要的手段。通过期刊、杂志、电影、电视、广播、展览、专题讲座、文艺演出等各种文化形式,增强人们的环境意识,激发公民保护环境的积极性,把保护环境、保护自然变成自觉行动。通过社会舆论的引导,使人们自觉抵制浪费资源、破坏环境的行为。环境教育包括专业环境教育、基础环境教育、公众环境教育和成人环境教育四种形式,是贯彻保护环境这一基本国策的一项基础工程。环境教育能够培育各种环境保护的专门人才,促进环境保护人员的业务水平的提高。

第二节 国家环境管理体制

国家环境管理体制涵盖国家环境行政管理机构的设置、职权的划分以及管理活动规范运行的方式。在国家环境管理体制的三个内容中,环境行政管理机构的设置是国家做好环境管理工作的组织保障,各机构职权的划分与协调是环境管理活动规范运行的职能保证,环境行政管理活动规范运行的方式是具有环境行政管理职权的国家机构行使职能的动态表现。

一、我国环境管理体制的内涵及特点

所谓环境管理体制,有的也叫做环境监督管理体制,是指国家有关环境监督管理机构的设置、行政隶属关系,以及这些机构之间环境监督管理权限的划分等方面的组织体系和制度。

我国环境管理体制可以概括为统一监督管理与分级分部门监督管理相

[①] 袁英贤.环境学概论.北京:地震出版社,2008,第517页

结合的体制。我国环境管理体制主要表现为如下特点。

其一,横向的关系上,我国环境管理体制具有统一管理与各部门分工负责相结合的特点。国务院环境保护行政主管部门与县级以上地方人民政府环境保护行政主管部门,对全国与各地方的环境保护工作实施统一监督管理。法律规定,国家海洋行政主管部门、港务监督、渔政渔港监督、军队环境保护部门和各级公安、交通、铁道、民航管理部门,依照有关法律的规定对环境污染防治实施监督管理。这种统一监督管理与各部门分工负责相结合的管理体制既保证了国务院环境保护行政主管部门的主导地位,又重视了其他有关部门的作用,因此比较科学。

其二,纵向的关系上,我国现行环境管理体制具有中央与地方的分级监督管理相结合的特点。环境问题具有全局性、综合性的特点,故需中央政府统一领导、宏观调控。环境保护又具有区域性的特点,故也要充分发挥地方各级政府环境保护部门的积极性。国务院环境保护行政主管部门与国家海洋行政主管部门、港务监督、渔政渔港监督、军队环境保护部门和各级公安、交通、铁道、民航管理部门,对全国性的环境保护工作实施监督管理。县级以上地方人民政府的环境保护行政主管部门、土地、矿产、林业、农业、水利行政主管部门,对本辖区的环境保护工作实施监督管理。[①]

二、我国环境管理机构的设置及职责

(一)中央环境管理机构的设置及职权

在环境行政管理体制中,环境行政管理机构的设置是国家搞好环境管理的组织保障,各机构职权的划分与协调是环境管理活动规范运行的职能保证,环境行政管理活动规范运行的方式是具有环境行政管理职权的国家机构行使职能的动态表现。

根据环境管理机构的设置、职责及相互关系,我国中央一级的环境管理机构可分为三种类型,即综合性环境管理机构、部门性环境管理机构与专门性环境管理机构,它们是我国国家环境管理体系的三大部分,在国务院的统一协调下,行使环境管理职权。

综合性环境管理机构是指国务院环境保护行政主管部门,即国家环境保护部,其主要职责是负责全国环境的统一监督管理,实行宏观调控,推动各方面的环境保护工作。

部门性环境管理机构是指各业务主管部门成立的环境管理机构,如中

---

① 史学瀛.环境法学.北京:清华大学出版,2010,第72页

央各部委的环境保护局。

专门性环境管理机构是指跨地区、跨部门,由各级主管部门共同领导的环境管理体系,它们对某一特定的保护对象或在特定区域行使环境管理权,我国目前专门性环境管理机构主要有江河流域水源保护机构、自然保护区管理机构等。

综合性环境管理机构和部门性环境管理机构、专门性环境管理机构分工合作,统一归口集中领导,紧密配合,相辅相成,缺一不可。部门性、专门性环境管理机构承担本部门、本系统以及所辖的特定对象和地区环境管理的职责,对直属部门、企事业单位实行直接领导,对非直属单位归口管理、进行业务指导。但环境管理具有区域性、整体性的特点,必须有全面规划、宏观控制、统一监督和协调,因此,部门管理和专门管理必须在综合管理的总目标、总战略指导下进行,以综合管理为主。部门性环境管理机构与专门性环境管理机构的设置是对综合环境管理机构的补充,是分工负责的必要。

以上国家环境机构的主要职权如下。

第一,负责建立健全环境保护基本制度。拟定并组织实施国家环境保护政策、规划,起草法律法规草案,制定部门章程;监督法律法规、规章的实施。

第二,制定国家环境保护规划和计划,参与制定国家经济和社会发展中长期规划、年度计划、国土开发整治规划、区域经济开发规划、产业发展规划,审核城市总体规划中的环境保护内容;组织自然资源核算工作,编报国家环境质量报告书,发布国家环境状况公报。

第三,制定并发布国家环境保护标准及环境监测规划,并负责监督实施。国家环保局根据全国的经济和科技水平、环境状况,具体制定国家环境质量标准、国家污染物排放标准、环境基础与方法标准,同时对这些标准的执行进行管理和监督。管理全国环境监测工作,会同有关部门组织环境监测网,建立环境监测制度,制定环境规范。

第四,负责全国的污染防治工作。国家环保局负责监督管理全国废气、废水、废渣、粉尘、恶臭气体、有毒化学品以及噪声、振动、电磁波辐射等污染的防治工作;公布在全国范围内禁止建设的重污染项目名单及有毒化学品控制名录,并会同有关部门组织对公害病的调查和防治工作。

(二)地方环境管理机构的设置及职权

在地方环境管理机构中,地方各级政府对管辖区内的环境质量负责,环境行政主管部门对环境保护方面的行政事务向地方政府负责。地方的自然资源管理部门结合自身的行政职能,依法对所管辖区内的自然资源的使用进行监督管理。

地方各级人民政府是所辖区域内环境管理的最高行政机关,是对本行政辖区环境质量负责的主体。在环境管理方面的主要职责是:贯彻执行国家环境保护法律、法规、行政规章;将环境保护纳入本辖区社会发展计划,并监督落实;发布本辖区环境保护决定、命令,依法设立环境管理机构;处理本辖区内环境保护的具体事务,如责令污染严重的企业限期治理;定期向同级人民代表大会及其常务委员会汇报环境状况和工作;对环境保护中有贡献的单位和个人给予奖励等。

地方各级政府环境保护行政主管部门是指省、市、县人民政府的环境保护厅、局、办,其主要职责是:对本辖区的环境保护工作实施统一监督规划、审核城镇总体规划中环境保护篇章;依照职权制定地方环境管理规章、办法,起草地方性环境保护法规、规章;协调当地政府有关部门与环境保护有关的政策;调处污染纠纷,调查处理污染事故;监督、检查环保法律、法规的执行情况,征收排污费;负责当地环境监测和环境统计工作,掌握并公报本辖区环境状况;指导所辖下级政府及其他部门的环境保护工作;组织开展本辖区的环境科技知识和法律知识的普及和宣传。

三、我国环境管理的基本制度

环境管理的基本法律制度,是指为了实现环境管理的目的和任务,根据环境管理的基本原则,制定的调整特定环境社会关系的法律规定的总和。它是环境管理的基本原则的具体体现,具有法律规范性、系统性、程序性和强制性。建立健全环境管理的基本法律制度,可以提高工作效率,维护管理机构的权威和管理秩序。比较成熟的基本法律制度有:环境规划制度、环境影响评价制度、"三同时"制度、限期治理污染制度、许可证制度、排污收费制度、环境标准制度等。

(一)环境规划制度

1.环境规划制度的概念

环境规划是在对一个城市或一个区域、流域,甚至全国的环境进行调查、评价的基础上,根据经济规律和自然生态规律的要求,提出环境保护目标以及达到目标要采取的具体措施,推动污染防治和自然保护,改善环境质量,以实现经济、社会和环境的协调发展。

环境规划制度就是规定编制环境规划的组织、制定以及规划目标、具体措施的确定等的系统化、法治化的制度。国务院环境保护行政主管部门会同国务院有关部门,根据国民经济和社会发展规划纲要编制国家环境保护规划,经国务院宏观经济调控部门综合平衡后,报国务院批准并公布实施。

县级以上地方人民政府环境保护行政主管部门,应当会同有关部门对管辖范围内的环境状况进行调查和评价,依据国家环境保护规划的要求,拟订本行政区域的环境保护规划,由宏观经济调控部门综合平衡后,报同级人民政府批准后公布实施。

环境保护规划应当与全国主体功能区规划、土地利用规划和城乡规划等相衔接。

2. 环境规划的内容

国家环境保护规划应当坚持保护优先、预防为主、综合治理、突出重点、全面推进的原则,内容涉及自然生态保护和环境污染防治的目标、主要任务、保障措施等方面。我国环境规划的内容主要包括:城市环境质量控制规划;自然生态保护规划;污染排放控制和污染治理规划以及其他有关的规划。国家环境规划以宏观指导为主,规划的内容、指标体系及编报的格式由国家计划行政主管部门同国家环境保护总局统一制定;地方环境保护规划除应包括国家环境规划的内容外,还应包括相关的环境治理和建设项目,并根据具体情况适当加入必要的内容和指标。各级有关部门的环境规划可根据同级计划行政主管部门确定的环境保护计划的内容,结合本部门的具体情况适当增加必要的内容和指标。

3. 环境规划的分类

从不同角度,可以将环境规划分为不同类型:

(1) 从时间上来划分,包括短期规划、中期规划、长期规划;长期的环境规划是一种战略计划,期限在十年和十年以上;中期规划主要是指五年计划,是对于长期规划的实施性计划;短期环境规划主要指年度计划,是具体落实长期规划、中期规划的行动计划。

(2) 从环境要素上来划分,包括大气环境保护规划、噪声环境保护规划、水质环境保护规划,等等。

(3) 从层次上分,包括全国性环境保护规划,地区性环境保护规划,区域、流域环境保护规划。

(4) 从行政区域规划类型上,包括国家环境保护规划,省、自治区、直辖市环境保护规划,区、县环境保护规划。

另外,在国土规划、城市总体规划、国民经济与社会发展五年规划中,环境保护规划作为其中一部分独立存在。

4. 环境规划的编制思路

(1) 调查研究,摸清情况。具有科学性、指导性规划的编制离不开调查研究,只有通过周密细致的调查,深入了解规划对象本身现状及与外界事物的联系,才能作出科学的判断与决策。

(2)综合比较,研究规律。编制规划者需要对调查对象的现状与历史进行综合比较,从中发现环境变化发展的规律性并进行相应的研究,从而用以指导规划的制订。

(3)导向预测,科学判断。在基础性工作完成的前提下,编制规划者可合理预测环境的发展趋势和防治的可能性,并作出科学判断。

(4)拟制方案,指导实践。根据规模预测结果,拟定实现目标的不同备选方案,并确定主要污染物的目标削减量。

(5)系统分析,择优决策。根据经济、社会和环境协调发展的原则,进行近期与远期的全面考虑,统一部署,兼顾全局和局部利益,择优选择方案,以保证经济、社会发展和环境保护工作的全面开展。

5. 制定环境规划的程序

国家环境保护规划编制依照以下程序:

(1)按照国家计划行政主管部门统一部署,各省、自治区、直辖市和计划单列市的计划行政主管部门会同环境保护行政主管部门,根据国家的环境保护要求,结合本地区的实际情况编制本地区环境保护规划草案,报送国家计划行政主管部门,并抄报国家环境保护总局,计划单列市的环境保护规划同时抄报省计划部门和省环境保护主管部门。

(2)国家环境保护局在对各省、自治区、直辖市和计划单列市环境保护规划草案进行审核的基础上,编制国家环境保护规划建议,报送国家计划行政主管部门,国家计划行政主管部门根据环境保护规划建议编制环境保护规划草案。

地方环境保护规划编制可参照国家环境保护规划编制程序进行。

(二)环境影响评价制度

1. 环境影响评价制度的内涵

环境影响评价,亦称环境质量预断评价,是指在环境的开发利用之前,对该开发或建设项目的选址、设计、施工和建成后将对周围环境产生的影响、拟采取的防范措施和最终不可避免的影响所进行的调查、预测和估计。环境影响评价制度则是法律对进行这种调查、预测和估计的范围、内容、程序、法律后果等所作的规定,是环境影响评价在法律上的表现。

对开发建设项目进行环境影响评价,是为了在从事有害环境的活动前就弄清该活动对环境的影响,以便采取有效措施尽可能地防止不利环境影响的发生,它是实现预防为主原则的最有效的途径之一。

2. 环境影响评价的适用范围

按照规定,凡在中国领域和中国管辖的其他海域内从事对环境有影响的规划或建设项目,都必须执行环境影响评价制度。因此,我国环境影响评价制度的适用范围包括规划和建设项目两类。

规划是指由国务院有关部门、设区的市级以上地方人民政府及其有关部门组织编制的土地利用的有关规划,其中包括区域、流域、海域的开发利用等综合性规划和工业、农业、畜牧业、林业、能源、水利、交通、城市建设等专项规划。

建设项目是指我国领域和管辖的其他海域内的工业、交通、水利、商业、卫生、文教、科研、旅游等对环境有影响的一切新建、扩建、改建和技术改造项目,包括区域开发建设项目以及中外合资、中外合作、外商独资等一切建设项目。建设项目的环境影响评价,应当避免与规划的环境影响评价的重复。

3. 环境影响评价的形式

根据建设项目所作环境影响评价深度的不同,立法上把环境影响评价分为两种形式,一是环境影响报告书,一是环境影响报告表。

(1) 环境影响报告书

环境影响报告书是由开发建设单位依法向环境保护行政主管部门提交的关于开发建设项目环境影响预断评价的书面文件。其编制目的是,对项目可能对环境造成的影响、拟采取的防治措施进行论证和选择技术上可行、布局上合理、对环境影响危害小的方案,为领导部门决策提供科学依据。其内容主要涵盖:总论、建设项目周围地区的环境状况调查、建设项目概况、建设项目对周围环境影响的分析和预测、环境影响经济损益简要分析、环境监测制度建议、存在的问题与建议等八个方面。其中结论应当包括建设项目对环境的影响,选址是否合理,是否符合环境保护要求,所采取的防治措施在技术和经济上是否合理可行等内容。

环境影响报告书的适用对象是大中型基本建设项目和限额以上技术改造项目,县级或县级以上环境保护部门认为对环境有较大影响的小型基本建设项目和限额以下技术改造项目。

(2) 环境影响报告表

环境影响报告表是由建设单位向环境保护行政主管部门填报的关于建设项目概况及其环境影响的表格。其目的是为了说明建设项目的基本情况及其环境影响情况。主要内容包括:项目名称、建设性质、占地面积、投资规模,主要产品产量,主要原材料用量,有毒原料用量,给排水情况,年能耗情况,生产工艺流程或资源开发、利用方式简要说明;污染源及治理情况分析,包括产生污染的设备名称、产生的污染物名称、总量、治理措施、回收利用方案等。

环境影响报告表的适用对象是小型建设项目和限额以下技术改造项目,以及经省级环境保护行政主管部门确认为对环境影响较小的大中型基本建设项目和限额以上技术改造项目。

4.环境影响评价的程序

(1)编制环境影响评价文件

规划的环境影响篇章或者环境影响报告书,由规划编制机关编制或者组织环境影响评价技术服务机构编制。建设项目的环境影响报告书或者环境影响报告表,应当由具有相应环境影响评价资质的机构编制。

(2)公众参与环境影响评价

除一些国家规定需要保密的项目外,对可能对环境造成重大影响的建设项目,专项规划的编制机关在规划草案报送审批前应举行相关的论证会、听证会,征求有关专家和公众对环境影响报告书草案的意见。编制机关和建设单位应当认真考虑这些意见,并应当在报送审查的环境影响报告书中附具对意见采纳或者不采纳的说明。

(3)环境影响评价报告书(表)的审查

设区的市级以上人民政府在审批专项规划草案、作出决策前,应当先由人民政府指定的环境保护行政主管部门或者其他部门召集有关部门代表和专家组成审查小组,对环境影响报告书进行审查,审查小组应当提出书面审查意见。由省级以上人民政府有关部门负责审批的专项规划,其环境影响报告书的审查办法,由国务院环境保护行政主管部门会同国务院有关部门制定。

设区的市级以上人民政府或者省级以上人民政府有关部门在审批专项规划草案时,应当将环境影响报告书结论以及审查意见作为决策的重要依据。在审批中未采纳环境影响报告书结论以及审查意见的,应当作出说明,并存档备查。

建设项目的环境影响评价文件经批准后,建设项目的性质、规模、地点、采用的生产工艺或者防治污染、防止生态破坏的措施发生重大变动的,建设单位应当重新报批建设项目环境影响评价文件。

(4)环境影响的跟踪评价

对环境有重大影响的规划实施后,编制机关应当及时组织环境影响的跟踪评价,并将评价结果报告审批机关;发现有明显不良环境影响的,应当

第五章　环境管理体系

及时提出改进措施。在项目建设、运行过程中产生不符合经审批的环境影响评价文件的情形的,建设单位应当组织环境影响的后评价,采取改进措施,并报原环境影响评价文件审批部门和建设项目审批部门备案;原环境影响评价文件审批部门也可以责成建设单位进行环境影响的后评价,采取改进措施。环境保护行政主管部门应当对建设项目投入生产或者使用后所产生的环境影响进行跟踪检查,对造成严重环境污染或者生态破坏的,应当查清原因、查明责任。

5.违反环境影响评价制度的法律责任

规划编制机关违反规定,组织环境影响评价时弄虚作假或者有失职行为,造成环境影响评价严重失实的,对直接负责的主管人员和其他直接责任人员,由上级机关或者监察机关依法给予行政处分。规划审批机关对依法应当编写有关环境影响的篇章或者说明而未编写的规划草案,依法应当附送环境影响报告书而未附送的专项规划草案,违法予以批准的,对直接负责的主管人员和其他直接责任人员,由上级机关或者监察机关依法给予行政处分。

建设单位未依法报批建设项目环境影响评价文件,或者未依照有关规定重新报批或者报请重新审核环境影响评价文件,擅自开工建设的,由有权审批该项目环境影响评价文件的环境保护行政主管部门责令停止建设,限期补办手续;逾期不补办手续的,可以处5万元以上20万元以下的罚款,对建设单位直接负责的主管人员和其他直接责任人员,依法给予行政处分。建设项目环境影响评价文件未经批准或者未经原审批部门重新审核同意,建设单位擅自开工建设的,由有权审批该项目环境影响评价文件的环境保护行政主管部门责令停止建设,可以处5万元以上20万元以下的罚款,对建设单位直接负责的主管人员和其他直接责任人员,依法给予行政处分。

建设项目依法应当进行环境影响评价而未评价,或者环境影响评价文件未经依法批准,审批部门擅自批准该项目建设的,对直接负责的主管人员和其他直接责任人员,由上级机关或者监察机关依法给予行政处分;构成犯罪的,依法追究刑事责任。

(三)"三同时"制度

1."三同时"制度的概念

"三同时"制度是指建设项目中防治污染的设施,必须与主体工程同时设计、同时施工、同时投产使用。该制度为我国在环境保护领域的首创。它是总结我国环境管理的实践经验为我国法律所确认的一项重要的控制新污染的法律制度。

87

"三同时"制度的实质,是以严格的程序作保证,对不同的施工建设阶段都提出了环境保护的具体要求,是加强建设项目环境管理的手段,能有效地控制新污染源的产生,有效地贯彻了"预防为主、保护优先"的原则。

需要指出的是,"三同时"制度的实行应该和环境影响评价制度结合起来。因为环境影响评价能够避免因选址不当等造成的环境破坏,起到防患于未然的作用。

2."三同时"制度的主要内容

(1)同时设计

建设项目的初步设计,应当按照环境保护设计规范的要求,编制环境保护篇章。其内容包括:环境保护的设计依据,防治污染的处理工艺流程、预期效果,环境保护设施,对建设项目引起的生态变化所采取的防范措施,绿化设计,环境保护投资的概算、预算等。依据批准的环境影响报告书(表)或登记表,建设单位负责落实初步设计中的环境保护措施等。

(2)同时竣工和验收

一方面,在施工过程中,施工单位应将环境保护工程纳入施工计划之中,确保环保设施施工所需的资金和材料供应,并且在主体工程施工的同时做好环境保护工程的施工工作;另一方面,在施工过程中应当保护现场周围的环境,若对环境造成了破坏,项目竣工后应立即进行修整和复原。建设项目的主管部门负责监督施工中环境保护措施的落实,环境保护行政主管部门对建设项目的环境保护措施实施统一监管,负责建设施工的检查。

建设项目竣工后,建设单位应当向审批该建设项目环境影响报告书、环境影响报告表或者环境影响登记表的环境保护行政主管部门申请该建设项目需要配套建设的环境保护设施竣工验收。环境保护试竣工验收,应当与主体工程竣工验收同时进行。

(3)同时投产使用

建设项目的主体工程完工后的试生产阶段,其配套建设的环境保护设施必须与主体工程同时投入试运行。试生产申请经环境保护行政主管部门同意后,建设单位进行试生产。建设项目试生产期间,建设单位应当对环境保护设施运行情况和建设项目对环境的影响进行监测。

需要进行试生产的建设项目,建设单位应当自建设项目投入试生产之日起3个月内,向审批环境影响评价文件的环境保护行政主管部门申请该建设项目需要配套建设的环境保护设施竣工验收。环境保护行政主管部门应当自收到环境保护设施竣工验收申请之日起30日内,完成验收。防治污染的设施必须经原审批环境影响评价文件的环境保护行政主管部门验收合格后,该建设项目方可投入生产或者使用。防治污染的设施不得擅自拆除或者闲置,确有必要拆除或者闲置的,必须征得所在地的环境保护行政主管部门同意。企业完成技术改造项目之后污染物排放达标,确有必要拆除或者闲置的,应当在该技术改造项目环境影响评价文件中明确,必须在项目投入使用验收之后,征得所在地的环境保护行政主管部门同意。

3. 违反"三同时"制度的法律责任

(1)试生产建设项目其环保设施未与主体工程同时投放试运行的,主管部门责令其限期改正,逾期不改正的,责令停止试生产,可以处5万元以下罚款。

(2)试生产超过三个月,未申请环保设施竣工验收的,责令其限期办理验收手续,逾期未办理的,责令停止试生产,可处5万元以下罚款。

(3)环保设施未建成,未验收或验收不合格,而主体工程正式投入生产使用的,责令其停止生产或使用,可处10万元以下罚款。

(四)限期治理污染制度

1. 限期治理污染制度的内涵

限期治理污染是强化环境管理的一项重要制度。限期治理是以污染源调查、评价为基础,以环境保护规划为依据,突出重点,分期分批地对污染危害严重和群众反映强烈的污染物、污染源、污染区域采取的限定治理时间、治理内容及治理效果的强制性措施。

限期治理是在经过科学地调查和评价污染源、污染物的性质、排放地点、排放状况、污染物迁移转化规律、对周围环境的影响等各种因素的基础上,在总体规划的指导下,由县级以上人民政府作出的决定。同时凡是限期治理都要有限定时间、治理内容、限期对象、治理效果四个因素,缺一不可。限期治理决定是一种法律程序,具有法律效力。为了完成限期治理任务,限期治理项目应该按基本建设程序无条件地纳入本地区、本部门的年度固定资产投资计划之中,在资金、材料、设备等方面予以保证。

2. 限期治理的重点

(1)污染危害严重、群众反映强烈的污染物、污染源、治理后对改善环境质量、解决厂群纠纷、保障社会安定有较大作用的项目。

(2)位于居民稠密区、水源保护区、风景游览区、自然保护区、温泉疗养区、城市上风向等环境敏感区,污染物排放超标、危害职工和居民健康的污染企业。

(3)区域或流域环境质量十分恶劣,可能影响到居民健康和经济发展的项目。

(4)污染范围较广、污染危害较大的行业污染项目。

(5)其他必须限期治理的污染企业,如有重大污染事故隐患的企业。

3.限期治理的程序

限期治理的工作程序包括三个阶段:

(1)准备阶段

通过对人群和污染源的调查以及环境评价,并根据经济发展和环境保护规划,提出并确定限期治理的名单。

(2)实施阶段

由政府下达限期治理的决定。排放污染物超过国家或者地方排放标准,或者超过重点污染物总量控制约束性指标,依法被责令限期治理的企业事业单位,应当制定限期治理计划并组织实施。限期治理计划应当包括:①技术改造、污染治理的可行性研究报告,产品更新和淘汰的计划等;②相关资金安排和落实情况;③限期治理时序安排和完成目标的最后期限;④相关的环境影响评价文件。限期治理计划应当经过科学论证,并报送环境保护行政主管部门和行业主管部门备案,接受监督。限期治理的企业事业单位必须如期完成治理任务。在实施过程中,环保部门对限期治理项目的实施进行监督检查,同时建立责任制,落实限期治理单位的环境保护责任。

(3)验收阶段

限期治理单位在完成污染治理后,向环保部门提交竣工报告。之后由有关部门(包括限期治理单位的主管部门和环保部门)组织进行竣工验收。对未完成限期治理任务的单位,按有关法律法规进行处罚。

(五)环境资源许可证制度

1.环境资源许可证制的含义

环境资源许可证制度是国家为加强环境保护和管理而采取的一种行政审批和监督管理制度。在行政法上,许可是指在法律规范一般禁止的情况下,行政主体根据行政相对人的申请,通过颁发许可证或执照等形式,依法作出准予或者不准予特定的行政相对人从事特定活动的行政行为。许可是行政主体对行政相对人从事某种活动的法律上的认可,也是行政相对人获得法律保护的凭证,而许可证是行政许可的外在表现形式,是许可机关向申请人发放的一种证明文书。

2.环境资源许可证制的分类

我国环境法规定的许可证主要包括三类。

一是防止环境污染许可证,如排污许可证、海洋倾倒废物许可证、化学危险物品经营许可证等。

二是防止环境资源破坏许可证,如林木采伐许可证、取水许可证、探矿和采矿许可证。

三是整体环境资源保护许可证,如建设规划许可证。

3. 排污许可证制度

排污许可证是一种使用最广泛的环境资源许可证。排污许可证制度是一项复杂和系统的有关排污许可证的管理规范,能够有效地控制污染物排放的总量或浓度,具体包括申报登记、指标核定、许可证的审批发放与监督管理等内容。

(1)排污申报登记

直接或间接排放污染物的单位,必须在指定时间内向当地环保行政主管部门办理排污申报登记手续,并提供有关资料;排污单位必须如实填写《排污申报登记表》,经本单位的主管部门核实后,报环境保护部门审批,并领取《排污申报登记注册证》;新建、扩建和改建的项目必须在项目的污染防治设施竣工并验收合格后的一个月内办理申报登记;在申报登记后,排放污染物的种类、数量、浓度等有重大变化或改变排放方式、去向时,排污单位应提前15天向环境保护部门申请履行变更登记手续。

排污申报登记是排污许可证制度的基础性工作,是确定总量控制目标和分配排污量的前提。排污申报登记的内容包括排放污染物的种类、数量、浓度、地点和方式等。环境保护部门应对申报内容进行检查、核实,以获得污染物排放的准确资料。

排污申报登记的范围包括向水体、大气、土地等排放废水、废气、废渣、噪声、农药等污染,包括申报登记者拥有的排污设施、处理设施等基本情况以及所排放的污染物的种类、数量、浓度、地点和方式等的重大情况变化。

(2)排污指标的核定

这是排污许可证发放的核心工作,需要确定和分配区域污染物排放的总量控制指标和总量削减指标。

区域污染物排放总量控制指标是根据区域环境功能和环境目标的要求,预先推算的该区域所允许的污染物最大排放量数值。区域污染物总量削减指标是根据区域环境目标的要求,以某一年的污染物排放总量为基准确定的今后一定时间内应减少的污染物排放总量。

根据排污单位的排污申报登记,环境保护部门需要通过优化计算,对总量控制指标进行分配,确定各排污单位的允许排放量。在通常情况下,由于各排污单位取得的排污指标与污染物的实际排放量之间存在较大差距,因此环境保护部门可以向排污单位分配污染物总量削减指标,以逐年削减排放总量,最终实现总量控制目标。

(3)许可证的审核与发放

环境保护行政主管部门对排污单位的《排污申报登记表》进行审查、核实后,根据污染物排放的总量控制指标和总量削减指标,对其申报登记的内容进行审查、核实。对符合规定条件的排污单位,颁发《排污许可证》;对超出排污总量控制指标的排污单位,发给《临时排污许可证》,并要求其限期治理、削减排放量。排污许可证的有效期限最长不得超过5年,临时许可证的有效期限最长不得超过2年。

(4)监督管理

第一,排污单位必须严格按照许可证的规定排放污染物,定期自行检查本单位的排污情况,并向环境保护部门报告。第二,持有《临时排污许可证》的单位,应定期向环境保护部门报告削减排放量的进度情况;经削减达到排污总量控制指标后,可向当地环境保护行政主管部门申请《排放许可证》。环境保护部门有权对排污单位进行现场检查或抽查,排污单位应如实反映情况,并提供有关资料。重点排污单位和环境保护部门都要配备专业管理人员和监测设备,逐步完善监督体系。第三,对于违反许可证的规定额度超量排污的单位,环境保护部门可依情节中止或吊销其排污许可证。

(5)法律责任

排污单位逾期未进行申报登记或谎报的,环境保护部门可给予警告处分和罚款,并对拒报或谎报期间的排污行为追缴1~2倍的排污费;排污单位逾期未完成污染物削减指标及污染物排放量超出许可证规定的,由环境保护部门处以1万元以下的罚款,并加倍收缴排污费;排污单位拒绝办理排污申报登记或拒领许可证的,由环境保护部门处以5万元以下的罚款,并加倍收缴排污费。

4.排污权交易

排污权交易制度是在许可证制度基础上产生的一项较灵活的环境保护制度,在实施排污许可证管理及排污总量控制的前提下,企业或地方将其污染排放指标通过合同的方式让渡给他方的交易行为,也称排污许可证交易。20世纪70年代美国产生了"排污权交易"制度,我国在20世纪90年代也开始排污权交易的试点工作,但是由于受到市场发育程度、法制建设水平和行政管理能力等的制约,我国的排污权交易制度有待完善。

在排污权交易市场上,排污企业从其利益出发,自主决定其污染程度,从而买入或卖出排污权。在环境管理部门监督管理下,各个持有排污许可指标的企业在有关的政策和法规约束下进行交易活动。这种交易活动的实质可归纳如下:

首先,排污权交易是将全社会的环境资源重新配置的一种方式。排污权是排污企业向环境排放污染物的一种许可资格。由于环境是资源,环境的纳污能力即环境容量也是一种资源,所以排污企业向环境排放污染物,实质上就是占用环境资源的一种行为,排污权交易活动的结果就是将全社会的环境资源重新配置。

其次,排污权交易是排污许可制度的市场化形式。这项制度使排污指标通过市场机制形成合理的价格,实现了污染指标的再分配,能够调动企业治理和减少污染的积极性,降低污染控制的社会成本,达到经济效益和环境效益的双赢。

最后,排污权交易是环境总量控制的一种措施。排污权的发放量有一个限额,政府根据不同的环境状况制定某一环境排放总量,企业排污不得超出此量。由于只有采用总量控制才能有效地达到环境质量标准,排污权交易的实质就是采用市场机制来实现环境标准质量。

(六)排污收费制度

排污收费制度也称征收排污费制度,它是指向环境排放污染物以及向环境排放污染物超过国家或地方污染物排放标准的排污者,按照污染物的种类、数量和浓度,根据排污收费标准向环境保护主管部门设立的收费机关缴纳一定的治理污染或恢复环境破坏费用的法律制度。这项制度是根据"谁污染谁治理"的原则,结合我国国情开始实行的。

1. 征收排污费的办法

(1)征收标准的确立

国务院环保部门以及各有关部门根据污染治理产业化发展的需要、污染防治的要求和经济、技术条件以及排污者的承受能力,制定国家排污费征收标准。

(2)征收排污费的范围和对象

在排污费的具体征收方面,排污者应当按照下列规定缴纳排污费:

依照《中华人民共和国大气污染防治法》、《中华人民共和国海洋环境保护法》的规定,向大气、海洋排放污染物的,按照排放污染物的种类、数量缴纳排污费。

依照《中华人民共和国水污染防治法》的规定,向水体排放污染物的,按照排放污染物的种类、数量缴纳排污费;向水体排放污染物超过国家或者地方规定的排放标准的,按照排放污染物的种类、数量加倍缴纳排污费。

依照《中华人民共和国固体废物污染环境防治法》的规定,没有建设工业固体废物储存或者处置的设施、场所,或者工业固体废物储存或者处置的设施、场所不符合环境保护标准的,按照排放污染物的种类、数量缴纳排污费;以填埋方式处置危险废物不符合国家有关规定的,按照排放污染物的种类、数量缴纳危险废物排污费。

依照《中华人民共和国环境噪声污染防治法》的规定,产生环境噪声污染超过国家环境噪声标准的,按照排放噪声的超标声级缴纳排污费。

需要特别指出的是,排污者缴纳排污费,不免除其防治污染、赔偿污染损害的责任和法律、行政法规规定的其他责任。

(3)排污费的缴纳

负责污染物排放核定工作的环保部门,应当根据排污费征收标准和排污者排放的污染物种类、数量,确定排污者应当缴纳的排污费数额,并予以公告。当排污费数额确定后,由负责污染物排放核定工作的环境保护行政主管部门向排污者送达排污费缴纳通知单。

排污者应当自接到排污费缴纳通知单之日起7日内,到指定的商业银行缴纳排污费。商业银行应当按照规定的比例将收到的排污费分别解缴中央国库和地方国库。

(4)排污费减免的规定

当排污者因不可抗力遭受重大经济损失的,可以按照国务院环保部门和有关部门共同制定的排污费减缴、免缴办法的要求,申请减半缴纳排污费或者免缴排污费。但是排污者因未及时采取有效措施,造成环境污染的,不得申请减半缴纳排污费或者免缴排污费。

2. 征收排污费的目的和作用

一是促进企业加强经营管理。收费只是改善环境、促进企业加强管理的一项经济手段。也就是说,利用经济杠杆的调节作用,从外部给企业一定的经济压力,促进污染治理,并由此带动企业内部的经营管理。

二是综合利用资源。通过排污收费有利于提高资源、能源利用率,有利于从根本上解决环境污染问题,以保障社会经济持续、稳定地发展。

三是减少污染和改善环境。企业为了不交或少交排污费,就必须明确生产过程各个岗位的环境责任,降低原材料消耗,开展对污染物的综合利用和净化处理,使污染物排放量不断减少。

(七)环境标准制度

1. 环境标准制度的概念

环境标准是国家根据人体健康、生态平衡和社会经济发展对环境结构、状态的要求,在综合考虑本国自然环境特征、科学技术水平和经济条件的基础上,对环境要素间的配比、布局和各环境要素的组成以及进行环境保护工作的某些技术要求加以限定的规范。其主要内容为各种量值规定和技术要求,它可以为实施环境法的其他规范提供准确、严格的范围界限,为认定行为的合法与否提供法定的技术依据。

环境标准制度是指有关环境资源标准的编制、审批、发布、实施和监督管理的一系列法律规范的总和,是环境资源标准的正规化、程序化和法定化。

依据《环境标准管理办法》,我国的环境标准分为国家环境标准、地方环境标准两级,以及环境质量标准、污染物排放标准、环境监测方法标准和环境基础标准等几类。

2. 环境标准的分级

我国的环境标准分为两级,即国家环境标准和地方环境标准。

国家环境标准是由国务院有关部门依法制定和颁发的在全国范围内或者在全国的特定区域、特定行业适用的环境标准。地方环境标准,是指由省、自治区、直辖市人民政府制定的在其管辖区域内适用的环境标准。省、自治区、直辖市人民政府对国家环境质量标准中未作规定的项目,可以制定地方环境质量标准;对国家环境质量标准中已作规定的项目,可以制定严于国家环境质量标准的地方环境质量标准。地方环境质量标准应当报国务院环境保护主管部门备案。

国家环境标准与地方环境标准的关系为:国家环境标准适用于全国,地方环境标准只适用于制定该标准的机构所辖的或其下级行政机构所辖的地区;当地方污染物排放标准与国家污染物排放标准并存且地方标准严于国家标准时,地方污染物排放标准优于国家污染物排放标准实施;国家环境标准可以有各类环境标准,地方环境标准只有环境质量标准和污染物排放标准,而没有环境基础标准、环境方法标准和环境样品标准。

3. 环境标准的分类

我国的环境标准分为五大类,即环境质量标准、污染物排放标准、环境基础标准、环境方法标准和环境标准样品标准。

(1)环境质量标准

环境质量标准是指为了保护人体健康、社会物质财富和维护生态平衡,对环境中有害物质或因素在一定时间和空间内的允许含量所作的规定。这类标准是一个国家环境政策和环境质量目标的具体体现,是衡量一个国家、一个地区环境质量的依据,也是制定污染物排放标准的基础。按照环境要素的不同,可分为大气环境质量标准、水环境质量标准、土壤环境质量标准、声环境质量标准等。我国已制定的环境质量标准主要有:《大气环境质量标准》、《地面水环境标准》、《生活饮用水卫生标准》、《城市区域环境噪声标准》《渔业水质标准》、《农田灌溉水质标准》等。

(2)污染物排放标准

污染物排放标准是指为了实现环境质量标准的目标,结合技术经济条件和环境特点,对允许污染源排放污染物或对环境造成危害的其他因素的最高限额所作的规定。按污染物种类可分为大气污染物排放标准,水污染物排放标准,固体废弃物、噪声等污染控制标准。按制定根据不同,它可分为浓度控制标准和总量控制标准。浓度控制标准,是以经济技术可行性为根据而为污染源规定的排放标准,常以某种污染物在其载体中的百分比表示。总量标准,又称总量控制标准,是以环境容量为根据而为污染源规定的排放污染物的数量限额。常以一定时间内排放污染物的总量表示。我国制定的污染物排放标准有《造纸工业水污染物排放标准》、《合成洗涤剂工业水污染物排放标准》、《制革工业水污染物排放标准》、《钢铁工业污染物排放标准》、《水泥工业污染物排放标准》、《锅炉烟尘排放标准》、《农药安全使用标准》等。

(3)环境基础标准

环境基础标准,是国家对在环境保护工作中具有普遍适用意义的名词术语、符号、规程、指南、导则等所作的规定。这类标准是制定其他环境标准的基础,其目的是为制定和执行各类环境标准提供一个统一遵循的准则。我国已制定的环境基础标准有《环境保护图形标志》、《水质词汇》、《空气质量词汇》等。

(4)环境监测方法标准

这类标准是在环境资源保护工作范围内,以采样、分析、测试、数据处理等方法为对象所制定的统一技术规定。它是制定、执行环境质量标准的技术依据,可以使各种环境监测和统计数据准确、可靠,并提供具有可比性的保证。我国已颁布了大量的环境方法标准,如《锅炉烟尘测试方法》、《工业企业厂界噪声测量方法》、《车用汽油机排气污染物试验方法》等,都属于环境方法标准。

(5)环境标准样品标准

为保证环境监测数据的准确、可靠,对于用量值传递或者质量控制的材料、实物样品所制定的国家环境标准样品标准,是为了在环境保护工作和环境标准实施过程中标定仪器、检验测试方法、进行量值传递而由国家法定机关制作的能够确定一个或多个值的物质和材料。它是一种实物标准。《水质 COD 标准样品》、《水质 BOD 标准样品》等,都是环境样品标准。

4.环境标准在环境法律适用中的功能

(1)环境质量标准是确定环境是否被污染以及是否应让排污者承担相应法律责任的根据。环境质量标准规定了为保护人体健康和动植物正常生长所必需的环境质量要求,如果排污者排放的污染物使当地的环境质量劣于适用于该地的环境质量标准,那么,排污单位的排污行为便造成了环境污染,从而便要承担相应的法律责任。

(2)污染物排放标准是确认某排污行为是否合法的依据。污染物排放标准是为污染源规定的最高容许排污限额(浓度或者总量)。排污者如果以符合排污标准的方式排放污染物,则其排污行为合法;反之,则是违法。因此,污染物排放标准为排污者的排污行为规定了一个合法与否的尺度。

(3)环境基础标准是确定某环境标准是否合法有效的根据。环境基础标准为制定各类环境标准规定了基本准则,如果环境标准是按照环境基础标准规定的准则制定的,并且其名词术语、符号、单位等与环境基础标准的规定相一致,其标准才是合法有效的,也才能够得以实施。否则,便是无效的,也无法予以实施。

(4)环境方法标准是确定环境监测数据以及环境纠纷中有关各方出示的证据是否合法有效的根据。在环境管理中经常涉及对环境质量的现状和排污是否超标进行监测的问题,而不同单位提供的监测数据往往不一致,特别是在环境纠纷的处理中,不同当事人对同一环境法律事实提供的作为证据的监测数据往往相互矛盾。在这种情况下,认定哪些监测数据和证据是合法有效的,就是一个十分关键的问题。众所周知,合法的数据及证据必须是按照法定程序和方法收集的。环境方法标准规定了全国统一的环境监测方法,只有按照环境方法标准规定的实验、检查、采样、分析、统计方法取得的数据才与环境质量标准和污染物排放标准规定的数据具有可比性,才能作为判案的依据。

(5)环境样品标准是标定环境监测仪器和检验环境保护设备性能的法定依据。环境质量标准、污染物排放标准和环境方法标准所规定的各种数值和监测方法都要通过一定的监测仪器和设备来测定,而各种仪器设备的性能是否符合要求,直接关系到环境监测结果的准确性。为了保持全国环境监测设备性能的统一,就需要有对各种环境监测仪器设备的性能进行标定和检验的标准。这个标准就是环境样品标准。

(八)环境监测制度

环境监测实行月报、年报和定期编报环境质量报告书制度。目前,国家在一些重要的大、中城市和旅游城市还实行了日报制度。

1. 环境监测制度的概念

环境监测是指依法从事环境监测的机构及其工作人员,按照有关法律法规和技术规范规定的程序和方法,运用物理、化学或生物等方法,对环境资源各项要素或污染物的状况进行检测,分析环境污染因子及其可能对生态系统产生影响的环境变化,评价环境质量,编制环境监测报告的活动。

环境监测制度是有关环境监测的机构、范围、对象、内容、程序和监测结果的效力的法律规范的总称,是环境监测工作的法定化与制度化。

2. 环境监测的内容

环境监测的内容主要有三个方面:(1)物理指标的测定。包括噪声、电磁波、放射性、热能等水平和程度的测定;(2)化学指标的测定。包括各种化学物质在空气、水体、土壤和生物体内水平的测定。(3)生态系统的监测。主要监测因人类活动引起的生态系统的变化,如二氧化碳和氟氯烃的过量排放引起的温室效应和臭氧层破坏,乱砍滥伐森林或草原过度放牧引起的水土流失和土地沙化等。

3. 环境监测的管理

(1)环境监测机构

国家环境保护行政主管部门设置全国环境监测管理机构;各省、自治区、直辖市和重点省辖市的环境保护部门设置监测处和科;市以下的环境保护部门亦应设置相应的环境监测管理机构或专人统一管理环境监测工作。

我国环境监测机构设置分为四级:一级站是中国环境监测总站;二级站是各省、自治区、直辖市设置省级环境监测中心站;三级站是各省辖市设置市环境监测站(或中心站);四级站是县、旗、县级市、大城市的区设置环境监测站。各级环境监测站接受同级环境保护主管部门的领导(业务受上一级监测站指导)。各级环境监测站是科学技术事业单位,同时按照主管部门的授权范围,对破坏和污染环境的行为进行监督和检查。

有关行业、专业环境质量监测站(点)应当按照有关法律法规规定和监测规范的要求设置。环境质量和污染物排放监测数据作为评价环境质量依据的,应当经环境保护行政主管部门批准。

(2)各级环境监测机构的职责

根据《全国环境监测管理条例》的规定,各级环境保护主管部门在环境监测管理方面的主要职责是:领导所辖区域内的环境监测工作,下达各项环境监测任务;制定环境监测工作及监测站网的建设、发展规划和计划;组织和协调所辖区域内环境监测网工作,负责安排综合性环境调查和质量评价;

制定环境监测条例、各项工作制度、业务考核制度、人员培养计划及监测技术规范；组织编报环境监测月报、年报和环境质量报告书；组织审核环境监测的技术方案及评定其成果，审定环境评价的理论及其实践价值。

从事环境监测工作，应当遵守国家监测规范。监测机构应当使用符合国家统一标准的监测设备，监测机构负责人对监测数据的真实性和准确性负责。监测数据依法公开。

(3) 环境监测网

全国环境监测网分为国家网、省级网和市级网三级。各部门、企事业单位的环境测试机构参加环境保护主管部门组织的各级环境监测网。各级环境保护主管部门的环境监测管理机构负责环境监测网的组织和领导工作。各大水系、海洋、农业分别成立水系、海洋和农业环境监测网，属于国家网内的二级网。

国家环境监测网由省级环境监测中心站、国家各部门的专业环境监测站及各大水系、海域监测网的牵头单位等组成。省级网、市级网分别由相应的单位组成。环境监测网中的各成员单位互为协作关系，其业务、行政的隶属关系不变。

环境监测网的任务是联合协作开展各项环境监测活动，汇总资料、综合整理，为各级政府全面报告环境质量状况提供基础数据和资料。

(4) 环境监测报告制度

我国实行环境监测质量报告制度。环境监测实行月报、年报和定期编报环境质量报告书的制度。环境监测月报、年报和环境质量报告书，均由各级环境保护主管部门向同级人民政府及上级环境保护主管部门报出。各级环境监测站，按环境保护主管部门的要求，定时提供各类报告的基础数据和资料，并一年一度编写监测年鉴。监测年鉴及有关数据在报主管部门的同时，抄送上一级监测站。

第三节　我国环境保护的执法与司法

环境执法和环境司法是环境法运行的重要环节。环境执法是国家执法活动的组成部分，通过有效的环境执法，可以使有关的环境法律得以实施，从而实现环境法的目的，环境司法作为国家司法机关依据法定职权和程序，具体应用法律处理环境案件的专门活动；它是环境法实现的最终制度保证。我国的环境司法活动可以分为环境行政诉讼、环境民事诉讼和环境刑事诉讼三类。环境法律责任与环境执法和环境司法紧密相连，在加强环境执法和环境司法的同时，还需要完善有关的环境法律责任。

一、环境执法

(一) 环境执法的概念

根据法学的一般原理,执法及法律执行,有广义和狭义两种理解。广义上的执法,是指国家行政机关、司法机关和法律授权、委托的组织及其公职人员,依照法定职权和程序,贯彻实施法律的活动,它包括一切执行法律、适用法律的活动。执法从狭义上理解,是指国家行政机关、法律授权、委托的组织及其公职人员在行使行政管理权的过程中,依照法定职权和程序,贯彻实施法律的活动。本节在狭义上使用执法这一概念,即仅指行政执法。因此,本节中的环境执法即环境行政执法,是指有关的国家机关或法律法规授权、委托进行环境管理的组织,依照法定职权和程序,为了贯彻实施环境法律、法规,而直接对特定的组织和个人及相关的环境行政事务采取措施,使环境法律法规中抽象的权利义务变成环境法主体的具体的权利义务。环境执法是环境法律法规实施的重要组成部分,是最普遍的实施环境法的活动,也是环境法实现的主要途径。[①]

(二) 环境执法的分类

按照不同的标准,可以对环境执法作出不同的分类。

根据执法行为的内容和性质的不同,环境执法可分为环境行政处罚、环境行政许可、环境行政强制执行、环境行政监督、环境司法行政等。

根据执法机关的不同,环境执法可分为土地行政执法、渔业行政执法、林业行政执法、草原行政执法等。

根据执法力度的不同,环境执法可分为强制性环境执法和非强制性环境执法。

(三) 环境执法方式

行政执法方式多样,以下是最主要的几种环境行政执法方式。

1. 环境行政处罚

环境行政处罚是指环境行政管理机关依照环境法律法规、行政规章的规定对犯有违法环境行为,但尚未构成犯罪的行政管理相对人所实施的一种行政惩戒。环境行政处罚可作如下分类:申诫罚,如责令具结悔过、警告

---

① 史学瀛.环境法学.北京:清华大学出版,2010,第86页

第五章 环境管理体系

等;人身罚、自由罚等,比如对盗猎地方保护的野生动物,可以依据有关法律法规处以拘留的自由罚;行为罚,如责令擅自关闭污染治理设施的行政管理相对人重新安装使用污染治理设施,又如责令"关、停、并、转、迁"等;财产罚,如罚款、没收违法所得、缴纳排污费等。对行政处罚不服的,可以申请行政复议,如法律规定行政复议不是必经的行政程序时,当事人可以直接向人民法院提起行政诉讼。

有权行使环境处罚权的环境执法主体主要是各级环境保护行政主管部门和其他依照法律规定行使环境监督管理权的部门。

2. 环境行政许可

环境行政许可是指环境行政管理机关依照环境法律法规、行政规章、行政决定,批准或同意单位和个人进行某项须经行政许可的环境行政行为或取得从事某项须经行政许可的环境行政行为的资格。

环境行政许可分为防止环境污染许可和资源开发利用许可两类。防止环境污染许可包括污染物排放许可和经营对环境有害物质的许可。前者如水污染物排放许可、大气污染物排放许可、海洋倾倒废物许可;后者包括危险废物经营许可、化学危险物品经营许可、农药生产许可等。资源开发利用许可可分为三类:一是资源开发许可,如林木采伐许可、采矿许可等;二是资源利用许可,如土地使用许可;三是资源进出口许可,如野生动植物进出口许可等。

环境行政许可应当遵循我国《行政许可法》规定的一般原则和程序,同时也应当严格按照我国环境法律、法规规定的权限和程序进行。

3. 环境行政强制执行

行政强制执行,是指在行政法律关系中,作为义务主体的相对人不履行其应履行的义务时,有权机关依法采取行政强制措施,迫使其履行义务的活动。所谓有权机关,包括行政机关和人民法院。环境行政强制执行,是指环境管理的相对人不履行其应履行的义务时,由有权机关依法采取强制手段,迫使其履行义务的行政行为。环境行政强制执行,作为国家全面管理环境的重要组成部分,它在保障环境法律的实施、加强环境建设方面有着非常重要的作用。

4. 环境行政奖励

环境行政奖励是指各级人民政府和环境行政管理机关依照环境法律法规、行政规章的规定对保护和改善环境工作作出重大或较大贡献的单位和个人所给予的荣誉和奖赏。环境行政奖励分为物质奖励、精神奖励和优惠政策奖励三种。奖励方式包括口头表扬、书面表扬、通报表扬、通令嘉奖、记功、记大功、颁发奖金、奖章、证书等。

环境行政奖励主要有以下特征。

(1)环境行政奖励的实施主体是环境执法主体,如政府或法律法规规定的其他组织机构。

(2)环境行政奖励的对象是对保护和改善环境有显著成绩或重大贡献的单位和个人,并且并不仅限于是中国公民或法人。

(3)环境行政奖励的内容是精神的或物质的奖励,并不局限于其中的一种。

(4)环境行政奖励是一种非强制行政行为,受奖者可以放弃受奖权,环境执法主体不得采取强制措施强制执行。

(5)环境行政奖励必须依照法定条件和标准进行。环境行政奖励应当按照行政奖励的一般原则,使奖励等级、形式与受奖行为相当。

5.环境监督检查

环境行政监督检查是指环境行政管理机关依法对环境行政管理相对人是否遵守环境法律法规、行政规章、行政决定进行检查。环境行政监督检查分为书面监督检查和现场监督检查。前者如审批排污许可证和环境影响报告书(表),后者如实地对"三同时"制度的实施进行现场检查。

依照我国现行环境法,环境监督检查主要有以下特征。

(1)环境监督检查的主体是环境行政主管部门和其他依法行使环境监督管理权的部门,如渔业行政主管部门、土地行政主管部门等。

(2)环境监督检查的对象是环境管理的相对人,包括个人和组织。

(3)环境监督检查的方式主要有两种,即现场检查与执法性的环境检测。

(4)环境监督检查是对环境管理相对人行使权利和履行义务的情况依法进行了解和检测,而并不实际设定、变更或取消相对人的实体权利和义务。

环境监督检查是环境执法的方式之一,它有助于促使环境相对人及时履行义务,并能尽早发现和纠正各种违法行为,进而提高环境执法的效率。

二、环境司法

所谓司法,是指"国家司法机关依据法定职权和法定程序,具体应用法律处理案件的专门活动"。司法具有职权和程序的法定性以及裁决的权威性的特点。

环境司法是指国家司法机关依据法定的职权和程序,具体应用法律处理环境案件的专门活动。环境司法是国家整个司法活动的重要组成部分,也是国家司法制度在环境方面的体现。环境司法是环境法实施的重要方式,是环境法实现的最终的制度保证,是国家强制力的终局性的直接介入。我国没有设置专门的环境司法机构,因而处理环境案件的即为各级人民法院和人民检察院中的相应部门,公安机关对环境刑事案件的侦察活动也属于环境司法活动的范围。处理环境案件的法律依据是我国的三部诉讼法、环境法、相关的民法行政法等。我国的环境司法活动可以分为三类:环境行政诉讼、环境民事诉讼和环境刑事诉讼。

(一)环境行政诉讼

环境行政诉讼是公民、法人和其他组织认为环境行政执法机关的具体行政行为侵犯其合法权益,依法向法院起诉,并由法院审理后作出相应决定的制度和程序。这种诉讼活动有以下法律特征:①案件性质是环境行政争议;②案件的原告是受到环境行政处罚和其他环境行政处理的公民、法人或其他组织,被告是行使国家环境行政管理权的行政机关;③其解决争议的法律依据是环境法律、法规;④其诉讼目的是解决环境行政处罚或者其他环境行政处理决定是否合法、正确。因此这种诉讼活动属于司法监督和司法救济。

根据我国《行政诉讼法》第11条以及环境法的相关规定,我国环境行政诉讼的受案范围是:①对环境行政机关作出的罚款、吊销许可证和执照、没收财物等行政处罚不服的;②对限制人身自由或者对财产的查封、扣押、冻结等环境行政强制措施不服的;③认为环境行政机关侵犯法律、法规规定的经营自主权的;④认为符合法定条件申请环境行政机关颁发许可证和执照,环境行政机关拒绝办理或者不予答复的;⑤申请环境行政机关履行保护人身权、财产权的法定职责,环境行政机关拒绝履行或者不予答复的;⑥认为环境行政机关违法要求履行义务的;⑦认为环境行政机关侵犯其他人身权、财产权的;⑧法律、法规规定可以提起环境行政诉讼的其他具体行政行为。

根据我国《行政诉讼法》第12条以及环境法的相关规定,我国环境诉讼的受案范围不包括以下事项:①环境保护相关的国防、外交等国家行为;②非具体环境行政行为,即行政法规、规章或者行政机关制定、发布的具有普遍约束力的决定、命令;③环境行政机关对行政机关工作人员的奖惩、任免等决定;④法律规定由行政机关最终裁决的具体环境行政行为。

在诉讼原则、举证责任和诉讼程序等方面,环境行政诉讼遵循对一般行政诉讼的规定,须按照《行政诉讼法》等相关法律法规的规定进行。

(二)环境民事诉讼

环境民事诉讼是指环境法主体在其环境权利受到或可能受到损害时，依民事诉讼程序提出诉讼请求，人民法院依法对其审理和裁判的活动。环境民事诉讼的种类主要有停止侵害之诉、排除危害之诉、消除环境污染破坏危险之诉、恢复环境质量原状之诉和环境损害赔偿之诉等。环境民事诉讼的程序与一般民事诉讼的程序基本相同，也需严格依照《民事诉讼法》的规定进行，只是在举证责任的负担、归责原则、诉讼时效的长短、因果关系的确定等方面与一般的民事诉讼有所不同。

环境民事诉讼在举证责任方面通常实行被告举证制；在归责原则上实行无过错原则、在诉讼时效方面实行较长的诉讼时效，普通民事诉讼时效为2年，因环境污染损害赔偿提起诉讼的时效期间为3年，从当事人知道或者应当知道受到污染损害时起计算；在环境污染损害的因果关系确定方面，往往需要采取推定的方法确定污染行为与损害结果之间的因果关系。

(三)环境刑事诉讼

环境刑事诉讼是指国家司法机关在当事人及其他诉讼参与人的参加下，依照法定程序，揭露和证实环境犯罪，追究环境犯罪者刑事责任的活动。环境刑事诉讼是检察院、法院和公安机关等国家司法机关行使国家刑罚权的活动，目的是对污染环境和破坏生态、构成犯罪的行为课以应有的刑事制裁。虽然法律对污染环境和破坏生态的行为已经设置了环境民事诉讼下的民事责任，但由于民事责任在实现方式上的复杂性和制裁的纯经济性，其在制裁的力度上仍不足以威慑环境污染和生态破坏行为。环境刑事诉讼的存在，对于打击环境污染和生态破坏行为，保障广大人民群众的环境权益，具有重要的意义。

依照引起诉讼的犯罪所侵犯的客体的不同，可以将环境刑事诉讼分为两类。

(1)侵权损害之诉。指因违法者严重侵犯了国家对环境保护和污染防治的管理活动，而引起的环境刑事诉讼。包括污染环境的诉讼和破坏自然资源的诉讼。

(2)环境管理机关工作人员渎职之诉。这主要是对负有环境监管职责的环境行政机关的职员因环境监管不严、玩忽职守，导致重大环境事故发生而设置的环境刑事诉讼。

第六章 环境法律责任

法律责任是指因违反了法定义务或约定义务,或不当行使法律权利(权力)所产生的,由行为人承担的不利后果,它是法律得以实现的最终环节;环境法律责任是指公民、法人或其他组织实施了危害环境的行为,所需承担的不利的法律后果。环境法律责任不是一种单独责任形式,而是一种责任体系,具体表现为环境行政责任、环境民事责任、环境刑事责任三类。

第一节 环境法律责任概述

一、环境法律责任的概念

当前,学术界对环境法律责任的概念主要有三种不同的认识。

违法行为说认为,"环境法律责任是行为人实施了环境违法行为,因而需要承担的不利法律后果——环境违法行为是承担环境法律责任的前提,即环境法律责任是指违法者对其环境违法行为所应承担的具有强制性的法律后果。"[1]

义务违反说认为,"环境法律责任是环境法律主体因不履行环境义务而依法承担的否定性法律后果"[2];常纪文认为,"环境法律责任是指环境法律关系的主体因故意或过失地违反环境法律法规的规定,或在无过错的情况下造成了环境损害,或违反环境行政和民事合同的约定,破坏了法律上或合同中的功利关系或道义关系所应承担的补偿性、惩罚性或其他性质的以国家强制力为实现后盾的不利法律后果。"[3]

环境危害说认为,"环境法律责任是行为人的行为造成了环境损害或损害危险,因此需要承担不利法律后果,即不考虑原因行为的性质,只要出现危害或损害结果就应承担法律责任。"[4]

通过上面的介绍和分析,我们认为环境危害说能够比较全面的概括环

---

[1] 蔡守秋.环境法学教程.北京:科学出版社,2003,第41页
[2] 王灿发.环境法学教程.北京:中国政法大学出版社,1997,第117页
[3] 常纪文.环境法律责任原理研究.长沙:湖南人民出版社,2001,第150页
[4] 周珂.环境法.北京:中国人民大学出版社,2005,第89页

境法律的内涵。依据环境危害说提出的"环境法律责任是因加害者的行为造成或可能造成环境损害而应承担的法律后果"[①],这一陈述可以作为环境法律责任的概念。准确理解这一概念,我们可从以下几个方面入手。

(1)行为人即行为主体包括自然人、法人和其他组织。

(2)责任产生的原因是行为人实施了危害环境的行为,且该行为一般违反法定义务、约定义务或引起特定法律事实。

(3)这种责任对承担者而言是不利的,是法律对行为人危害环境行为的否定性评价。

(4)这种责任强制实现,由专门国家机关依法强制实施。

二、环境法律责任的基本构成要素

(一)环境法律责任的主体

法律责任主体是指因实施加害或违法行为而应承担一定法律责任的法律关系参加者,也就是对环境权造成侵害的侵权人。

环境与每个人都息息相关,环境侵权人的潜在人群比较广泛。因此环境法律责任的主体也具有比较突出的广泛性。凡是对环境和资源进行开发利用者或对环境保护负有监督、管理职责者都可能成为法律责任的主体,具体包括国家机关、企事业组织、其他社会组织、公职人员和公民。

(二)环境法律责任的客体

法律责任的客体是指法律关系中权利义务所指向的对象亦即在实施违法活动时所指向的对象。环境法律责任的客体一般包括物和行为两种。

1. 物

物是指法律关系中权利和义务的对象,它包括可能成为违法行为指向的各种物。我们这里所说的物外缘十分宽泛,包括一切人们可以控制、支配和具有环境功能的自然物和劳动创造的物质财富。

环境违法行为指向物,通常表现为自然物的各种环境要素和社会财富。它同民法保护对象的物有着明显的区别,主要体现在两个方面:第一,民事法律关系客体的物,通常视为财产权的对象因而必须是具有价值的物;第二,环境法保护的物除社会财产外主要是指具有环境功能的自然物。

---

① 周珂.环境法.北京:中国人民大学出版社,2005,第91页

某些自然物既是环境要素又是民法财产权的客体的特殊存在物主要包括土地、森林、草原、山脉、矿藏、河流等。根据我国《民法》、《环境法》等法律的规定,它们既适用《民法》,受到《民法》的保护,又适用《环境法》,受《环境法》的保护。环境责任的客体虽然能够同时适用《民法》与《环境法》,但二者适用法律的机制和目的却存在比较大的差异,民法重在保护所有权,环境法重在保护其环境功能。

作为环境要素的自然物如空气、风力、光照等,只能作为环境法保护的客体,而不能作为民法财产权的客体。其意义在于它们不能作为财产为人们任意占有或处置,而只能作为人类共享资源的环境要素加以保护。

2. 行为

行为也是环境责任的一个重要客体,包括作为和不作为两种。如果违反环境法发生法律禁止的行为(作为)或不履行法定的职责或义务(不作为)都要承担相应的法律责任。在环境保护法和各种单行法规中,一般都具体规定了法律禁止事项和法定职责或义务。

环境违法行为,同一般违法行为如民事、刑事相比较有一个重要特点,即一般违法行为多为一次性的,屡犯是少数情况,因而惩罚也是一次性的。环境违法行为则往往具有持续性和反复性的特点,惩罚有的也实行连续性的惩罚。例如美国环境法中就有"按日计罚"的规定,持续性的环境违法行为每一天均构成一个独立违法行为,或每一件不符合规定的设备、产品均构成一个独立违法行为。

(三)环境法律责任的主观方面

主观方面是指法律责任的主体在实施违法行为时的主观心理状态,一般分为故意和过失。刑法中注重对加害人主观恶性的惩罚,又把故意分为直接故意和间接故意。民法中则注重对受害人损失的补救,一般不再分直接故意和间接故意。

环境法在追究某人的行政责任和刑事责任时,行为人主观上具有故意或过失被视为必备要件,对侵权人的量刑也是根据其是否故意或者过失而定。但是,在环境侵害引起的民事责任中,我们并不考虑侵权人的主观故意性,只要实施了危害环境的行为并造成危害后果时,那么就会裁定其承担相应的民事责任。

(四)环境法律责任的客观方面

法律责任的客观方面是指行为的违法性和社会危害性。任何承担法律责任的行为,通常都是法律禁止的、具有违法性和社会危害性的行为。违法性和社会危害性之间又往往有必然性的联系,因而又常常把社会危害性作为判断违法性的标准。

在环境法中,情况则比较复杂,并有一定特殊性。多数情况下,造成社会危害的行为,往往也是违法行为。但在某些情况下,由于危害环境的行为,多数是在工业生产、资源开发活动中产生的,这些行为有其社会的必要性、合理性,对环境造成一定影响和危害又具有不可避免性。

在特定情况下,具有社会危害性的行为不能一概视为违法行为。例如生产工艺未获解决而国家又需要该产品的某些企业的排污行为;某些水利工程未设过鱼设施;符合排放标准的排污行为因该地区污染源过于集中而造成环境污染等等。这些行为不被视为违法行为因而不承担刑事责任,但可能承担民事责任和治理责任。

三、环境法律责任的特点

作为法律责任的一种具体形式,环境法律责任除具备法律责任共同特征外,还具有自身独特之处,主要表现为:

(一)构成要件的特殊性

与传统法律责任相比,环境法律责任的构成要件有明显的不同,出现这一现象的原因是由环境问题特殊性、行为过程复杂性、危害结果严重性和渐进共同决定的。传统法律与环境法责任界定的区别在环境民事责任方面的最为突出,例如承担环境民事责任不以行为人主观上存在过错为前提,只要客观上造成或可能造成环境污染或破坏,造成他人财产或人身损害,就应承担相应的赔偿责任。

(二)责任形式的综合性

环境法律规范是由多种性质不同的法律规范综合而成的,因而环境法律责任不可能只由单一的责任形式构成。学术界通常认为,环境法律责任是由行政责任、民事责任、刑事责任等多种责任形式综合而成的。从环境法律规范的执法实践来看,大多数环境权侵权行为的责任判定往往都不是一种责任形式能够解决的,而是需要将民事责任、刑事责任与行政责任结合起来进行最终的责任判定。

(三)责任功能的多样性

由于环境法律责任由多种责任形式综合而成,因此在功能上其必然是多样化的。这一点主要表现在以下几个方面。

(1)如非法猎捕、杀害国家重点保护的珍贵、濒危野生动物者,处5年以下有期徒刑或者拘役,并处罚金。

(2)功能性补偿,如造成噪音危害者,有责任排除危害,并对受害人赔偿损失。

(3)教育性功能,如对行政相对人进行的批评教育、谴责或警戒。

(4)预防性功能,如工厂排放废水,必须先进行净化处理。

(四)环境法律责任趋重化

环境污染和破坏具有极大的社会危害性,一旦遭破坏或污染,通常很难恢复原状或恢复成本很高,因此环境法律责任应该趋重化。其主要表现在三个方面。

(1)加重行政处罚的程度,如责令污染企业停产关闭或增加罚款金额。

(2)实施惩罚性损害赔偿,损害赔偿的费用往往大于损害的实际价值。

(3)制定特别法律法规,严厉惩处环境犯罪,实行两罚或多罚制。

第二节　环境行政责任

一、环境行政责任的概念与分类

(一)行政环境的概念

环境行政责任,是指环境行政法律关系主体违反环境行政法律规范所应承担的法律上的不利后果。我国《宪法》第9条第2款、第26条第1款都对国家在环境资源方面的职责进行了详细的规定,这些法律规定也是行政主体依法承担环境行政责任的基本依据。《环境保护法》第35～39条专门对行政相对人的环境行政责任进行了规定与细分。除《环境保护法》外,各单行环境污染防治法及其他环境保护的条例,如《水污染防治法》、《大气污染防治法》、《固体废弃物污染环境防治法》、《森林法》、《水法》、《草原法》及《行政诉讼法》、《行政复议法》、《国家赔偿法》等均对行政相对人的环境行政责任进行了规定。

从我国相关法律对环境行政责任的规定,我们可以总结以下几个特点。

(1)违法行为的主体是环境行政管理主体、受委托组织、环境行政管理机关工作人员或环境行政管理相对人。

(2)行为性质危害程度有所差异。从环境民事责任到环境行政责任再到环境刑事责任,行为性质的危害程度由轻到重,侵权人承担的法律责任也由轻到重。

(3) 责任追究主体与程序不同。环境行政责任的责任追究主体范围广泛，包括各级人民政府和人民法院等国家机关；环境民事责任和环境刑事责任的责任追究主体只有一个，即人民法院。

(4) 功能不同。环境刑事责任以惩罚性为主，环境民事责任以补偿性为主，环境行政责任二者兼备。

(5) 其法律后果是承担行政责任。行政责任是行政制裁的基础，而行政制裁是行政责任的表现形式。

(二) 环境行政责任的分类

1. 行政主体的环境行政责任

行政主体因违反环境行政法而应当承担的法律责任就是行政主体行政责任。行政主体的环境行政责任要面向不同的对象来承担，比如有些行政主体要向国家承担责任，有的要向行政相对人承担责任。如果行政主体作出的违法行政行为不涉及行政相对人但损害了国家、社会公共利益时，环境行政主体就要向国家承担法律责任；当行政主体作出的违法行政行为侵害了行政相对人的合法权益时，其应当对行政相对人承担法律责任。

2. 行政公务人员的环境行政责任

行政公务人员的环境行政责任是一种个人法律责任，这种个人责任主要是针对国家承担的。例如，行政公务人员在代表行政机关进行环境管理时，由于故意违法或有重大过失而致使行政机关对环境行政相对人作出了违法的行政行为并造成了对方合法权益的损害，对此，行政机关要就其违法行政行为向行政相对人承担法律责任。但在行政机关内部，违法的环境行政行为又是由行政公务员个人故意或因重大过失作出的，因而其应当向行政机关承担环境行政责任。

3. 行政相对人的环境行政责任

行政相对人的环境行政责任也是一种个人责任，这种责任主要是向国家承担，因为其违反环境行政法规范的行为侵害了国家和社会公共利益、破坏了国家的环境行政管理秩序。

4. 行政监督主体的环境行政责任

监督行政主体在监督环境行政过程中如果违反环境行政程序法、不履行法定的环境行政监督职责等，同样需要按我国相关法律的规定承担环境行政责任。该项法律责任有的向国家承担，有的要向被监督对象承担。

此外,依据不同的标准,环境行政责任还有其他的分类方式,如依责任发生领域为标准,环境行政责任可以分为自然资源保护的环境行政责任、环境污染防治的环境行政责任和特殊区域保护的环境行政责任等。

二、环境行政法律责任的构成要件

环境行政法律责任的构成要件,是指追究违法者的行政责任所必须具备的客观要件和主观要件的总和。

(一)环境行政主体的行政责任的构成要件

环境行政主体懈怠或疏于履行环境行政监管职责,或滥用环境行政管理职权,应当承担的相应的行政责任。一般来说,环境行政责任主要包括以下几个构成要素。

1. 环境行政违法行为的存在

依据《行政诉讼法》第54条、《行政复议法》第28条和其他法律的相关规定,我国环境行政主体的环境违法行政行为主要包括行政失职、行政越权、行政滥用职权、适法错误、事实依据错误、违反法定程序和行政侵权。行为的违法性是构成环境行政法律责任的必要条件之一。法学界对"违法"内涵的理解主要分为两种,一种是"主观违法说"和另一种是"客观违法说"。"主观违法说"立足于行为人行为本身,认为只要个人行为违反了法律强制性或禁止性的法律规范,即认定其构成违法行为,反之,如果"侵权人"没有违反法律的强制性规定,即使其行为已经对他人的合法权利或者利益造成了一定的损害,也不视为违法。"客观违法说"则是以行为效力为判定违法的着眼点,如果行为人的行为侵犯了他人受法律保护的权益,那么即使其行为未违反法律强制性或者禁止性规范,那么也被视为违法,要承担相应的法律责任。所谓"应受法律保护的权益"是指虽然法律没有明确规定,但从法的目的、作用以及法所追求的价值而言,应当获得法律保护的利益。为了增加法律适用于执行的弹性,我国《环境保护法》第41条第1款中关于环境污染损害民事赔偿责任的相关规定,采用的是"客观违法说",从实际执行的效果来看,在该说法下法律能够发挥的作用更加灵活。

2. 行为的危害后果

行为的危害所造成后果是行为人承担环境行政法律责任的重要选择要件之一。传统的行政法一般都要求损害必须是对人身和有主财产的损害,但是现代的环境行政法针对更加复杂的社会状况对损害的范围和使用的条件进行了一定程度的扩展。在现代环境法中,行为人不仅要对当事人造成人身或财产损害的损害承担责任,还要为其对有主与无主的环境因素造成的损害承担相应的行政法律责任。为了保证自己领域内的大气或海水等大自然恩赐的无主物得到科学合理的开发与利用,世界各国政府都制定了与之相关的法律法规,比如我国2000年生效的《海洋环境保护法》,该法第95条把"海洋环境污染损害"界定为:"海洋环境污染损害,是指直接或间接地把物质或者能量引入海洋环境,产生损害海洋生物资源、危害人体健康、妨害渔业和海上其他合法活动、损害海水使用素质和减损环境质量等有害影响。";2000年的《大气污染防治法》在第六章第46条至第61条对行政管理相对在大气污染方面的责任进行了明确等。

环境危害后果的表现情形也有其特殊性,环境污染与破坏不仅会造成直接的经济损失或者人畜伤亡,还会对他人环境权益造成妨碍,使他人的生命健康或者财产安全处于一种危险的境地。对环境要素造成的非经济性损害,如降低环境要素的功能或使用价值,等等。正因为环境危害后果的上述特点及其表现情形,应将环境危害后果作"有形损害"与"无形损害"、"直接损害"与"间接损害"、"现实损害"与"潜在损害"的区别。根据侵害后果的具体情况,对行为人应当承担环境行政责任进行界定。所谓的"没有造成危害后果"实际上是指没有造成现实的、直接的、有形的危害后果,但违法行为肯定会对环境造成危害,只不过这种危害后果是潜在的、无形的或是间接的而已,因此,也必须承担环境行政责任。

在某些情况下,行为人应为其可能造成环境损害的行为承担相应的法律行政责任。如我国1982年《海洋环境保护法》第41条规定:"凡违反本法,造成或可能造成海洋环境污染损害的,本法第五条规定的有关主管部门可以责令限期治理……",2000年《大气污染防治法》第46条只对行政管理相对人的基于其行为所负的行政责任作出了规定,而没有涉及这些行为所产生的损害后果。在某些情况下,损害后果则变成了从轻、从重甚至减轻、加重处分的情节。

3. 环境违法行为与危害后果之间的因果关系

环境违法行为与危害后果之间的因果关系是构成环境行政责任的选择条件。环境违法行为是原因,行为的危害后果是结果,没有无因之果,也没有无果之因。因此,在法律规定不以危害后果作为承担环境行政责任条件的场合,则不存在确定因果关系的问题。反之,法律规定以行为造成了危害后果作为承担环境行政责任的条件的场合,必须确定危害后果与环境违法行为之间存在因果关系。

损害结果是环境行政责任的选择构成要件。在要求有损害后果时,行为人要承担行政责任,行政机关必须要证明损害行为与损害后果之间的因果关系。这种因果关系的证明因环境损害行为(具有多因复合积累性、潜伏性、持续性和大面积性的特点)与环境自身的特点而变得非常复杂、困难,如果按照传统的行政法要求,因和果必须具有直接的、内在的、合乎客观规律的联系。这种证明往往很困难,甚至有时不可能,因此有必要对传统的行政责任因果关系理论进行突破。只要环境行政机关提出了一种直接的、表面的因果关系证明,即说明违法行为是危害结果发生的直接原因。行为人要反驳环境行政机关的观点,就必须提出反证。

同时由于环境危害后果及其表现情形的特殊性,在环境保护实践中,相关人员一定要准确认定产生环境危害后果的违法行为从而确定两者的因果关系,从而科学合理地对环境权进行保护。但是在复杂多变的实践要素中要做到这一点并不是一件简单的事,多因一果,一因多果,多因多果的情形比较常见,想要从中准确找出其内在联系十分困难;此外,在环境危害事故中,有些情况相下我们甚至无法找出其因果关系。因果关系也分为很多种,应该对不同的因果关系进行区分。如直接的因果关系与间接的因果关系;有形的因果关系与无形的因果关系;现实的因果关系与潜在的因果关系。

行为人的过错、行为的危害结果及行为与危害结果之间有因果关系并不是所有场合下追究行政责任的必须构成要件,只有在法律有明文规定的条件下才成为行政责任的必备要件,因而,可以称为"选择要件"。

(二) 环境行政相对人的行政责任的构成要件

环境行政相对人的环境行政责任,指行政相对人因不履行环境行政法律法规等规定的保护环境、防治污染破坏的义务和不服从环境管理的义务,或因滥用环境权利所应承担的行政方面的不利法律后果。

1. 主体

环境行政相对人即环境行政法律关系中被管理的一方,包括公民个人、法人和其他组织。以单位形式实施环境行政违法行为时,承担责任的主体不仅包括单位,还包括负有重大责任的单位主管人员或直接责任人。而公民、法人和其他组织只有当他们与行政主体形成某种具体行政法律关系时,才成为行政相对人。对于作为环境行政相对人来说,是否具有责任能力应从其年龄和智力状态等方面判断。目前我国《行政处罚法》第25条、第26条分别规定了不满14周岁的人有违法行为和精神病人在不能辨认或者不能控制自己行为时有违法行为的,不予行政处罚。据此,不满14周岁的未成年人和精神病人即使违反环境行政法律并造成污染或破坏环境的后果也不承担行政处罚责任。

2. 主观方面

环境行政相对人的环境行政责任的主观方面,指环境行政相对人实施行为时的心理状态,主要包括故意和过失两种形式。环境行政相对人的环境行政责任,必须以相对人主观上具有过错为要件:日常生活中大多数资源破坏型行政违法行为如禁渔期捕捞、盗伐林木属于故意,抗拒环境监管型行政违法行为也属于故意。污染环境型行政违法行为的主观状态既可能是故意,也可能是过失。

3. 客观方面

环境行政相对人的环境行政责任的客观方面,主要包括环境行政相对人的环境行政违法行为、危害后果及行为与后果之间的因果关系。我国《环境保护法》规定环境行政相对人的环境行政违法行为有多种,如拒绝或谎报国务院环境保护行政主管部门规定的有关污染物排放申报事项、不按国家规定缴纳排污费、将产生严重污染的生产设备转移给没有污染防治能力的单位使用等。在环境行政相对人的环境行政责任构成中,危害后果及因果关系是选择性要件。在法律规定造成危害后果才承担环境行政责任的情况下,就需要判断行政违法行为与危害后果之间是否存在因果关系。

三、环境行政制裁

环境行政处罚与环境行政处分都是因违法引起的行政制裁,但两者在实施处罚的机关、违法行为的性质、处罚的对象、处罚的形式等方面有着明显的区别(见表6-1)。

表6-1 环境行政处罚与环境行政处分的区别

类型 区别	环境行政处罚	环境行政处分
实施处罚机关不同	环保行政主管机关或依法对环保负有监督管理职责的其他行政机关科处	违法失职行为人从属的机关、企业、组织或上级主管机关科处
处罚对象不同	不特定的一般个人或组织	行政机关、企业事业单位内部的工作人员
形式不同	形式不统一,有警告、罚款、责令停止生产或使用、责令重新安装使用、责令停业或关闭等形式	形式统一,有警告、记过、记大过、降级、降职、撤职和开除七种形式

续表

类型 区别	环境行政处罚	环境行政处分
适用的违法行为不同	违反行政法规的行为	除适用一般违法行为,还包括违反内部规章的违纪失职行为,主要是违反环境法"情节较重"的有关责任人员
接受监督的途径不同	可依法通过行政诉讼解决,也可提出行政复议	只能寻求行政救济,即向原处分机关或上级机关提出审查或复议

(一) 行政处分

环境行政处分是指国家行政主体对其系统内人员在行使环境管理职权过程中的违法失职行为所实施的惩戒。其具有以下几个特点。

(1) 政处分是对违法失职行为进行的惩戒。其不同于依据某种规章制度所进行的纪律处分,纪律处分依据的是单位的内部规章制度,而行政处分所依据的是行政法律规范。

(2) 行政处分的实施主体必须是行政机关。行政处分是环境行政主体对行使环境管理权的相关人员的违法失职行为所进行的惩罚,所以它只能由行政机关来实施。

(3) 行政处分是内部责任。行政处分针对的主要人员是国家公务员,所以这种处分实质上是一种内部责任。

依据我国有关环境法律规范规定,下列违法行为的行为人通常要受到行政处分的惩罚:违反法定程序给予行政处分;未依据法定依据给予行政处罚;擅自改变行政处罚种类和幅度;使用非法单据对当事人进行处罚;截留、私分或者变相私分罚没财物;违法实行检查、执行措施给当事人造成人身或者财产损害;利用职务便利索取或者收受他人财物、收缴罚款据为己有尚未构成犯罪;为牟取私利以罚代刑拒不纠正;对应当制止和处罚的违法行为不予以制止和处罚;造成当事人和社会合法权益受到损失但尚未构成犯罪的行为。

目前,行政处分主要是依据《行政处罚法》、《国家公务员暂行条例》等,其形式主要有六种:警告、记过、记大过、降级、撤职和开除。在运用行政处分的过程中需依公务员违法行为的性质、情节和危害后果给予适当的行政处分。处分程序分为主管机关的处分程序与监察机关的处分程序。根据《国家行政机关工作人员奖惩暂行规定》规定,行政机关实施行政处分程序为:提起处分、调查取证、本人申辩、决定处分、批准或备案、执行处分等共六个程序。而根据《监察机关处理不服行政处分申诉的办法》规定,监察机关实施行政处分的程序为下述五个程序:立案、调查取证、本人陈述和辩解、作出监察决定或监察建议、执行等。对于行政处分不服的公务员可在收到处分决定之日起15日内向监察机关申请复审。复审决定应在10个月内作出。对复审决定不服的,可以向上一级监察机关申请复核。上一级监察机关应当在2个月内作出复核决定,这一复核决定为最终复核决定。但在复审、复核期间不停止原行政处分的执行。行政主管机关对行政处分监察建议有异议的,应当在收到建议次日起15日内向提出建议的监察机关提出,监察机关应在15日内作出回复。对回复仍有异议的,由监察机关提请本级政府或上一级监察机关处理。

(二)环境行政处罚

环境行政处罚是指具有法定处罚权的行政主体对违反环境法律规范尚未构成犯罪的行政相对人所实施一种行政制裁。其与环境行政处分相比具有以下几个特征。

(1)环境行政处罚的对象是行政相对人,而环境行政处分制裁的对象是国家公务员。

(2)环境行政处罚的形式是:警告、罚款、责令停产停业、责令重新安装或使用、责令支付消除污染费用、责令赔偿国家损失等;而行政处分的种类是:警告、记过、记大过、降级、撤职和开除等。

(3)环境行政处罚是外部行为,而环境行政处分是内部责任。

(4)受环境行政处罚的行政相对人对该行政处罚可以申请行政复议也可以提起行政诉讼,而公务员对所受的行政处分只能进行申诉。

环境行政处罚包括申诫罚、财产罚、行为罚和人身自由罚等四种。在程序上分为简易程序与一般程序两种。对于违法事实确凿、情节轻微并有法定依据的,对公民处50元以下、对法人或者其他组织处以1000元以下罚款或者警告的可以适用简易程序,这一程序也被称为当场处罚程序。一般程序则包括如下步骤:立案、调查取证、申辩和举行听证、作出处罚决定、执行处罚决定等。行政处罚决定作出后,当事人应当自觉履行处罚决定,对处罚决定不服的,应在60日内申请行政复议或在15日内提起行政诉讼。对于逾期不申请复议,也不提起行政诉讼,又不履行行政处罚决定的,环境行政主管部门可以采取罚款、拍卖查封和扣押的财物、划拨冻结存款、向人民法院申请强制执行等措施促使行政处罚决定真正得到执行。

第三节　环境民事责任

一、环境民事责任的概念和环境侵权的特征

(一)民事法律责任的概念

环境侵权是当今社会比较普遍的一种侵权现象,并且随着经济发展与环境保护之间的矛盾日益突出,环境侵权行为也成为一种与民事责任具有紧密联系的侵权行为。简单的来说,环境民事责任是指环境法律关系主体依照民法规定的法律责任形式所承担的法律后果。由于侧重点和出发的不同,我国环境法研究学者对民事责任的概念有着不同的认识,总结起来主要有三种。

(1)环境违法行为民事责任的概念。这一概念将环境民事责任归入违反环境法的责任,或者直接将环境民事责任称为环境违法行为的民事责任。

(2)环境损害民事责任的概念。这一说法认为环境民事责任是指公民、法人因破坏或污染环境而侵害他人的人身或财产而应承担的民事方面的法律责任。

(3)是环境侵权民事责任的概念。认为环境民事责任是指环境法律关系主体因不履行环境保护义务而侵害了他人的环境权益所应承担的法律后果。

这三种表述的主要区别在于:(1)强调行为的违法性,是以当事人的过错作为承担环境民事责任的基本要件的;(2)和(3)表述在内容上颇为接近,但仔细品味会发现(2)强调的损害,即以损害行为或造成损害后果作为环境民事责任的基本要件;(3)则强调行为人的侵权行为,即以环境侵权作为环境民事责任的基本要件。

环境损害民事责任在理解上存在一个误区,即容易造成将损害结果作为承担民事责任的必然前提,这种说法虽然看似比环境违法民事责任的说法更科学,但在环境民事纠纷中,常见的排除妨碍请求并不要求一定要有损害的结果和事实,况且诸如噪声污染、光污染等行为也往往难以认定损害结果,但这不能排除行为人的环境民事责任。相比之下,环境侵权民事责任的提法更为准确。

环境侵权是指污染或破坏环境,从而侵害他人的人身、财产权益和环境享受等民事权益的行为。

(二)环境侵权的特征

1. 环境侵害主体的特殊性

环境侵害的主体更多的情况下是法人,并且有时还会出现众多的法人(如共同环境侵权)。从这一点来说,与其他民事纠纷、刑事犯罪中侵害主体存在比较大的差异。环境侵权的主体大多数时候是因为经济利益侵犯环境权的,他们通过侵害环境获取了利益,因此大多数的侵权主体拥有较强的经济力量,在旷日持久的环境纠纷诉讼中常常占有较大优势,而且他们的科学技术知识水平与法律援助方面较一般的民众也具有比较大的优势。

2. 环境侵害具有社会性

环境侵害涉及的往往不是一个人的利益,生活在该环境范围内或受该环境影响区域的居民都会因为环境侵害而出现不同程度的生命健康或者财产安全损害,就目前来看这种损害具有长期性,甚至可能影响到子孙后代,具有十分严重的社会危害。从侵害影响的范围和时间来看,其危险程度超过了传统刑法理论中的危险犯,与私益侵害更是不可同日而语。

3. 环境侵害具有价值性

人类具有本能的趋利性,但是环境侵害有时候不仅仅是为获取利益才产生的。有些情况下人类为了改善自己的生存条件和生活条件,会对自然环境造成一定程度的破坏,这种类型的环境侵害的出发点是美好的,从这一点来看环境侵权不能单纯的与故意或过失犯罪相比较。就实际情况来看,大部分情况下的环境侵害都是经济发展的附属产品,纯粹出于故意而制造环境侵害的现象几乎不存在。环境侵权行为虽然是一种侵权行为,但是它是一种有价值的行为,具有一定程度的价值正当性和社会有用性。

4. 环境侵害具有复杂性

从原因方面来说,环境侵害形成的原因较为复杂,并且也是一个长期积累发展的结果,如果想要界限清晰的划定造成环境侵害的负面因素与促进经济发展的正面因素,即几乎不可能,因为在经济发展的过程中这二者有着千丝万缕的联系,并且环境侵害因素也具有一定的社会正当性。这一切使得判断行为主体的合法与违法的可操作性变得越发困难,其复杂程度可想而知。

5. 环境侵害具有缓慢性

环境是自然界的一部分,具有比较强的稳定性,单一因素的影响很难对环境的稳定性造成影响,大多数的环境侵害是多种合法因素长期综合作用而产生的结果。环境具有比较强的稳定性,环境侵害造成的后果从某种意义上来说是一种新的环境,因此它也具有一定的稳定性,即使停止侵害行为其结果也无法迅速消失,因此我们说环境侵害具有缓慢性的特征。

基于法律责任的本质和环境侵害的特征,我们认为环境民事责任是因环境侵害而引起的民事责任,具体而言是因行为人的环境侵害行为而导致的他人人身和财产及其他权益所受侵害而应承担的民事法律后果。

二、环境民事责任的构成要件

传统的民事责任的构成要件表现在四个方面:主观过错、违法行为、损害结果、违法行为与损害结果之间的因果关系。近年来随着对无过错责任研究的不断深入,环境损害的民事责任的构成要件出现了一定的变化,主要包括致害行为、损害结果、致害行为与损害结果之间的因果关系。

(一)致害行为

传统侵权民事责任以侵权行为的违法性为必要条件,行为人只对违法行为承担法律责任。在环境法中,行为的违法性是指行为人违反法律规定所实施的环境污染或资源破坏而给他人人身、财产、环境权益造成损害的行为。随着当代科学技术的迅猛发展和广泛运用,在环境法领域出现了合法行为损害他人人身财产权益的情况。根据环境侵权的特殊性以及立法所采纳的无过错责任原则,只要行为人的行为造成了环境资源被污染和破坏,造成了对他人生命财产安全的危害,既造成了损害事实,即便行为人的行为没有超过国家规定的环境标准,也是违反了国家保护环境、防止污染的规定,该行为人就要对其行为后果承担相应的法律责任。因此,环境侵权民事责任不以致害行为的违法性为必要条件,而是以侵权损害的客观性为承担环境民事责任的必要条件。

(二)损害结果

损害结果是指侵害行为侵犯他人或社会的环境权益所造成的损失和伤害,它是构成环境民事责任必须具备的要件。环境侵权所造成的损害结果包括对人身的损害、财产的损害、精神的损害及环境的损害,凡是行为人对他人造成这些损害,就应当按照我国法律的规定,承担相应的法律责任。财产损害是指因污染环境给他人造成的财物的损失或损毁以及造成人身损害时而引起的财产损失。财产损害根据损失的形态可分为直接损失和间接损失,即既得利益损失和可得利益损失。人身损害是指因污染环境行为侵害他人的生命权、健康权、人格权,造成受害人身体伤害和死亡。精神损害是指受害人因环境侵权行为在精神和心理上产生恐惧、焦躁等精神痛苦。环境损害按对环境的破坏形式可分为环境破坏与环境污染,前者指人类活动使环境发生物理性状的改变,从而致使环境原有的和谐、宁静与优美状态被破坏;后者指人类活动使环境发生生物、化学等根本性质上的不良变化,如排放废气致使空气质量的下降。

此外,"环境损害按环境与人的关系亦可分为生活环境的损害与生态环境的损害,前者指与人类生产生活密切相关的环境损害,典型的如噪声、废气、废水、不良日照等;后者指对由各个环境要素相互联系、作用、制约组成的整个生态系统的破坏,如对某种生物过度捕杀导致食物链失衡所致的生态危机。"[①]

(三)致害行为与损害结果之间的因果关系

传统民事责任要求行为人的违法行为与损害结果之间存在必然的因果关系,但是环境民事责任并不将行为人的违法行为作为构成其法律责任成立的构成要件,因此我们将其表述为致害行为与损害结果之间的因果关系,更能符合环境民事责任的特殊性要求。环境污染与破坏行为与损害结果之间的因果关系是一个比较复杂的问题,不同的学者对它的认识也不同。目前国内外关于环境侵权因果关系的学说主要有以下几种。

1.优势证据说

优势证据说是在借鉴英美法的相关环境因素因果关系理论的基础上所提出的一种观点。该理论认为,在环境侵权诉讼中,只要有一方当事人所提出的证据达到了比另一方当事人所提出的证据更为有利和优越的程度,也就是达到了法律上所要求的证明程度,就不再要求以严密的科学方法来证明因果关系。

2.比例规则说

比例规则说就是根据侵权行为人对受害人造成损失的原因的大小,来认定其承担赔偿责任的比例。比例规则说是英美法上的概念,这种理论认为"证明责任不需要存在,根据该规则,环境侵权行为人只承担由其侵权行为所导致原告损失的那部分赔偿责任。避免了在环境侵权诉讼中原告获得意外的收获或者根本得不到赔偿这两种极端"。

3.盖然性学说或事实推定说

该学说主张,"在环境侵权诉讼中,因果关系存在与否的举证,无须以严

---

① 蔡守秋.环境资源法教程.北京:高等教育出版社,2004,第397页

密的科学方法证明,只要达到盖然性程度即可。所谓盖然性程度是指在侵权行为与损害结果或不良状态之间只要有'如无该行为,就不会发生此结果'的某种程度的盖然性(可能性),即可认为有因果关系存在。"[1]依照这种学说,受害人只要证明:行为人排放的污染物已到达损害地并发生了作用;该地有多数同样的损害发生。法院可据此推定因果关系的存在。除非被告能举出反证来证明因果关系不存在,否则就不能免除民事责任。

4. 疫学因果说

疫学因果说是指疫学上可能考虑的若干要素,利用统计的方法,调查各因素与疾病之间的关系,选择相关性较大的因素,对其作综合性的研究,由此判断其与结果之间有无关系。判断疫学因果关系的四个相互关联的依据为"该因子在发病前存在且是有作用的;该因子作用的程度越显著,则该病患者的比率越高;该因子在一定程度上被消除,则该病患者的比率及病重程度下降;该因子作为原因而起作用的机械论务必与生物学的说明不发生矛盾"[2]。

5. 间接反证说

该学说主张,由于环境侵权案件中的因果关联因素较多,如果原告能够证明其中的部分关联事实,其余部分的事实则被推定为存在,而由被告负证明该推定事实不存在的责任。

以上学说虽然其理论内容各不相同,但都贯彻了"因果关系推定"这一原则,从不同角度减轻了原告的举证责任。

三、环境民事责任的承担方式

(一)排除危害

排除危害是指受害公民请求国家环境行政主管部门或人民法院责令造成环境侵害的行为人排除已经发生的危害,这是《民法通则》中规定的一种民事责任方式。例如《水污染防治法》第5条第2款规定:"因水污染危害直接受到损失的单位和个人,有权要求致害者排除危害和赔偿损失。"有学者认为在紧急情况下公民还可进行自力救济要求行为人排除危害。我们认为这一看法值得商榷,因为在紧急情况下公民更适宜做的是如何减少或降低自己的损失,而不是用自力救济的方式要求行为人来排除危害。

---

[1] 张梓太. 环境法律责任研究. 北京:商务印书馆,2004,第100页
[2] 常纪文. 环境法律责任原理研究. 长沙:湖南人民出版社,2001,第220页

(二)恢复原状、返还财产

在资源破坏领域,比如说森林资源,由于森林是一种可再生资源,但是如果超越审批范围砍伐,对行为人则可以通过罚种林木的办法强制其尽力恢复原状。再如《土地管理法》第 76 条规定:"未经批准或者采取欺骗手段骗取批准非法土地的,由县以上人民政府土地行政主管部门责令退还非法占用的土地,对违反土地利用总体规定,擅自将家用地改为建设用地的,限期拆除在非法占用的土地上新建的建筑物和其他设施,恢复土地原状。"但是恢复原状仅限于恢复原状有可能且其成本具有经济上的可行性的情形。对于恢复原状花费巨大的情形不主张进行恢复原状的责任承担方式。而返还财产则是要求行为人将非法占有的他人财产返还给原所有者或占有者的一种民事责任承担方式。

(三)停止侵害

停止侵害是要求环境侵害行为人停止已经进行并仍在进行或是正在进行的环境侵害行为。比如说违法采沙行为、违法开发湿地的行为,当这些行为对周边的百姓的生命安全存在造成危险或财产损害的情形时,受害者有权要求行为人停止侵害。又如《大气污染防治法》第 42 条规定:"对经限期治理逾期未完成治理任务的企业事业单位,除按规定缴纳排污费外,可以根据所造成的危害后果延迟罚款,或者责令停业、关闭。"

(四)赔偿损失

前已述及,环境侵害造成的损失包括人身伤害、财产损失和环境权益损害,在这些损失中除了环境权益的损失难以用金钱进行计算外,人身伤害及财产损失都是可以用金钱进行衡量的。在无法恢复原状、返还财产的情形下,一般应当采用赔偿损失的责任承担方式。这是多数国家最为普遍的环境民事责任承担方式。当然这种损失的赔偿,包括赔偿直接损失和赔偿间接损失。

1. 对财产损失的赔偿

对由于环境侵害而造成的财产损失的赔偿应当进行全额赔偿,即既赔偿受害者的直接损失也赔偿受害者的间接损失,而直接损失往往是极易计算出来的,主要是受害者由于致害人的环境侵害行为而导致的财产减少和灭失,如因环境污染而导致的农作物歉收,因化工厂污染而导致的林农林木的枯死等。间接损失主要是指如果没有环境侵害,财产所有者或管理者能够得到的收入。如林木幼苗因污染死亡后林农预期的收入就不存在了。

2. 由于环境侵害而造成的人身伤害引起的财产损失

由于环境侵害可能造成难以治愈的疾病,受害者为了恢复身体健康需花费大量的金钱进行治疗,同时由于治疗疾病无法正常工作影响其收入,治疗花费的交通费用等都是由于环境侵害而致人身伤害而产生的财产损失。因此,由于环境侵害而致的人身伤害造成的财产损失应当根据人身伤害的程度确定赔偿损失的范围。对于普通的人身伤害应当赔偿以医院出具的单据和诊断书为凭据的医疗费及因误工而致的误工工资及奖金、津贴损失等。而对于因环境侵害而致的身体残疾则除上述费用的赔偿外,尚需赔偿其因丧失劳动能力而无法参与劳动或仅能参与少量劳动而致的收入损失及残疾人必要的生活补助金和后续治疗所需费用,如更换假肢所需费用。如环境侵害造成了受害者死亡则需另外赔偿丧葬费、死者生前扶养的人必要的生活费。

当然由于环境侵害而造成的损失赔偿并非只适用上述某种民事责任承担方式,有时是多种方式并用,有时是只适用其中之一,如非法占地就既可用恢复原状也可同时适用停止侵害的民事责任承担方式。

第四节 环境刑事责任

一、环境刑事责任概念和特点

(一)环境刑事责任的概念

刑事责任是指"犯罪人由于犯罪而依法应当向国家承担的由国家对其行为所作的否定和谴责的强制性义务"[1]。环境刑事责任是刑事责任的一种,指个人或者单位(包括法人和其他组织)因违反环境保护法,严重污染或者破坏环境和自然资源,造成或者可能造成公私财产重大损失、自然环境遭到不可逆转性的破坏,或者人身伤亡的严重后果,触犯刑法构成犯罪所应负的刑事方面的法律后果。在环境法律责任中,刑事责任是最为严厉的一种强制性义务。刑罚是承担环境刑事责任的基本方法。

(二)环境刑事责任的特点

1. 摒弃死刑的应用,以自由刑的刑罚为主

刑法规定对于刑事责任适用的自由刑主要是有期徒刑、拘役和管制,而

---

[1] 马长生.新编刑法学.长沙:湖南人民出版社,1998,第369页

适用于刑事责任的附加刑则只有罚金刑和没收财产。

2. 强调罚金刑的适用

1997年《刑法》规定了并科罚金制、选科罚金制、复合罚金制和单科罚金制,不仅加大了对刑事责任适用并科罚金刑的力度,并将必并科作为刑事责任并科罚金制的主要适用方式。但是,如何适用罚金刑,我国现行刑法并未作出明确规定,只是在其第52条对包括自然人和单位判处罚金的问题上,对罚金数额作了一个抽象的规定,即:"判处罚金,应当根据犯罪情节决定罚金数额。"仅根据犯罪情节这一伸缩性极大的条件决定对犯罪单位判处的具体罚金数额,司法实践的操作性不强。

3. 注重量刑的恰当性

在刑罚的适用过程中,根据情节轻重设定量刑档次。如将盗伐林木罪的量刑档次原来的一个增加到三个,并把原来的情节量化,即由"情节严重"改为"数量较大"、"数量巨大"和"数量特别巨大",便于量刑。

4. 实行"双罚制"

双罚制,即单位犯有破坏环境资源保护罪类中的某具体犯罪时,除对单位追究刑事责任外,还对单位直接负责的主管人员和其他直接责任人员处以该具体犯罪相应的刑罚。

二、环境刑事责任的构成

刑事责任构成是指《刑法》所规定的,为确定某一具体行为是犯罪所必需的客观、主观要件组成的具有特定社会危害性的有机整体。《刑法》规定的组成犯罪构成有机整体的主、客观要件,是刑事责任必须具备的条件。具体包括:

(一)刑事责任的客体

犯罪客体是犯罪行为所侵犯的为刑法所保护的社会关系。我国理论界和实务界对刑事责任的客体均未形成一致的观点。主要有如下几种认识。

(1)环境权说,即"刑事责任侵犯的是国家、法人和公民的环境权"[1]。

(2)环境保护制度说,即"刑事责任的客体为国家对环境保护及污染防治的管理制度"[2]。

---

[1] 陈明义.环境保护法规和论文选编.武汉:武汉大学出版社,1989,第692页

[2] 王秀梅.破坏环境资源保护罪的定罪与量刑.北京:人民法院出版社,1999,第64页

(3)复杂客体说,即"刑事责任侵犯的是公民的所有权、人身权和环境权"[1]。

(4)双重客体说,即"刑事责任的客体是刑法所保护的、而为刑事责任所直接侵犯的人与自然之间的生态关系和为刑事责任所间接侵犯的人与人之间的社会关系"[2]。

(5)广狭义说,即"狭义刑事责任侵犯的客体是国家的环境保护管理秩序,广义刑事责任侵犯的客体为环境权"[3]。

实际上,刑事责任所侵犯的客体是国家环境资源管理制度。这是因为刑事责任具有行政从属性,即危害环境行为是否构成犯罪,全部或部分地决定于是否符合环境行政法上的要求,一般是环境行政违法行为具有的社会危害性已经达到刑法规定的犯罪的程度,依法追究刑事责任的行为即构成刑事责任。

(二)环境犯罪的客观方面

环境犯罪的客观方面,是指环境犯罪行为的客观外在表现,是犯罪行为人在有意识、有意志的心理态度支配下表现在外的事实特征,主要涉及如下几个问题:环境犯罪的行为方式,环境犯罪的危害结果及其在环境犯罪构成中的地位,环境犯罪行为与结果之间的因果关系等等。

依据不同的标准对环境犯罪行为可以有不同的划分:

1. 环境污染与环境破坏

从犯罪手段上,可将环境犯罪行为分为污染环境行为和破坏环境行为两类。

(1)污染环境的行为,是指自然人或单位向环境排放大量污染物质,导致环境质量下降,造成或足以造成严重后果的危险行为。

(2)破坏环境的行为,是指自然人或单位在开发、利用自然环境资源的过程中,非法摄取环境资源,改变或破坏生态平衡,情节严重的行为。常见的破坏环境的行为有非法采矿、破坏性采矿、非法捕捞水产等。

2. 行为犯与结果犯

从环境犯罪的行为状态上分析,环境犯罪行为有行为犯(举动犯和危险犯)和结果犯之分。

---

[1] 邹清平.论危害环境犯罪.法学评论,1996(3)
[2] 付立忠.环境刑法学.北京:中国方正出版社,2001,第 48 页
[3] 杜澎.破坏环境资源犯罪研究.北京:中国方正出版社,2000,第 48 页

(1)举动犯,是指行为人只要实施了法律禁止的行为,不管是否造成了现实的危害结果,也不论是否使犯罪对象处于某种危险之中,即可构成犯罪的情形。如1997年《刑法》第339条规定:"违反国家规定,将境外的固体废物进境倾倒、堆放、处置的,处五年以下有期徒刑或者拘役,并处罚金……"。

(2)结果犯,是指行为人实施了危害环境的行为,并对人体健康、生命和生态环境造成了实际的严重损害结果,才构成犯罪的情形。常见的结果犯环境违法行为行为包括非法捕捞水产品罪、非法占用耕地罪、非法采矿罪、破坏性采矿罪、环境监管失职罪等。

3. 作为犯罪与不作为犯罪

从行为人实际实施犯罪的行为形态看,可将环境犯罪行为分为作为犯罪和不作为犯罪。

(1)作为行为,是指行为人以积极的行动实施了环境保护法律法规所禁止的行为。在法律法规中涉及主体的作为义务时,一般以"严禁……"和"不准……"之类的条款出现,而当事人如果实施了这些行为,即构成了作为犯罪。

(2)不作为,是指以消极的、抑制的形式表现的具有法律意义的行为。一般认为,不作为特定义务的来源有:法律上的明文规定;职业或业务上的要求;行为人先前的行为。不作为犯罪,则是指以不作为形式实现的犯罪,即负有特定法律义务,能够履行该义务而不履行,因而危害社会,依法应当受到刑罚处罚的行为,如环境监管失职罪是典型的不作为环境犯罪。而除此以外的环境犯罪行为,基本上都是作为犯罪。

(三)环境犯罪的主体

环境犯罪的主体是指实施了危害社会行为的组织和个人。我们这里所说的个人是指达到法定年龄,能够独立承担民事责任和刑事责任的自然人。对于组织能否成为环境犯罪的主体,《刑法》在第六章"妨害社会管理秩序罪"第六节"破坏环境资源保护罪"第346条专门进行了规定,依据该规定组织能够成为环境犯罪的主体。至于组织犯罪如何实施,即组织中的哪些人员可以代表组织实施犯罪,他们的行为与意志的关系如何,组织犯罪的罪过形式、犯罪目的如何等等,法律并未明确规定。一般认为,组织犯罪的主体有两个:一种是组织,另一种是组织中的自然人。而组织中的自然人主体应是组织的代表人、代理人或组织其他成员。组织犯罪与组织自然人犯罪的主要区别即在于其主观方面,只要组织成员或其他自然人秉承组织的意志并为了组织的利益实施犯罪,即应视为组织犯罪。

第六章　环境法律责任

（四）环境犯罪的主观方面

犯罪的主观方面是行为构成犯罪的必要条件，是行为人承担刑事责任的主观基础，它是犯罪主体对自己行为的危害结果所持的心理态度。其罪过形式有两种：犯罪故意和犯罪过失。我国《刑法》第 14 条和第 15 条分别对犯罪故意和犯罪过失做出了明确规定："明知自己的行为会发生危害社会的结果，并且希望或者放任这种结果发生，因而构成犯罪的，是故意犯罪。""应当预见自己的行为可能发生危害社会的结果，因为疏忽大意而没有预见，或者已经预见而轻信能够避免，以致发生这种结果的，是过失犯罪。"

此外，《刑法》分则中的一些条款还规定，特定的犯罪目的、犯罪动机是某一项犯罪行为成立的主要主观构成因素，如非法收购盗伐、滥伐林木罪。但 2002 年第九届全国人大常委会第 31 次会议通过的《刑法修正案》废除了"以牟利为目的"，所以在环境犯罪中，目的只能是与动机一样，属于量刑情节。

三、环境资源刑事责任的承担

《刑法》以及《最高人民法院、最高人民检察院关于执行〈中华人民共和国刑法〉确定罪名的补充规定》对我国有关环境资源的主罪名进行了明确的规定，我们以此为基础，对我国环境刑事责任的承担方式进行详细的分析。

（一）重大环境污染事故罪

重大环境污染事故罪，是指违反国家规定，向土地、水体、大气排放、倾倒或者处置有放射性的废物、含传染病原体的废物、有毒物质或者其他危险废物，造成重大环境污染事故，致使公私财产遭受重大损失或者人身伤亡的严重后果的行为。从被危害的环境要素看，可称为污染环境罪，并具体分为污染土地罪、污染水体罪、污染大气罪三种。该罪的主体，既可以是个人，也可以是组织。其主观方面，对于所侵害的直接对象——环境所造成的污染来说，行为人既可能出于故意，也可能出于过失。但对于行为的间接后果——造成重大环境污染事故，致使公私财产遭受重大损失或者人身伤亡的严重后果来说，行为人只能是过失，而不能是故意。如果行为人明知其行为会造成重大环境污染事故，致使公私财产遭受重大损失或者人身伤亡的严重后果，而又故意从事这种行为，就构成危害公共安全罪或危害公共卫生罪，而不构成污染环境罪。该罪侵害的客体是财产权、人身权，也有人认为是国家环境污染防治的管理秩序。其客观方面,行为人须具有违反国家规定向土地、水体、大气排放、倾倒或者处置有放射性的废物、含传染病原体的废物、有毒物质或者其他危险废物的行为,并造成重大环境污染事故,致使公私财产遭受重大损失或者人身伤亡的严重后果。如果行为人向土地、水体、大气排放、倾倒或者处置的是一般废物,如生活垃圾,或者虽然排放、倾倒或者处置的是有放射性的废物、含传染病原体的废物、有毒物质或者其他危险废物,但未造成重大环境污染事故,未致使公私财产遭受重大损失或者人身伤亡的严重后果,都不构成此罪。此种犯罪,依照《刑法》第338条规定,处3年以下有期徒刑或者拘役,并处或单处罚金;后果特别严重的处3年以上7年以下有期徒刑,并处罚金。

投放危险物质罪,是指投放毒害性、放射性、传染病病原体等物质,危害公共安全的行为。根据《最高人民法院、最高人民检察院关于执行〈中华人民共和国刑法〉确定罪名的补充规定》的规定,此罪分为"投放危险物质罪(取消投毒罪罪名)"和"过失投放危险物质罪(取消过失投毒罪罪名)"。投放危险物质罪侵犯的客体是公共安全,主观方面是故意,包括直接故意和间接故意。过失投放危险物质罪的主观方面是过失。根据《刑法》的规定,投毒或者以其他危险方法破坏公私财产、危害公共安全,尚未造成严重后果的,处3年以上10年以下有期徒刑;致人重伤、死亡或者使公私财产遭受重大损失的,处10年以上有期徒刑、无期徒刑或者死刑;过失犯前款罪的,处3年以上7年以下有期徒刑;情节较轻的,处3年以下有期徒刑或者拘役。2009年8月14日,江苏省盐城市盐都区人民法院以投放毒害性物质罪(即投放危险物质罪),一审判处盐城市原盐城市标新化工有限公司董事长胡文标有期徒刑10年,判处原盐城市标新化工有限公司生产厂长兼车间主任丁月生有期徒刑6年。这是我国首次以投放毒害性物质罪(即投放危险物质罪)的罪名对违规排放造成重大环境污染事故的当事人判刑。而在此前,类似的污染事件均以重大环境污染事故罪追究刑事责任。

(二)非法处置进口的固体废物罪

非法处置进口的固体废物罪,是指违反国家规定,将境外的固体废物进境倾倒、堆放、处置的行为。其犯罪主体,既可以是组织,也可以是个人。其主观方面表现为故意,过失行为不构成此罪。客观方面表现为违反国家规定,将中华人民共和国境外的固体废物转移至中华人民共和国境内倾倒、堆放、处置的。对这种行为,不管是否造成污染后果,都应追究刑事责任。依照《刑法》第339条的规定,处5年以下有期徒刑或者拘役,并处罚金;造成重大环境污染事故,致使公私财产遭受重大损失或者严重危害人体健康的,处 5 年以上 10 年以下的有期徒刑,并处罚金;后果特别严重,处 10 年以上的有期徒刑,并处罚金。

(三)走私废物和擅自进口固体废物罪

走私废物罪,是指逃避海关监管将境外固体废物、液态废物和气态废物运输进境的犯罪。根据《刑法》第 152 条的规定,对情节严重的,处 5 年以下有期徒刑,并处或者单处罚金;情节特别严重的,处 5 年以上有期徒刑,并处罚金。组织犯罪的,对组织判处罚金,并对其直接负责的主管人员和其他直接责任人员,依法进行处罚。以原料利用为名,进口不能用作原料的固体废物的,按照《刑法》第 152 条以走私罪论处。

擅自进口固体废物罪,是指未经国务院有关主管部门许可,擅自进口固体废物用作原料,造成重大环境污染事故,致使公私财产遭受重大损失或者严重危害人体健康的行为。此种犯罪,依照《刑法》第 339 条的规定,处 5 年以下有期徒刑或者拘役,并处罚金;后果特别严重的,处 5 年以上 10 年以下有期徒刑,并处罚金。

(四)非法捕捞水产品罪

非法捕捞水产品罪,是指违反保护水产资源法规,在禁渔区、禁渔期或者使用禁用的工具、方法捕捞水产品,情节严重的行为。所谓"情节严重",是指非法捕捞数量较大,屡教不改,抗拒有关部门管理,造成严重后果的等。此种犯罪,依照《刑法》第 340 条的规定,处 3 年以下有期徒刑、拘役、管制或者罚金。

(五)非法猎捕、杀害珍贵、濒危野生动物罪

《刑法》第 341 条规定:非法猎捕、杀害国家重点保护的珍贵、濒危野生动物的,处五年以下有期徒刑或者拘役,并处罚金;情节严重的,处 5 年以上 10 年以下有期徒刑,并处罚金;情节特别严重的,处 10 年以上有期徒刑,并处罚金或者没收财产。所谓珍贵、濒危野生动物是指国家重点保护的野生动物,包括珍贵、濒危的陆生野生动物和水生野生动物,分为国家一级保护野生动物和二级保护野生动物。

(六)非法收购、运输、出售珍贵、濒危野生动物及其制品罪

《刑法》第 341 条规定:非法收购、运输、出售国家重点保护的珍贵、濒危野生动物及其制品的,处五年以下有期徒刑或者拘役,并处罚金;情节严重的,处 5 年以上 10 年以下有期徒刑,并处罚金;情节特别严重的,处 10 年以上

上有期徒刑,并处罚金或者没收财产。

(七) 非法狩猎罪

非法狩猎罪,是指违反狩猎法规,在禁猎区、禁猎期或者使用禁用的工具、方法狩猎,破坏野生动物资源,情节严重的行为。其侵害的对象是非国家重点保护野生动物。"违法狩猎"表现为未取得狩猎证而狩猎或者超过猎捕量限额狩猎,在自然保护区、禁猎区、禁猎期内狩猎,使用禁用的猎捕工具、方法狩猎,等等。"情节严重"主要是指:非法狩猎,数额较大;经常非法狩猎,屡教不改;非法狩猎,不听劝阻,抗拒管理,行凶殴打管理人员;等等。此种犯罪,依照《刑法》第341条第2款规定,处3年以下有期徒刑、拘役、管制或者罚金。

(八) 非法占用农用地罪

非法占用农用地罪,是指违反土地管理法规,非法占用农用地,改作他用,数量较大,造成农用地大量毁坏的行为。犯罪主体既可以是组织,也可以是个人。主观方面表现为故意,客观方面表现为违反国家土地管理法规,将耕地、林地等农用地改作他用,且数量较大,并造成农用地大量毁坏的行为。此种犯罪,依照《刑法》第342条规定,处5年以下有期徒或者拘役,并处或者单处罚金。

(九) 非法采矿罪、破坏性采矿罪

非法采矿罪和破坏性采矿罪可以称为破坏矿产资源罪,是指行为人违反矿产资源法的规定,擅自开采其无权开采的矿产资源并拒绝停止开采或者采取破坏性的开采方法开采矿产资源,造成矿产资源破坏或者严重破坏的行为。

非法采矿、破坏矿产罪主要表现在两个方面:一是违反矿产资源法的规定,擅自开采其无权开采的矿产资源,经管理部门责令停止开采后拒不停止开采,造成矿产资源破坏;二是违反矿产资源法的规定,采取破坏性的开采方法开采矿产资源,造成矿产资源严重破坏。前者构成非法采矿罪,后者构成破坏性采矿罪。

我们所说的"擅自开采其无权开采的矿产资源"包括:未取得采矿许可证而开采矿产资源;未经国务院有关主管部门批准,进入国家规划矿区、对国家经济有重要价值矿区开采矿产资源;进入他人矿区开采矿产资源;未经国务院有关主管部门批准,开采国家实行保护性开采的特定矿种。

(十)非法采伐、毁坏国家重点保护植物罪,非法收购、运输、加工、出售国家重点保护植物、国家重点保护植物制品罪

该罪是指违反国家规定,非法采伐、毁坏珍贵树木或者国家重点保护的其他植物的,或者非法收购、运输、加工、出售珍贵树木或者国家重点保护的其他植物及其制品的行为。此种犯罪依照《刑法》第 344 条规定,处 3 年以下有期徒刑、拘役或者管制,并处罚金;情节严重的,处 3 年以上 7 年以下有期徒刑,并处罚金。

(十一)盗伐林木罪、滥伐林木罪

盗伐林木罪,是指违反森林法规,以非法占有为目的和秘密的方式砍伐国家、集体或者他人森林或者其他林木,数量较大的行为。构成本罪,依照《刑法》第 345 条第 1 款规定,处 3 年以下有期徒刑、拘役或者管制,并处或者单处罚金;数量巨大的,处 3 年以上 7 年以下有期徒刑,并处罚金;数量特别巨大的,处 7 年以上有期徒刑,并处罚金。

滥伐林木罪,是指违反森林法的规定,无采伐许可证或者未按照采伐许可证规定的地点、数量、树种、方式而任意采伐组织所有或者管理,或者本人自留山上的森林或者其他林木,数量较大的行为。构成本罪,依照《刑法》第 345 条第 2 款规定,处 3 年以下有期徒刑、拘役或者管制,并处或者单处罚金;数量巨大的,处 3 年以上 7 年以下有期徒刑,并处罚金。

《刑法》第 345 条第 4 款规定:"盗伐、滥伐国家级自然保护区内的森林或者其他林木的,从重处罚。"

(十二)非法收购、运输盗伐、滥伐林木罪

非法收购、运输盗伐、滥伐林木罪,是指违反森林法规,非法收购、运输明知是盗伐、滥伐的林木,情节严重的行为。此种犯罪,处 3 年以下有期徒刑、拘役或者管制,并处或者单处罚金;情节特别严重的,处 3 年以上 7 年以下有期徒刑,并处罚金。

第七章 环境法学实务研究——我国环境法系

我国近现代环境法的最早规范是1973年8月由国务院颁发的《关于保护和改善环境的若干规定》，这是我国第一个综合性的环境保护行政法规。1979年颁布《中华人民共和国环境保护法（试行）》后，我国环境法制建设的步伐不断加快，一系列与之相配套的法律、法规纷纷面世，使环境法成为我国法律体系中发展最为迅速的部门法。我国环境法体系的特点是：重实体规定、程序规范相对欠缺，部门立法较丰富而地方和区域立法相对不足，不同部门和层次的环境立法整合性有待提高，一些空白领域亟待填补。

第一节 环境污染防治法系

环境污染是指人类在生产和生活活动中，向环境中排入了超过环境自净能力的物质或能量，使得环境化学、物理、生物等性质发生变异，从而导致环境质量下降，破坏了生态平衡或者危害了人类正常生存和发展的条件。公害主要指由于环境污染而造成的对人类生活环境的一种社会性危害。防治环境污染和其他公害，主要针对的是由于人类活动所造成的对环境的污染和危害。环境要素污染和有毒有害物质污染是对环境污染和其他公害的基本分类。环境要素污染防治法是环境法的一个子系统。有毒有害物质污染是指对于人体或环境难以降解或不能降解的那些污染物质所造成的环境污染和危害。有毒有害物质污染防治与清洁生产和建立循环经济相结合是当代环境保护的发展方向。

一、大气污染防治法

（一）大气污染防治法概述

大气污染是指由于自然和人为的原因造成大气成分发生的不利于人类和其他生物的改变。大气污染是由污染源排放污染物造成的。污染源包括自然污染源和人工污染源两种。自然污染源对大气的污染，如火灾、地震、尘暴等对大气的污染，是人类无法控制的，因而法律无法进行调整。人工污染源对大气的污染是《大气污染防治法》所指的大气污染，包括工厂、锅炉、燃煤、机动车船等污染源向大气排放的颗粒物、二氧化硫、一氧化碳、氮氧化物、碳氢化合物、硫化氢、氟化物、臭氧、光化学烟雾、恶臭等造成的对大气的不利于人类和其他生物的改变。这种污染,对人体健康、动植物、气候、房屋、机器设备等都构成巨大的危害,如果不下大力气加以治理,将难以保障大气环境的自然演变过程,最终威胁到人类的生存、动植物的生存,无法实现人类社会的可持续发展。

我国大气污染防治立法起步较早。1956年国务院就颁布了《关于防止厂矿企业中矽尘危害的决定》,1962年国家计委和卫生部颁发了《工业企业设计卫生标准(试行)》,但这只是防止企业内部空气中污染物对职工危害的劳动法规,不属于真正的环保法规。20世纪70年代,大气污染防治以改造锅炉和消烟除尘为主要内容。国家计委、建委、卫生部联合发布了《工业"三废"排放试行标准》,规定了二氧化硫、一氧化碳等十三种有害物质的排放标准。1979年《环境保护法(试行)》首次对大气污染防治作了原则性规定。1979年9月30日,卫生部、国家建委、国家计委、国家经委和国家劳动总局联合颁布了经过修订的《工业企业设计卫生标准》,这是我国最早颁布的工业区大气环境质量标准和车间空气质量标准。20世纪80年代以来,防治工作的重点转向了改变城市能源结构和煤炭的加工改造方面,特别是大力发展型煤燃烧。国家先后颁布了《关于结合技术改造防止工业污染的几项规定》、《关于防治煤烟型污染技术政策的规定》、《大气环境质量标准》、《锅炉烟尘排放标准》、《汽油车怠速污染物排放标准》等。1987年全国人大常委会制定了《中华人民共和国大气污染防治法》,并先后于1995年、2000年进行了修改。

(二)大气污染防治法的主要法律规定

1. 大气污染防治的监督管理制度

《大气污染防治法》对大气污染防治监督管理制度设专章(第二章)作了规定。首先,大气污染防治适用污染防治一般法律制度,这些制度有:环境影响评价制度、"三同时"制度、征收超标排污费制度、限期治理制度、排污申报登记制度、淘汰制度、污染事故报告和强制应急措施制度,以及现场检查制度等。

其次,大气污染监测制度是《大气污染防治法》第22条专门设置的一项法律制度,它是指国务院环境保护行政主管部门设立大气污染监测机构并组织监测网络,制定统一的监测方法,以开展全国性的大气污染监测工作评价和掌握大气环境质量和大气污染状况,为大气污染防治提供监测数据和测试技术、方法。"大气监测网络"是指由国家环境保护局牵头,把全国有关部门的监测机构组织起来,分工合作,共同开展大气污染监测活动,然后汇总整理,为制定全国大气环境保护规划和各地大气污染防治计划提供数据和资料。"制定统一的监测方法"是指由国家环境保护局统一制定大气污染的监测方法,以保证监测数据的准确性和可比性。根据该法的授权,国家环境保护局已先后制定了《氮氧化物的测定》、《二氧化硫的测定》等许多基础标准和方法标准。

2. 大气污染防治法的基本制度

(1)大气污染排放总量控制制度

当前在我国许多人口和工业集中的地区,由于大气质量已经很差,即使污染源实现浓度达标排放,也不能遏制大气质量的继续恶化,因此,推行大气污染物排放总量控制势在必行。《大气污染防治法》第3条规定:"国家采取措施,有计划地控制或者逐步削减各地方主要大气污染物的排放总量。地方各级人民政府对本辖区的大气环境质量负责,制定规划,采取措施,使本辖区的大气环境质量达到规定的标准。"第15条规定:"国务院和省、自治区、直辖市人民政府对尚未达到规定的大气环境质量标准的区域和国务院批准划定的酸雨控制区、二氧化硫污染控制区,可以划定为主要大气污染物排放总量控制区。主要大气污染物排放总量控制的具体办法由国务院规定。大气污染物总量控制区内有关地方人民政府依照国务院规定的条件和程序,按照公开、公平、公正的原则,核定企业事业单位的主要大气污染物排放总量,核发主要大气污染物排放许可证。有大气污染物总量控制任务的企业事业单位,必须按照核定的主要大气污染物排放总量和许可证规定的排放条件排放污染物。"

(2)"达标排放、超标违法"制度

我国现行《大气污染防治法》对大气环境质量标准的制定、大气污染物排放标准的制定作出了规定,同时该法率先于其他环境污染防治法律明确了"达标排放、超标违法"的法律地位。该法第13条规定:"向大气排放污染物的,其污染物排放浓度不得超过国家和地方规定的排放标准。"该法第48条规定:"违反本法规定,向大气排放污染物超过国家和地方规定排放标准的,应当限期治理,并由所在地县级以上地方人民政府环境保护行政主管部门处一万元以上十万元以下罚款。"

(3)大气污染重点城市划定制度

《大气污染防治法》第17条规定,国务院按照城市总体规划、环境保护规划目标和城市大气环境质量状况,划定大气污染防治重点城市。

直辖市、省会城市、沿海开放城市和重点旅游城市应当列为大气污染防治重点城市。未达到大气环境质量标准的大气污染防治重点城市,应当按照国务院或者国务院环境主管机关规定的期限,达到大气环境质量标准。

该城市人民政府应当制定限期达标规划,并可以根据国务院的授权或者规定,采取更加严格的措施,按期实现达标规划。

(4)大气污染物监测和预报制度

根据《大气污染防治法》第22~23条规定,国务院环境主管部门建立大气污染监测制度,组织监测网络,制定统一的监测方法。大中城市人民政府环境主管部门应当定期发布大气环境质量状况公报,并逐步开展大气环境质量预报工作。大气环境质量状况公报应当包括城市大气环境污染特征、主要污染物的种类及污染危害程度等内容。

科学的环境空气质量评价和预报工作能更好地为公众提供健康指引,但是长期以来很多地方存在公众主观感观与监测评价结果不完全一致的现象,其主要原因是监测标准较低。为了解决这个问题,2012年修订的《环境空气质量标准》(GB 3095—2012)增设了细颗粒物(PM 2.5)浓度限值和臭氧八小时平均浓度限值规定。

(三)大气污染防治法的主要领域

1. 防治燃煤产生的大气污染

我国能源主要依靠燃煤,防治大气污染应以防治燃煤所产生的烟尘和二氧化硫为主。为此,修订后的《大气污染防治法》设专章(第三章)作了明确的规定,主要包括燃煤污染的一般防治和燃煤二氧化硫污染的特殊防治两个方面的内容:

(1)燃煤污染的一般防治

第一,锅炉产品必须符合标准才能制造、销售或者进口。《大气污染防治法》第27条规定,锅炉制造行业的主管部门应当根据锅炉烟尘排放标准,"在锅炉产品质量标准中规定相应的要求;达不到规定要求的锅炉,不得制造、销售或者进口"。过去我国锅炉产品中没有烟的黑度、尘的浓度等环保指标,一投入使用就成了新的污染源。因此,该条规定从污染源头进行防治,体现了预防为主的原则,可望改变这种现象。

第二,发展集中供热。《大气污染防治法》第28条规定:"城市建设应当统筹规划,在燃煤供热地区,统一解决热源,发展集中供热。"发展集中供热,使用高效、低排污的锅炉,可以节省燃料、减少污染,又可以充分利用余热,方便生产和生活。可见,发展城市集中供热是防治烟尘污染的有效途径。

第三,改进城市燃料结构,推广清洁能源的生产和使用。《大气污染防治法》第25条规定:"大气污染防治重点城市人民政府可以在本辖区内划定禁止销售,使用国务院环境保护行政主管部门规定的高污染燃料的区域。该区域内的单位和个人应当在当地人民政府规定的期限内停止燃用高污染燃料,改用天然气、液化石油气、电或者其他清洁能源。"

(2)对燃煤产生的二氧化硫污染的特殊防治

燃煤除了产生烟尘污染大气环境之外,还会产生二氧化硫并引起酸雨污染,这种污染危害极大,是燃煤污染防治的重点。为防治这种大气污染,《大气污染防治法》作了如下规定:

第一,划定酸雨控制区和二氧化硫污染控制区。《大气污染防治法》第18条规定:"国务院环境保护行政主管部门会同国务院有关部门,根据气象、地形、土壤等自然条件,可以对已经产生、可能产生酸雨的地区或者其他二氧化硫污染严重的地区,经国务院批准后,划定为酸雨控制区或者二氧化硫污染控制区。"可见,划分控制区,不仅要考虑当地的污染状况,还要根据气象、地形等自然条件,考虑是否受异地排污输送的影响和当地经济、社会等因素的影响。划定控制区的目的,是为了强化对酸雨和二氧化硫污染的防治。《大气污染防治法》规定,在控制区内排放二氧化硫的火电厂和其他大中型企业,属于新建项目不能用低硫煤的,必须建立配套脱硫、除尘装置或者采取其他控制二氧化硫排放、除尘的措施。属于已建企业不用低硫煤的,应当采取控制二氧化硫排放、除尘的措施,如采用先进的脱硫、除尘技术,改造炉灶提高热效率等。此外,《大气污染防治法》还规定:"企业应当对燃料燃烧过程中产生的氮氧化物采取控制措施。"

第二,推行煤炭洗选加工,限制高硫份和高灰份煤炭开采。《大气污染防治法》第24条规定:"国家推行煤炭洗选加工,降低煤的硫份和灰份,限制高硫份、高灰份煤炭的开采。"为了降低煤的硫份和灰份,除了限制高硫份、高灰份煤炭的开采之外,《大气污染防治法》还规定,新建的所采煤炭属于高硫份、高灰份的煤矿企业,必须建设配套的煤炭洗选设备;对已建成的所采煤炭属于高硫份、高灰份的煤矿企业,必须建设配套的煤炭洗选设备,应当按照国务院批准的规划限期建成。此外,《大气污染防治法》还规定,国家禁止一切单位和个人开采含放射性和砷等有毒有害物质超过规定标准的煤炭。这些有毒有害物质均不可能通过洗选程序而去除其危害性。

第三,对新建企业排放实行严格控制。《大气污染防治法》第30条规定:"新建、扩建排放二氧化硫的火电厂和其他大中型企业,超过规定的污染物排放标准或者总量控制指标的,必须建设配套脱硫、除尘装置或者采取其他控制二氧化硫排放、除尘的措施。"

2.防治机动车船排放污染

在2000年修订的《大气污染防治法》中新增加了第四章,共4条,对防治机动车船排放污染作了专门规定。主要包括以下措施:

(1)任何单位和个人不得制造、销售或者进口污染物排放超过规定标准的机动车船。

(2)在用机动车不符合制造当时的在用机动车污染物排放标准的,不得上路行驶。

(3)鼓励生产和消费使用清洁能源的机动车船,鼓励和支持生产、使用优质燃料油,限期停止生产、进口、销售含铅汽油。

(4)委托已取得公安机关或有关主管部门资质认定的承担机动车年检的单位,按照规范对机动车船排气污染进行年度检测等。

3. 防治废气、尘和恶臭污染

《大气污染防治法》第五章为防治废气、尘和恶臭污染,共10条,规定了除尘、回收利用、绿化以及其他防治污染的措施。

(1)除尘措施

《大气污染防治法》第三十六条规定:"向大气排放粉尘的排污单位,必须采取除尘措施。严格限制向大气排放含有毒物质的废气和粉尘;确需排放的,必须经过净化处理,不超过规定的排放标准。"

(2)回收利用措施

《大气污染防治法》第三十七条规定,工业生产中产生的可燃性气体应当回收利用,不具备回收利用条件而向大气排放的,应当进行防治污染处理。因回收利用装置不能正常作业确需排放可燃性气体的,应当将排放的可燃性气体充分燃烧或者采取其他减轻大气污染的措施。

(3)其他具体措施

第一,向大气排放含硫化物气体的,应当配备脱硫装置或采取其他脱硫措施。

第二,向大气排放含放射性物质的气体和气溶胶,不得超过规定的排放标准。

第三,向大气排放恶臭气体的单位,必须采取措施防止周围居民区受到污染。

第四,向大气排放粉尘的单位,必须采取除尘措施。

第五,禁止在人口集中地区和其他需要特别保护的区域焚烧沥青、油毡、橡胶、塑料、皮革以及其他产生有毒有害烟尘和恶臭气体的物质。

第六,运输、装卸、贮存能够散发有毒有害气体或者粉尘物质的,必须采取密闭措施或者其他防护措施。

第七,采取扩大人均占有绿地面积等防治扬尘污染的措施。

第八,城市饮食服务业的经营者,必须采取措施防治油烟对附近居民居住环境造成污染。

第九,国家鼓励、支持消耗臭氧层物质替代品的生产和使用等。

可喜的是,修订后的《大气污染防治法》对一些落后生产方式和落后习俗造成的大气污染规定了防治措施。例如,农民常年习惯于将稻草、麦秸等堆放在农田烧毁,各单位打扫公共卫生区焚烧落叶和纸屑等可燃物品,城乡居民对死亡亲属的遗物的焚烧,其滚滚浓烟给大气造成的污染,都作了相应的禁止规定。

此外,《大气污染防治法》第六章规定了各种污染大气环境的违法行为应当承担的法律责任,共20条,占了全部法律条文的近1/3。这是目前为止规定法律责任最详尽的环境污染防治法。除了依法承担民事责任、刑事责任和给予警告、行政处分、纪律处分等责任形式以外,《大气污染防治法》规定了大量的行政处罚措施,包括罚款、责令停止违法行为、限期改正、责令停止生产或者使用、限期治理、责令改正、责令停业、责令关闭、责令拆除、没收违法所得、没收销毁、取消承担机动车船年检的资格、责令停工整、顿、取消生产进口配额、责令限期建设配套设施、责令退回挪用款项等。原来在《大气污染防治法》中创立的大气污染罪,因1997年修订的《刑法》第三百三十八条规定了重大环境污染事故罪,本次修订时已经删除。

(四)典型案例及其评析

【案例】

2012年4月4日,以苯乙烯为主要生产原料的浙江省杭州市某塑料化工公司因违规操作,发生苯乙烯泄漏事故,苯乙烯直接流入沉淀池内,并外泄流入排水沟。苯乙烯散发出的气味影响到距离该公司仅150米的某小学,致使刘某等407名学生出现头晕、头痛、恶心、腹痛、咳嗽等症状。这些学生先后被送往当地医院检查,其中有20人住院观察。4月12日,浙江省、杭州市两级疾病预防控制中心的专家对某小学全体师生和该公司职工进行体检后认为,某小学师生出现的症状是该公司苯乙烯泄漏引起的一过刺激性反应,无苯乙烯急、慢性中毒诊断依据。

事故发生后,经过当地政府会同有关部门对事故进行行政处理,该公司已停产整顿,并支付了学生医疗、检查等费用合计132 406.80元。但刘某等407名学生认为该公司已严重侵害并继续威胁着他们的人身财产权益,故诉诸法院要求该公司停止排放包括苯乙烯在内的含热废水,赔偿其经济损失及精神损害人民币766万元。

人民法院经审理查明,该公司的废水排放系统符合有关环境保护要求,并据相关部门的报告认定了该公司聚苯乙烯生产项目的废水、废气排放量较少,对周围环境影响不大,属于可接受的风险范围,故作出如下判决:该公司苯乙烯泄漏事故属于污染环境行为,对某小学的师生造成了一定程度的损害,构成侵权,应承担相应的精神损害赔偿责任,故判令该公司赔偿刘某等 407 名学生精神损害抚慰金每人 500 元;该公司已经支付了检查费、医疗费等费用。407 名学生提出的其他经济损失没有具体事实依据,遂不予支持。

【法律剖析】

在本案中,需要特别关注的是无过错责任原则的适用,以及人民法院判决该公司支付精神损害抚慰金的法律依据。

其一,关于无过错责任原则的适用。

环境侵权责任在我国被作为一种特殊侵权责任,适用无过错责任原则。无过错责任原则,即法律规定的、行为人不因其是否存在主观过错而均应承担民事责任的归责原则。环境法在损害赔偿领域确立无过错责任原则有如下方面的主要原因。

(1)适用无过错责任原则,是环境法预防原则在责任归结方面的体现。在环境法中确立无过错责任原则,有利于督促环境法主体更好地约束自己的行为,尽最大的注意义务,从而最大限度地避免环境损害的发生。

(2)适用无过错责任原则,是由环境污染本身特点决定的。由于工业生产和污染过程的复杂性,环境污染涉及非常复杂的科学技术问题,受害方因此往往没有能力证明致害方是否具有主观过错。这样,如果仍然依照一般侵权的情形,实行过错责任原则,就使得受害方在大多数情况下无法获得应有的损害赔偿。因此,为了加强对受害方的利益保护,环境损害赔偿领域应当实行无过错责任原则。

(3)适用无过错责任原则,是由环境侵权的特点决定的。环境侵权具有其自身独有的特征,如加害主体与受害主体的不平等性和不可互换性,原因行为的价值性与复杂性,危害后果的严重性、潜伏性和渐进性,侵权过程的复杂性等。[1] 在责任归结方面,"诸多环境损害之案例常常无法归咎于人类错误的行为,而系基于可能涉及的乃是潜在危险的实现"。[2] 因此,有必要在传统侵权行为法之过错责任原则基础上向前迈进一步,确立无过错责任原则,从而为受害者提供有效的法律救济,同时更好地实现保护环境的目标。从理念层面上看,"无过错责任之基本思想乃是对不幸损害之合理分配",[3] 从而也恰好与这一目标相契合。

(4)适用无过错责任原则,是督促企业履行环境保护义务的需要。无过

---

[1] 张梓太.环境法律责任研究.北京:商务印书馆,2004,第 62—68 页
[2] 陈慈阳.环境法总论.北京:中国政法大学出版社,2003,第 511 页
[3] 王泽鉴.民法学说与判例研究.北京:中国政法大学出版社,1998,第 162 页

错责任通过强化污染原因控制者的责任,激励其积极采取措施防治环境污染,从而实现经济效益、社会效益和环境效益的统一,确保可持续发展战略的实现。

(5)适用无过错责任原则,是民法公平原则的体现。企业排放的废弃物是环境污染的根源,但由于现代科技水平所限,企业无法完全消除污染,也无法完全消除污染造成的损害;与此同时,企业却由于此种排污行为获得了经济收益。根据民法上的公平原则,企业不应以损害环境质量和他方的环境权益为代价而实现自身的经济收益。因此,即使在排污企业不具备主观过错的情况下,也应当为其排污行为承担风险并赔偿损失。

无过错责任原则在国际环境法律文件中也有诸多体现。例如,1972年《空间实体造成损失的国际责任公约》规定,发射国对其外空物体在地球表面及对飞行中之航空器所造成之损害,应负给付赔偿之绝对责任。1996年《国际法未加禁止之行为引起有害后果之国际责任条款草案》所规定的赔偿范围是:国际法未禁止的含有通过其物质后果而引起重大跨界损害的风险的活动,以及国际法未禁止的其他引起风险和损害的活动。这就意味着,即使主观上不具备国际法所规定的过错要件,行为主体有时也应承担损害赔偿责任。1999年《关于危险废弃物越境转移及其处置所造成损害的责任和赔偿问题议定书》则规定,出口国应对损害负赔偿责任,直至处置者接管有关危险废物或其他废物时为止;其后处置者应对损害负赔偿责任;如出口国系发出通知者或者未发出任何通知,则出口者便应对损害负赔偿责任,直至处置者接管有关危险废物或其他废物时为止;如果进口国已发出通知说明所列废物为危险废物,但出口国未发出此种通知,且如果进口国系发出通知者或如果没有发出任何通知,则进口者不应对在处置者接管废物之前的时期负责。1999年《南极条约》协商会议也达成共识,应当制定严格赔偿责任,即无须证明经营者的行为是出于故意还是疏忽。

我国《民法通则》第一百零六条规定:"没有过错,但法律规定应当承担民事责任的,应当承担民事责任。"第一百二十四条规定:"违反国家保护环境防止污染的规定,污染环境造成他人损害的,应当依法承担民事责任。"这些规定是我国环境损害赔偿领域适用无过错责任原则的主要法律依据。据此,承担环境侵权责任仅需具备侵权行为、损害事实和侵权行为与损害事实之间的因果关系三个要件,而无须具备主观过错要件。

在本案中,由于该公司实施了污染环境的行为,并造成了客观的损害事实,而且污染行为与损害事实之间存在因果关系,符合承担环境污染损害赔偿责任的三个构成要件,故法院判决该公司承担侵权赔偿责任。

其二,关于精神损害赔偿。

最高法院于2001年发布《关于确定民事侵权精神损害赔偿责任若干问题的解释》后,此种状况得到改变。该《解释》第八条规定:"因侵权致人精神损害,造成严重后果的,法院除判令侵权人承担停止侵害、恢复原状、消除影响、赔礼道歉等民事责任外,可以根据受害人一方的请求判令其赔偿相应的精神损害抚慰金。"第九条规定,精神抚慰金的方式包括残废赔偿金、死亡赔偿金和其他情形的精神抚慰金。这样,"精神抚慰金"成为环境污染精神损害赔偿的法律依据。

在本案中,法院在判决中认为,该公司的污染环境的行为侵害的对象人数众多,并在一定程度上影响了刘某等人正常的学习、生活秩序,故应视为其侵权行为已构成较为严重的损害后果,因此被告公司应承担相应的精神损害赔偿责任。判令污染者赔偿精神损失,这是本案最应关注的问题。

二、水污染防治法

(一)水污染防治法概述

水污染是指水体因某种物质的介入,而导致其化学、物理、生物或者放射性等方面特性的改变,从而影响水的有效利用,危害人体健康或者破坏生态环境,造成水质恶化的现象。

《水污染防治法》中所指的水体,包括河流、湖泊、沼泽、水库、地下水等表层水以及水中的溶解物、悬浮物、水生生物、底泥等,但不包括海洋水体。造成水体污染的物质是水污染物,其种类大致包括物理性污染物、化学性污染物和生物性污染物三类。所谓物理性污染物包括热污染、放射性污染等;化学性污染物包括需氧污染物、植物营养类污染物、油类污染物、酚类污染物、氰化物类污染物、酸、碱和一般无机盐类污染物、重金属类污染物、农药以及其他化学污染物;生物性污染物包括病菌病毒、寄生虫等病原体污染物。在工业化过程中,造成水污染的主要是化学性污染物。

我国在《环境保护法》颁布之前就进行了大量的水污染防治立法工作。国务院环境保护领导小组成立之后,于1975年发出了《关于淮河污染情况和治理意见的报告》,并颁布了一些有关水环境保护的标准,如1976年《生活饮用水卫生标准(试行)》,1979年《渔业水质标准(试行)》、《农田灌溉水质标准(试行)》等。在水污染物排放标准方面,1973年颁布了《工业三废排放试行标准》。

《环境保护法(试行)》规定了水污染防治的基本原则和基本制度,这些规定是其后颁布的水污染防治法规的立法依据。1984年通过《水污染防治法》(分别于1996年、2008年修订),该法适用于中华人民共和国领域内的江河、湖泊、运河、渠道、水库等地表水体以及地下水体的污染防治,海洋污染防治适用《中华人民共和国海洋环境保护法》。2000年3月,国务院制定了《水污染防治法实施细则》,对水污染防治问题作了详细规定。我国目前实行的是2008年修订的《水污染防治法》。与1996年的《水污染防治法》相比,新法在以下方面作出了新的发展:加大政府责任,尤其是地方人民政府在水污染防治方面的责任;明确违法界限,明确超标排污即罚款;强化重点水污染物排放的总量控制制度;全面推行排污许可证制度,进一步规范排污行为;完善水环境监测网络,建立水环境信息统一发布制度;完善饮用水水源保护区管理制度;强化对城镇污水的防治;加强农业和农村水污染防治;强调水污染事故的应对处置;强化对违法排污行为的处罚力度。[①]

(二)水污染防治法的主要法律规定

1. 水污染防治的监督管理制度

我国在水资源与水污染防治方面分别制定了《水法》和《水污染防治法》,并且通过立法确立了两套不同的管理机制。因此,在水污染防治方面,《水污染防治法》第9条规定:"国务院有关部门和地方各级人民政府在开发、利用和调节、调度水资源的时候,应当统筹兼顾,维护江河的合理流量和湖泊、水库以及地下水体的合理水位,维护水体的自然净化能力。"整体而言是实行统一管理与分工负责相结合的管理体制。各级人民政府的环境保护部门是对水污染防治实施统一监督管理。各级交通部门和航政机关是对船舶污染实施监督管理的机关。各级人民政府的水利管理部门、卫生行政部门、地质矿产部门、市政管理部门、重要江河的水源保护机构,结合各自的职责,协同环境保护部门对水污染防治实施监督管理。

2. 水污染防治法的基本制度

(1)重点污染物排放总量控制和排污许可制度

总量控制是指省级以上人民政府对实现水污染物排放不达标(国家规定的水环境质量标准)的水体可实施重点污染物排放的总量控制。这与过去的浓度控制相比是水污染预防的又一进步。因为有些区域或流域的水体,多家企业达标排放污染物后,经过汇集在区域或流域下游可能就发生流域或区域污染排放超标问题了。环境保护较好的一些国家已经走过了污染防治的浓度控制阶段,进入污染预防的总量控制阶段了。与该制度相配套的重点污染物排放量核定制度规定省级政府可以将总量控制指标分配至工

---

① 孙佑海.新《水污染防治法》的新变化.环境保护,2008(3A)

业污染源以达到区域内污染物排放总量控制目标。

排污单位对其排污进行申报登记后,经行政机关核实,对不超标排放污染物的企业和事业单位发给许可证。在排污许可中包括排污许可证和临时排污许可证,排污许可证中的排放标准包括浓度与总量两种标准。对于超标排污的行为则通过征收排污费进行制约。

(2)跨区水污染纠纷行政处理制度

水事纠纷从当事各方关系上来说,可分为两大类:一类是不同行政区域之间发生的水事纠纷,其性质属于行政争端;另一类是单位之间、个人之间、单位与个人之间发生的水事纠纷,这类纠纷属于民事纠纷。

《水法》第56条规定"不同行政区域之间发生水事纠纷的,应当协商处理;协商不成的,由上一级人民政府裁决,有关各方必须遵照执行"。不同行政区域间的水事纠纷,往往涉及水资源的调配、江河的治理、水利规划和水利建设等,有的需要巨额的资金投入,所有这些都需要人民政府和相关主管部门按照统筹兼顾、综合利用的原则处理。跨行政区域水污染纠纷是这类水事纠纷中的一种,是指发生在两个或两个以上的行政区域之间的因水污染而产生的纠纷和矛盾。跨行政区水污染纠纷的原因:复杂多样,许多纠纷是由于各行政区地方政府在有关经济与社会发展计划之间的不协调所导致。因此,《水污染防治法》第28条规定,跨行政区域的水污染纠纷,由有关地方人民政府协商解决,或者由其共同的上级人民政府协调解决。

所谓协商,就是指不同行政区域之间的当事双方在发生水事纠纷后,双方在自愿的基础上,本着团结协作、互谅互让的精神,依照有关法律、行政法规的规定,直接进行磋商,自行解决纠纷。如果双方达成一致意见则协商成功。如果协商不成或者协商达成了协议而一方又反悔,不履行协议,另一方可依照本条的规定提请上一级人民政府处理。

(三)水污染防治法的主要领域

水污染防治应当坚持预防为主、防治结合、综合治理的原则,优先保护饮用水水源,严格控制工业污染、城镇生活污染,防治农业面源污染,积极推进生态治理工程建设,预防、控制和减少水环境污染和生态破坏。

1. 工业水污染防治

国务院有关部门和县级以上地方人民政府应当合理规划工业布局,要求造成水污染的企业进行技术改造,采取综合防治措施,提高水的重复利用率,减少废水和污染物排放量。

国家对严重污染水环境的落后工艺和设备实行淘汰制度。禁止新建不符合国家产业政策的小型造纸、制革、印染等严重污染水环境的生产项目。

违反法律规定建设的,由所在地的市、县人民政府责令关闭。

国家鼓励企业采用原材料利用效率高、污染物排放量少的清洁工艺,以减少水污染物的产生。

2. 城镇水污染防治

城市污水具有排放量大、排放地点集中、污染物种类复杂等特点,如分散处理,经济上不仅不合理且处理效果差。因此世界各国对城市污水都采用集中处理的办法。我国城市污水处理设施的建设比较缓慢,大量污水未经处理而直接排入江河、湖泊。因此建立对城市污水进行集中处理的法律制度,使有关城市污水处理厂的建设、运行管理及污水处理收费纳入法制化轨道,是十分必要的。

依照《水污染防治法》的规定,县级以上地方人民政府统筹安排建设城镇污水集中处理设施及配套管网,提高本行政区域城镇污水的收集率和处理率。

国务院建设主管部门应当组织编制全国城镇污水处理设施建设规划。县级以上地方人民政府建设主管部门应当按照城镇污水处理设施建设规划,组织建设城镇污水集中处理设施及配套管网,并加强对城镇污水集中处理设施运营的监督管理。

城镇污水集中处理设施的运营单位按照国家规定向排污者收取污水处理费用,保证污水集中处理设施的正常运行。向城镇污水集中处理设施排放污水、缴纳污水处理费用的,不再缴纳排污费。收取的污水处理费用应当用于城镇污水集中处理设施的建设和运行,不得挪作他用。由国务院具体规定城镇污水集中处理设施的污水处理收费、管理以及使用的办法。

向城镇污水集中处理设施排放水污染物,应当符合国家或者地方规定的水污染物排放标准。城镇污水集中处理设施的出水水质达到国家或者地方规定的水污染物排放标准的,可以按照国家有关规定免缴排污费。城镇污水集中处理设施的运营单位,应当对城镇污水集中处理设施的出水水质负责。环境保护主管部门应当对城镇污水集中处理设施的出水水质和水量进行监督检查。

此外,建设生活垃圾填埋场,应当采取防渗漏等措施,防止造成水污染。

3. 农业和农村水污染防治

农村环境问题逐渐引起了人们的关注,水环境质量下降是亟待解决的环境问题之一。农村缺少污水处理设施,大量污水未经有效处理直接排到河水中。农业生产集约化造成的化肥、农药、地膜污染和畜禽粪便污染,以及由工业和城乡生活造成的外缘污染也是主要的污染源。这些都直接威胁着广大村民的生存环境与身体健康。因此,法律对防治农村水环境污染作出了规定。

县级以上地方人民政府农业主管部门和其他有关部门,应当采取措施,指导农业生产者科学、合理地施用化肥和农药,控制化肥和农药的过量使用,防止造成水污染。使用农药,应当符合国家有关农药安全使用的规定和标准。运输、存贮农药和处置过期失效农药,应当加强管理,防止造成水污染。

国家支持畜禽养殖场、养殖小区建设畜禽粪便、废水的综合利用或者无害化处理设施。畜禽养殖场、养殖小区应当保证其畜禽粪便、废水的综合利用或者无害化处理设施正常运转,保证污水达标排放,防止污染水环境。从事水产养殖应当保护水域生态环境,科学确定养殖密度,合理投饵和使用药物,防止污染水环境。

向农田灌溉渠道排放工业废水和城镇污水,应当保证其下游最近的灌溉取水点的水质符合农田灌溉水质标准。利用工业废水和城镇污水进行灌溉,应当防止污染土壤、地下水和农产品。

4. 船舶水污染防治

《水污染防治法》第四章第五节对防治内河船舶对水环境的污染作了规定。

为了减少和降低内河船舶作业活动对内河水域的污染,法律明确规定了船舶应当采取的防污措施,规定船舶应当配制相应的防污设备和器材,持有合法有效的防治水域环境污染的证书与文书;进行涉及污染物排放作业时,要严格遵守操作规程并如实记载。

为加强对船舶污染物、废弃物处理单位的管理,法律规定,港口、码头、装卸站和船舶修造厂应当备有足够的船舶污染物、废弃物的接收设施。从事船舶污染物、废弃物接收作业,或者从事装载油类、污染危害性货物船舱清洗作业的单位,应当具备与其运营规模相适应的接收处理能力。

为加强对船舶作业的污染监控,《水污染防治法》规定,船舶进行残油、含油污水、污染危害性货物残留物的接收作业,或者进行装载油类、污染危害性货物船舱的清洗作业;船舶进行散装液体污染危害性货物的过驳作业以及进行船舶水上拆解、打捞或者其他水上、水下船舶施工作业的,应当报作业地海事管理机构批准。在渔港水域进行渔业船舶水上拆解活动的,应当报作业地渔业主管部门批准。

(四)典型案例及其评析

【案例】

2010年7月3日,紫金矿业位于福建上杭县的紫金山铜矿湿法厂发生污水渗漏事故,9100立方米废水外渗引发福建汀江流域污染,造成沿江上杭、永定鱼类大面积死亡和水质污染。环保部等组成的联合调查组初步认定,此次事件是一起由于企业污水池防渗膜破裂导致污水大量渗漏后,通过人为设置的非法通道溢流至汀江而引发的重大突发环境事件。9月30日福建省环境保护厅下发行政处罚决定书,明确了罚款金额(人民币956.3130万元),责令紫金矿业采取治理措施,消除污染,直至治理完成。上杭县县长邱河清等相关责任人被停职或撤职,三人被刑事拘留。

【法律剖析】

这是一起严重的水污染事件,应当适用《环境保护法》、《水污染防治法》及其实施细则等规定。

环境保护部门负责水污染的防治,相关部门分工协作。《水污染防治法》第74条规定,排放水污染物超过国家或者地方规定的水污染物排放标准,或者超过重点水污染物排放总量控制指标的,由县级以上人民政府环境保护主管部门按照权限责令限期治理,处应缴纳排污费数额2倍以上5倍以下的罚款。限期治理期间,由环境保护主管部门责令限制生产、限制排放或者停产整治。限期治理的期限最长不超过一年;逾期未完成治理任务的,报经有批准权的人民政府批准,责令关闭。

2008年修订的《水污染防治法》取消了原来罚款额度不超过100万元的规定,该法第83条规定,对造成重大或者特大水污染事故的,按照水污染事故造成的直接损失的30%计算罚款;对直接负责的主管人员和其他直接责任人员可以处上一年度从本单位取得的收入50%以下的罚款。

2010年6月,最高人民法院发布了《关于为加快经济发展方式转变提供司法保障和服务的若干意见》,明确提出,环保部门可以代表国家向污染者提出损害赔偿诉讼。这实际上从司法程序上为环保部门解除了以往可能存在的诉讼资格不适格的障碍。对于紫金矿业的污染问题,无论是环保部还是福建省环保厅都有权提出公益诉讼。通过诉讼,法院可以责令紫金矿业支付由其污染行为所造成的用于修复环境的所有费用。

三、海洋污染保护法

(一)海洋污染防治法概述

海洋环境也和地球上的其他区域环境一样,处于亟须拯救的危机之中。大气中的污染物质可以经由降水等自然作用沉降于陆地和海洋,陆地上的污染物质可以经由河流进入海洋,海洋只能接受这些污染。作为承受人类所排放的污染物质的最终载体,海洋环境所承受的压力越来越大。而且有些污染物质不能被降解,它们在海洋中长期积累,经生物浓缩和食物链的传递,富集于鱼类、贝类等海洋生物的体内,不仅直接危害海洋生物的健康和繁殖能力,也由于人类对这些海洋生物的捕食而最终威胁到人类的健康。20世纪50年代发生在日本熊本县水俣湾的"水俣病",直接原因就是当地居民长期食用在该湾捕获的已受污染的鱼、贝,摄入了过量的汞。根据联合国环境规划署编制的《全球环境展望3》的考察,海岸和海洋环境的退化从整体来看,"不仅在继续,而且在不断加强"①。2008年,我国海域监测到"赤潮"68起,其中,东海47起,黄海12起,南海8起,渤海1起。无机氧和无机磷的严重超标是形成沿岸水域富营养化的主要原因。除了大量来自陆上的有毒有害物质流入海洋,破坏了海洋生物的栖息环境之外,频繁发生的海上污染事故,如油轮触礁泄油、海洋油井井喷和管道泄漏等,也损害了海洋生态环境和海洋生物资源,给海洋渔业生产造成了严重的损失。2008年,我国沿海发生船舶污染事故136起,累积溢泄量(溢油、含油污水、化学品、油泥等)约155吨。所以,不论是从保护生态的角度出发,还是从维护人类自身的健康考虑,保护海洋环境都已刻不容缓。

根据《联合国海洋法公约》的定义,海洋环境污染是指"人类直接或间接把物质或能量引入海洋环境,其中包括河口湾,以致造成或可能造成损害生物资源和海洋生物、危害人类健康、妨碍包括捕鱼和海洋的其他正当用途在内的各种海洋活动、损坏海水使用质量和减损环境优美等有害影响"。我国《海洋环境保护法》(以下简称《海环法》)对海洋环境污染的认定与该公约的定义相类似。《海环法》关于"海洋环境污染损害"的规定反映了该法对海洋环境污染的理解。第95条规定:"海洋环境污染损害,是指直接或者间接地把物质或者能量引入海洋环境,产生损害海洋生物资源、危害人体健康、妨害渔业和海上其他合法活动、损害海水使用素质和减损环境质量等有害影响。"这些"有害影响"中的"损害海水使用素质和减弱环境质量"等非常明确地属于海洋环境污染。

我国海洋环境保护立法源于20世纪70年代。针对入海河口、海区、港湾、内海和沿岸海域的局部区域环境污染,国务院在1974年就批准制定了《防止沿海水域污染暂行规定》,在有关单位内部试行。1979年,《环境保护法(试行)》第11条要求保护江、河、湖、海、水库等水域,维持水质良好状态,1982年4月国家发布了《海水水质标准》,以防止和控制海水水质污染。20世纪70年代后期,我国参加了《联合国海洋法公约》的起草谈判工作,鉴于国家保护海洋环境和确立防止、减少和控制海洋环境污染的法律措施是《联

---

① 联合国环境规划署.全球环境展望3.北京:中国环境出版社,2002,第6页

合国海洋法公约》生效后的重要内容和缔约国必须履行的国内法义务,我国于 1982 年 8 月参照公约草案的规定制定了第一部综合性海洋环境保护的法律《中华人民共和国海洋环境保护法》,1999 年对其进行了修订。

《海洋环境保护法》适用于中华人民共和国内水、领海、毗连区、专属经济区、大陆架以及中华人民共和国管辖的其他海域;适用于在中华人民共和国管辖海域内从事航行、勘探、开发、生产、旅游、科学研究及其他活动,或者在沿海陆域内从事影响海洋环境活动的任何单位和个人;在中华人民共和国管辖海域以外,造成中华人民共和国管辖海域污染的,也适用该法。《海洋环境保护法》将海洋环境作为一个整体,对防治陆源污染物对海洋环境的污染损害、防治海岸工程建设项目对海洋环境的污染损害、防治海洋工程建设项目对海洋环境的污染损害、防治倾倒废弃物对海洋环境的污染损害、防治船舶及有关作业活动对海洋环境的污染损害五个方面作了规定。修改后的《海洋环境保护法》增设"海洋生态保护"一章,以凸显对海洋生态的法律保护。

国务院制定了一系列条例防治海洋环境污染,主要有:《防止船舶污染海域管理条例》(1983 年)、《海洋石油勘探开发环境保护管理条例》(1983 年)、《海洋倾废管理条例》(1985 年)、《防治海岸工程建设项目污染损害海洋环境管理条例》(1990 年)、《防治陆源污染物污染损害海洋环境管理条例》(1990 年)、《防治海洋工程建设项目污染损害海洋环境管理条例》(2006 年)、《防治船舶污染海洋环境管理条例》(2009 年)。

(二)海洋污染防治法的主要法律规定

1. 海洋污染防治法的监督管理体制

根据法律规定,我国的海洋环境保护工作是一个由有关部门各司其职、分工协作、紧密配合的监督管理体制。《海洋环境保护法》第 5 条规定:"国务院环境保护行政主管部门作为对全国环境保护工作统一监督管理的部门,对全国海洋环境保护工作实施指导、协调和监督,并负责全国防治陆源污染物和海岸工程建设项目对海洋污染损害的环境保护工作。国家海洋行政主管部门负责海洋环境的监督管理,组织海洋环境的调查、监测、监视、评价和科学研究,负责全国防治海洋工程建设项目和海洋倾倒废弃物对海洋污染损害的环境保护工作。国家海事行政主管部门负责所辖港区水域内非军事船舶和港区水域外非渔业、非军事船舶污染海洋环境的监督管理,并负责污染事故的调查处理;对在中华人民共和国管辖海域航行、停泊和作业的外国籍船舶造成的污染事故登轮检查处理。船舶污染事故给渔业造成损害的,应当吸收渔业行政主管部门参与调查处理。国家渔业行政主管部门负责渔港水域内非军事船舶和渔港水域外渔业船舶污染海洋环境的监督管理，负责保护渔业水域生态环境工作，并调查处理前款规定的污染事故以外的渔业污染事故。军队环境保护部门负责军事船舶污染海洋环境的监督管理及污染事故的调查处理。沿海县级以上地方人民政府行使海洋环境监督管理权的部门的职责，由省、自治区、直辖市人民政府根据本法及国务院有关规定确定。"

2. 海洋污染防治法的基本制度

(1) 海洋功能区划和海洋环境保护规划制度

海洋功能区划，是指为了合理使用海域和科学开发海洋资源，依照海洋的自然属性和社会属性以及资源和环境的特定条件所做的主导功能和使用范围的划分，是一种重要的环境功能区划。海洋功能区划的范围包括我国享有主权和管辖权的全部海域、岛屿和必要依托的陆域。它是结合海洋开发利用现状和社会经济发展需要，划分出具有特定主导功能，适应不同开发方式，并能取得最佳综合效益区域的一项基础性工作，是海洋环境管理的基础。

国家海洋行政主管部门会同国务院有关部门和沿海省级人民政府拟订全国海洋功能区划，报国务院批准。沿海地方各级人民政府必须严格遵守海洋功能区划的规定，科学合理地使用海域，不得违反海洋功能区划的规定，乱占、滥用海域。2012年4月25日，国家海洋局公布了国务院批准的《全国海洋功能区划(2011—2020年)》。区划提出了"规划用海、集约用海、生态用海、科技用海、依法用海"这五个用海的指导思想，将我国全部管辖海域划分为农渔业、港口航运、工业与城镇用海、矿产与能源、旅游休闲娱乐、海洋保护、特殊利用、保留等八类海洋功能区，对我国管辖海域未来十年的开发利用和环境保护作出全面部署和具体安排。

国务院根据海洋功能区划制定全国海洋环境保护规划和重点海域区域性海洋环境保护规划。海洋环境保护规划是海洋功能区划的基础，即需要根据不同海域的功能来确定海洋环境保护的整体规划。海洋环境保护规划是海洋环境保护工作的基础和行动方案，制定海洋环境保护规划，有利于海洋环境保护工作有计划、有目的地进行。海洋环境保护规划主要包括：海洋环境保护目标、具体目标方案、海洋环境保护的主要任务、对各部门和沿海各地区的要求、海洋环境保护主要措施、海洋环境保护投资等内容。

(2) 重点海域污染物总量控制制度

《海洋环境保护法》第3条规定，国家建立并实施重点海域排污总量控制制度，确定主要污染物排放总量控制指标，并对主要污染源分配排放控制数量。重点海域是指国家重点保护的海域和已受到严重污染的海域，由《全国海洋功能区划》划定。受控的主要污染物种类是对海域环境质量恶化起主要作用的污染物。有些地方法规如《山东省海洋环境保护条例》、《福建省海域使用管理条例》也规定了较为详细的重点海域污染物总量控制制度。

　　总量控制的核心要求是削减受控的主要污染物的排放总量，采用下达控制指标（即总量削减指标）并附以时限要求的强制实施形式。向海域排放陆源污染物，必须严格执行国家和地方规定的标准和有关规定。在实行总量控制的重点海域，水污染物排放标准的制定除将国家和地方海洋环境质量标准作为重要依据之一外，还应将主要污染物排海总量控制指标作为重要依据。以往陆源水污染物排放标准忽视了海域的纳污能力和区域环境中海域环境的综合要求，出现陆域水污染物排放标准与海域污染物控制脱节的现象。为此，《海洋环境保护法》第 10 条对陆源水污染物排放标准，作出了专门的规定。

　　对超过污染物排放标准的，或在规定的期限内未完成污染物排放削减任务的，或造成海洋环境严重污染损害的，应当限期治理。

　　目前广东、山东、福建、浙江等地均已开展了重点海域污染物总量控制计划。但现行重点海域总量控制法律制度还不完善，在数量和质量方面都存在着较多问题，如法律规则可操作性不强；监管机构不明确；缺乏相关配套管理制度等，这些无疑给当前重点海域防污工作开展带来了困难，需要在立法上逐步完善。

　　(3)海上污染事故报告处理及应急制度

　　沿海县级以上地方人民政府在本行政区域近岸海域的环境受到严重污染时，必须采取有效措施，消除或者减轻危害。国家根据防止海洋环境污染的需要，制定国家重大海上污染事故应急计划。国家海洋行政主管部门负责制定全国海洋石油勘探开发重大海上溢油应急计划，报国务院环境保护行政主管部门备案。国家海事行政主管部门负责制定全国船舶重大海上溢油污染事故应急计划，报国务院环境保护行政主管部门备案。沿海可能发生重大海洋环境污染事故的单位，应当依照国家的规定，制定污染事故应急计划，并向当地环境保护行政主管部门、海洋行政主管部门备案。

　　海洋环境监督管理部门在海上联合执法过程中发现海上污染事故时，应当予以制止并调查取证，必要时有权采取有效措施，防止污染事态的扩大，并报告有关主管部门处理。

　　所有船舶均有监视海上污染的义务，在发现海上污染事故时，必须立即向就近的有海洋环境监督管理权的部门报告。民用航空器发现海上排污或者污染事件，必须及时向就近的民用航空空中交通管制单位报告。接到报告的单位，应当立即向相关海洋环境监督管理部门通报。

因发生事故或者其他突发性事件,造成或者可能造成海洋环境污染事故的单位和个人,必须立即采取有效措施,及时向可能受到危害者通报,并向有海洋环境监督管理权的部门报告,接受调查处理。

(4)船舶油污保险和损害赔偿基金制度

我国是航运大国,也是石油进口大国。近年来,海上石油运输量逐渐增加。大部分进口石油通过海上船舶承运,石油运量的增加和油轮尺度的增大,使船舶发生溢油污染事故风险不断增加,污染处置能力和损害赔偿能力则与石油运输量的增长不相适应。

由于船舶污染事故的损害赔偿数额往往超出船舶责任限制的额度。为了更好地保护污染事故受害人和鼓励航运业的正常发展,国际上一般设立油污保险和船舶油污损害基金,在船舶责任限额不足以补偿受害人时,补偿船舶污染损失。

我国《海洋环境保护法》第66条规定,国家完善并实施船舶油污损害民事赔偿责任制度;按照船舶油污损害赔偿责任由船东和货主共同承担风险的原则,建立船舶油污保险、油污损害赔偿基金制度。实施船舶油污保险、油污损害赔偿基金制度的具体办法由国务院规定。

《防治船舶污染海洋环境管理条例》按照《海洋环境保护法》的相关规定,参照相关国际条约,进一步明确了我国的船舶污染事故损害赔偿机制制度框架和原则要求,采用船舶所有人投保船舶油污损害保险和石油货主摊款设立船舶油污损害赔偿基金的方式,解决船舶油污引起的环境污染及损害赔偿问题,推动了船舶油污损害赔偿机制的建立。

由于《防治船舶污染海洋环境管理条例》对油污保险制度的规定相对比较原则,需要通过制定相应的配套规章,对其予以细化和明确。2010年8月19日,交通运输部发布了《船舶油污损害民事责任保险实施办法》,自2010年10月1日起施行。该实施办法对船舶油污损害民事责任保险制度作了详细规定。交通运输部制定的另一部关于船舶油污损害赔偿基金的规定《船舶油污损害赔偿基金征收和使用管理办法》也在2012年7月1日正式施行。

依据《船舶油污损害民事责任保险实施办法》,在我国管辖海域内航行的以下三类船舶应当参加强制保险:一是一千总吨以上载运非油类物质的船舶;二是所有载运非持久性油类物质的船舶;三是所有载运散装持久性油类物质的船舶。国家海事主管机构是油污保险制度的主管机关。从事中国籍船舶油污损害民事责任险保险机构,无论是商业性保险机构还是互助性保险机构,无论是境外的还是境内的,均应满足相关登记注册、人员、财务状况、赔付能力、服务信誉等要求,并向国家海事管理机构提交相关材料,经国家海事管理机构核实确认后向社会公布。实施办法还对保险额度、保险证书等作了规定。

(三)海洋污染防治法的主要领域

1. 防治陆源污染

海洋环境污染的主要污染源就是陆地污染源(简称陆源),即从陆地向海域排放污染物,造成或者可能造成海洋环境污染的场所、设施等。因此,必须控制陆源污染物(由陆地污染源排放的污染物)对海洋的污染,对之进行防治。《海洋环境保护法》设专章作出具体规定。

(1)达标排放制度

《海洋环境保护法》第29条规定:"向海域排放陆源污染物,必须严格执行国家或者地方规定的标准和有关规定。"向海域排放低水平放射性废水、含病原体的医疗废水、生活污水和工业废水、含热废水等,必须采取防治措施,达标排放。

(2)排污口管理制度

《海洋环境保护法》第30条第1、3、4款规定:"入海排污口位置的选择,应当根据海洋功能区划、海水动力条件和有关规定,经科学论证后,报设区的市级以上人民政府环境保护行政主管部门审查批准";"在海洋自然保护区、重要渔业水域、海滨风景名胜区和其他需要特别保护的区域,都不得新建排污口";"在有条件的地区,应当将排污口深海设置,实行离岸排放",以减轻对近岸海域的污染损害。

(3)排污申报制度

《海洋环境保护法》第32条规定:"排放陆源污染物的单位,必须向环境保护行政主管部门申报拥有的陆源污染物排放设施、处理设施和正常作业条件下排放陆源污染物的种类、数量和浓度,并提供防治海洋环境污染方面的有关技术和资料。排放陆源污染物的种类、数量和浓度有重大改变的,必须及时申报。拆除或者闲置陆源污染物处理设施的,必须事先征得环境保护行政主管部门的同意。"

(4)特殊污染物禁排制度

《海洋环境保护法》第33条规定,禁止向海域排放油类、酸液、碱液、剧毒废液和高、中水平放射性废水以及严格控制向海域排放含不易降解的有机物和重金属的废水。第35条并特别强调"严格控制向海湾、半封闭海及其他自净能力较差的海域"排放"含有机物和营养物质的工业废水、生活污水",以防止引起赤潮等富营养化污染。

另外,《海洋环境保护法》在海洋生态保护部分,还对于防止沿海农田、牧场使用的化学农药、化肥、植物生长调节剂对海洋的污染,防止固体废物、危险废物、大气污染物对海洋环境的污染损害作出了明确的规定。

2. 防治海岸工程污染

海岸工程是指人们在海岸带(自海岸向陆地10公里、向海域15米等深线的范围)上建设的各种工程,如港口码头工程、海涂围垦工程、利用潮汐发电工程等与海洋资源的利用相关的和与海洋资源的利用不相关但在海岸带建设并可能对海洋环境产生不良影响的工程。要求海岸工程建设项目必须严格执行环境影响评价制度及"三同时"制度并且采取正当的手段保护水产资源。海岸工程建设项目的单位,必须在建设项目可行性研究阶段,对海洋环境进行科学调查,根据自然条件和社会条件,合理选址,编报环境影响报告书。环境影响报告书经海洋行政主管部门提出审核意见后,报环境保护行政主管部门审查批准。环境保护行政主管部门在批准环境影响报告书之前,必须征求海事、渔业行政主管部门和军队环境保护部门的意见。海岸工程建设项目的环境保护设施,必须与主体工程同时设计、同时施工、同时投产使用。环境保护设施未经环境保护行政主管部门检查批准,建设项目不得试运行;环境保护设施未经环境保护行政主管部门验收,或者经验收不合格的,建设项目不得投入生产或者使用。兴建海岸工程建设项目,必须采取有效措施,保护国家和地方重点保护的野生动植物及其生存环境和海洋水产资源。

3. 防治海洋工程污染

海洋工程是指在海岸带以外的海域兴建的各种工程,如海洋石油勘探和开发。海洋工程建设项目必须严格执行环境影响评价制度及"三同时"制度,对建设使用材料规定不能使用含超标准放射性物质或者易溶出有毒有害物质的材料。海洋工程建设项目需要爆破作业时,必须采取有效措施,保护海洋资源。海洋石油勘探开发及输油过程中,必须采取有效措施,避免溢油事故的发生。海洋石油钻井船、钻井平台和采油平台的含油污水和油性混合物,必须经过处理达标后排放;残油、废油必须予以回收,不得排放入海。经回收处理后排放的,其含油量不得超过国家规定的标准。钻井所使用的油基泥浆和其他有毒复合泥浆不得排放入海。水基泥浆和无毒复合泥浆及钻屑的排放,必须符合国家有关规定。海洋石油钻井船、钻井平台和采油平台及其有关海上设施,不得向海域处置含油的工业垃圾;处置其他工业垃圾,不得造成海洋环境污染。同时规定海上作业必须防止油类污染。

4. 防止倾倒废弃物污染

倾倒,是指通过船舶、航空器、平台或者其他载运工具,向海洋处置废弃物和其他有害物质的行为,包括弃置船舶、航空器、平台及其辅助设施和其他浮动工具的行为。法律对倾倒废弃物进行了严格的分类,划定了海洋倾废区,并且规定了倾废许可证制度,要求倾废单位履行自身义务,倾废活动的主管部门履行自己的职责,加强对境外废弃物的管理,确保境外废弃物无法入境倾倒。

(四)典型案例及其评析

【案例】

河北省乐亭县地处渤海之滨滦河三角洲,拥有北方地区最大的文蛤养殖场。2010年10月上旬,来自多家企业的污水沿滦河河道和滦乐灌渠大量排放到滦河口、大青河口海,涌入孙某等18名渔民经营的6家海水养殖场,使即将成熟上市的文蛤、青蛤、毛蚶等滩涂贝类、鱼类成批死亡,大部分绝收,经济损失上千万元。事故发生后,秦皇岛引青工程水质监测中心在事故发生的养殖场以及有关企业的14个地点取水,对水质进行测检并出具了水质分析报告。结果表明各养殖场悬浮物均超标。2011年1月4日至2月7日,河北省渔政处乐亭县水产局组织专家对这次渔业污染事故进行了现场调查并出具分析报告。调查报告确认本次渔业污染事故的污染源主要来自滦河中游河北省迁安市的造纸、化工企业,9家企业中的8家企业为污水排放超标企业,致使18名渔民养殖的贝类、鱼类死亡。

2010年5月,孙某等18名渔民将这9家排污企业诉至法院,要求各被告共同赔偿污染损失2000万元,并停止污染侵害。法院认定,9家被告的排污行为与原告的损害结果之间具有直接因果关系,构成了共同的侵权行为,据此作出一审判决,9家被告连带赔偿孙某等18名原告经济损失1365.97万元。

【案例评析】

本案涉及多家企业排污共同造成海水养殖场损失赔偿责任的认定,其中应当着重理解环境标准的法律意义和共同环境侵权责任的承担两方面问题。

其一,环境标准的法律意义。

环境标准,是指国家根据人体健康、生态平衡和经济发展对环境结构和状态的要求,在综合考虑本国自然环境特征、科学技术发展水平和经济条件的基础上,对环境要素间的配比、布局和各环境要素的组成以及进行环境保护工作的某些技术要求加以限定的规范,其主要内容是技术要求和量值规定。环境标准制度,是指法律对环境标准的制定、修订、分类、分级、效力等所作的分类。环境标准制度是环境与资源保护法的基本制度之一。

在我国,环境标准主要包括环境质量标准、污染物排放标准、环境基础标准、环境方法标准和环境样品标准五类。环境质量标准,是指为保护人体健康、社会物质财富安全和生态平衡而对环境中有害物质或因素含量的最高限额和有利环境要素的最低要求所作的规定;污染物排放标准,是指为实现环境质量标准,结合技术、经济条件和环境特点,对允许污染源排放污染物或有害环境能量的最高限额所作的规定;环境基础标准,是对在环境保护工作中具有普遍适用意义的名词术语、符号、规程、指南、导则等所作的规定;环境方法标准,是对环境保护工作中涉及的实验、采样、检查、分析、统计和其他作业的方法所作的规定;环境标准样品标准,是指为了在环境保护工作和环境标准实施过程中标定仪器、检验测试方法、进行量值传递而由国家法定机关制作的能确定一个或多个特性值的物质和材料。在环境与资源保护法中,这五类环境标准具有不同的法律意义。

(1)环境质量标准是针对环境制定的标准,是衡量一个国家或者地区环境是否受到污染的尺度,也是制定污染物排放标准的依据。但是,环境质量标准不是承担民事责任的依据,不具有明确的法律意义。其最直接的原因在于,即使没有达到环境质量标准,可能也无法确定法律责任的承担者。

(2)污染物排放标准是针对排污者规定的标准,是确定污染物排放合法与否的尺度。合法排污与违法排污的区别在环境与资源保护法中具有重要意义。合法排污造成损失应当承担民事责任,但不会受到行政处罚。违法排污则不同,除了应当交纳超标排污费之外,还会受行政处罚;造成损害,则应当承担民事责任;如果使环境受到严重污染,导致人身伤亡或者公私财产遭受重大损失,还要承担刑事责任。

(3)环境基础标准是针对环境标准制定者的标准,是制定其他环境标准的标准,即认定环境质量标准和污染物排放标准的形式和内容是否合法的依据。环境标准只有依照环境基础标准制定,其名词、术语、符号、单位等与环境基础标准的规定相一致,才会具有相应的法律效力。

(4)环境方法标准是针对环境监测机构的标准,是确定环境监测数据以及环境纠纷中有关证据是否合法有效的根据。在环境司法和执法实践中,纠纷各方当事人往往都提供监测数据和监测结果。判断这些监测结果是否合法有效的重要标准之一,即其检测活动是否符合环境方法标准。

(5)环境样品标准是针对仪器和设备的标准,是标定环境监测仪器和检验环境保护设备性能的依据。

《环境保护法》第六条规定:"企事业单位和其他经营者应当防止、减少环境污染和生态破坏,对所造成的损害依法承担责任。"其他有关污染防治的法律法规,也有类似的规定。原国家环境保护局[1991]环法函字第104号文《关于确定环境污染损害赔偿责任问题的复函》规定,承担污染赔偿责任的法定条件,就是排污单位造成环境污染危害,并使其他单位或者个人遭受损失。现有法律法规并未将有无过错以及污染物的排放是否超过标准作为确定排污单位是否承担赔偿责任的条件;国家或者地方规定的污染物排放标准,只是环境保护主管部门决定排污单位是否需要交纳超标排污费和进行环境管理的依据,而不是确定排污者是否承担赔偿责任的界限。因此,本案中的一家排污企业尽管属达标排放,可以不受行政处罚,但这并不意味着该企业行为不会造成环境污染的损害结果;只要其排污行为造成了损害,即应承担损害赔偿责任。

其二,共同环境侵权责任的承担。

环境共同侵权责任,是指两个或者两个以上环境法主体因其加害行为导致他方人身或者财产上的同一的、不可分割的损害而应承担的法律责任。在本案中,法院判决9家被告连带赔偿原告损失,其法律意义在于确认了这9家企业承担共同环境侵权责任。

环境共同侵权行为具有三方面的主要特征。第一,存在两个或者两个以上的侵权行为人。这是环境共同侵权在主体数量方面的特征,使其与一般环境侵权行为区别开来。第二,各侵权行为人的加害行为结合在一起,导致损害结果的发生。这是环境共同侵权在行为方式上的特征,使其与彼此不相关联的各个单独的环境侵权区别开来。第三,各侵权行为对受害人所造成的损害是同一的、不可分割的。所谓"同一的",是指各侵权行为人的行为所造成的后果对于受害人而言是相同的;所谓"不可分割的",是指无法确定损害结果是由哪一个共同侵权人造成的。

可见,与传统的基于共同故意的共同侵权行为不同,在环境共同侵权中,各个加害方之间的"连接点"是其同一的、不可分割的损害结果,而不是主观上的意思联络。因此,在本案中,尽管9家被告分别排污,并且在排污时没有进行沟通和意思联络,但是基于环境共同侵权理论,各排污企业之间仍然应当承担连带的、共同的损害赔偿责任。当然,在本案中,各排污企业承担的此种环境共同责任属于对外责任。至于各个企业之间就全部赔偿额的内部承担份额,则属于其内部责任问题,可以通过协商或者其他途径另行解决。

四、环境噪声污染防治法

(一)环境噪声污染防治法概述

环境噪声污染与水污染、大气污染、固体废物污染并称"环境四害"。[①]

---

① 吕忠梅,高利红,余耀军.环境资源法学.北京:中国法制出版社,2001,第399页

第七章 环境法学实务研究——我国环境法系

环境噪声污染对人类造成了极大的危害,如损伤人们的听力,影响人们的心情并可能因此而造成身心疾病,对孕妇可能造成胎儿畸形,严重影响人们正常学习、工作、休息和睡眠。如果噪声声级达到 50 分贝,就会使人觉得烦躁不安,不能入睡;达到 60 分贝左右就会给人们的学习、工作带来影响;70 分贝以上声级的噪声会造成人们精神分散,注意力不集中;如达到 90 分贝以上,则会严重干扰人们的工作,导致工作失误、事故增多。[①] 噪声同样能够对动物的听觉器官、内脏器官和中枢神经系统造成病理性变化和损伤。实验证明,动物在噪声环境中会出现听觉和视觉损伤,以及发生失去行为控制能力和声致痉挛现象,还会导致动物内脏发生诸如心力衰竭、内出血等病变。强烈的噪声还造成动物死亡。[②] 嘈杂的环境噪声如建筑工地的打桩引发的噪声还可能损坏周围的机器设备,导致一些仪器失灵。

目前,我国环境噪声污染防治领域的主要法律是《中华人民共和国环境噪声污染防治法》(1996 年)。国家环境保护部发布了《声环境质量标准》、《建筑施工场界环境噪声排放标准》、《社会生活环境噪声排放标准》等环境标准。《江苏省环境噪声污染防治条例》、《山东省环境噪声污染防治条例》等地方法规也专门对防治环境噪声污染作了规定。2010 年 12 月 15 日,环境保护部等十一个部门联合发布了《关于加强环境噪声污染防治工作改善城乡声环境质量的指导意见》,从"加大重点领域噪声污染防治力度、强化噪声排放源监督管理、加强城乡声环境质量管理、强化监管支撑能力建设、夯实基础保障条件、抓好评估检查和宣传教育"六大方面,提出了当前和今后一段时期噪声污染防治工作的任务和举措。

《环境噪声污染防治法》对防止环境噪声污染、保护和改善生活环境、保障人体健康发挥了重要作用。但是,经过十余年的实施,该法也暴露出很多问题。比如环境噪声污染的定义不科学,只有满足超过噪声排放标准和干扰正常生活、工作和学习这两个条件才构成环境噪声污染,这样,多个污染源排放强度叠加后超标从而干扰了他人生活、工作和学习的情形被排除在环境噪声污染之外。随着社会的发展,出现了许多新型的环境噪声污染,如低频噪声污染,由于立法上的滞后性导致处理这些问题时无法可依。此外,《环境噪声污染防治法》缺少农村声环境保护的规定,存在噪声防治措施有效性不足、管理体制不顺等问题,已经不能满足环境噪声污染防治工作的实际需要,应当适时修改。[③]

---

① 周轲.环境法.北京:中国人民大学出版社,2000,第 184 页
② 金瑞林.环境与资源保护法学.北京:北京大学出版社,2000,第 246 页
③ 曹树青,蒋信福.谈《环境噪声污染防治法》的修改.环境保护,2011(7)

(二)环境噪声污染防治法的主要法律规定

1. 环境噪声污染防治法的监督管理制度

我国实行统一管理与部门分工负责管理相结合的环境保护管理体制,因此,《环境噪声污染防治法》规定,国务院环境保护行政主管部门对全国环境噪声污染防治实施统一监督管理;县级以上地方人民政府环境保护行政主管部门对本行政区域内的环境噪声污染防治实施统一监督管理;各级公安、交通、铁路、民航等主管部门和港务监督机构,根据各自的职责,对交通运输和社会生活噪声污染防治实施监督管理。

在行使环境噪声污染监督管理的权限方面,县级以上人民政府环境保护行政主管部门和其他环境噪声污染防治工作的监督管理部门、机构,有权依据各自的职责对管辖范围内排放环境噪声的单位进行现场检查。被检查的单位必须如实反映情况,并提供必要的资料。

任何单位和个人都有保护声环境的义务,并有权对造成环境噪声污染的单位和个人进行检举、控告。

2. 环境噪声污染防治法的基本制度

(1)环境标准制度

《环境噪声污染防治法》第 11 条规定:"国务院环境保护行政主管部门分别对不同的功能区制定国家声环境质量标准。县级以上地方人民政府根据国家声环境质量标准,划定本行政区域内各类声环境质量标准的适用区域,并进行管理。"功能区声环境质量、道路交通声环境质量和城市区域声环境质量均分为好、较好、轻度污染、中度污染和重度污染 5 个级别。各级别等效声级范围见表 7-1。在《城市区域环境噪声标准》(GB3096—93)中,我国将城市区域划分为 0 类至 4 类五种功能区,各类功能区噪声标准限值见表 7-2。

表 7-1 道路交通噪声质量等级划分

等级重度	污染	中度污染	轻度污染	较好	好
等效声级 dB(A)	>74.0	>72.0~74.0	>70.0~72.0	>68.00~70.0	≤68.0

表 7-2 城市区域环境噪声标准　　　　　　　　　　单位:分贝

功能区类别	0 类	1 类	2 类	3 类	4 类
昼间	≤50	≤55	≤60	≤65	≤70
夜间	≤40	≤45	≤50	≤55	≤55

(2) 限期治理制度

《环境噪声污染防治法》第 17 条规定:"对于在噪声敏感建筑物集中区域内造成严重环境噪声污染的企业事业单位,限期治理。"

(3) 落后设备淘汰制度

《环境噪声污染防治法》第 18 条规定:"国家对环境噪声污染严重的落后设备实行淘汰制度。国务院经济综合主管部门会同国务院有关部门公布限期禁止生产、禁止销售、禁止进口的环境噪声污染严重设备名录。"

(4) 环境影响评价制度

《环境噪声污染防治法》第 13 条规定:"建设项目可能产生环境噪声污染的,建设单位必须提出环境影响报告书……"

(5) "三同时"制度

《环境噪声污染防治法》第 14 条规定:"建设项目的环境噪声污染防治设施必须与主体工程同时设计、同时施工、同时投产使用。"

此外,《环境噪声污染防治法》还规定了征收超标排污费制度(第 16 条)、现场检查制度(第 21 条)、环境监测制度(第 20 条)等。

(三)环境噪声污染防治法的主要领域

1. 防治工业噪声污染

工业噪声是指在工业生产活动中使用固定的设备时产生的干扰周围生活环境的声音。《环境噪声污染防治法》设立专章,对防治工业噪声污染作了以下规定:

(1) 对噪声排放的要求

在城市范围内向周围生活环境排放工业噪声的,应当符合国家规定的工业企业厂界环境噪声排放标准。产生环境噪声污染的工业企业,应当采取有效措施,减轻噪声对周围生活环境的影响。

(2) 环境噪声排放申报登记制度

在工业生产中因使用固定的设备造成环境噪声污染的工业企业,必须按照国务院环境保护行政主管部门的规定,向所在地的县级以上地方人民政府环境保护行政主管部门申报拥有的造成环境噪声污染的设备的种类、数量,以及在正常作业条件下所发出的噪声值和防治环境噪声污染的设施情况,并提供防治噪声污染的技术资料。目前,"按照国务院环境保护行政主管部门的规定"是指按照 1992 年国家环境保护局制定的《排放污染物申报登记管理规定》。

造成环境噪声污染的设备的种类、数量、噪声值和防治设施有重大改变的,必须及时申报,并采取应有的防治措施。

（3）规定工业设备的噪声限值

国务院有关主管部门对于可能产生环境噪声污染的工业设备，应当根据声环境保护的要求和国家的经济、技术条件，逐步地在依法制定的产品的国家标准、行业标准中规定噪声限值。工业设备运行时发出的噪声值，应当在有关技术文件中予以注明。

2.防治建筑施工噪声污染

建筑噪声是指在建筑施工过程中产生的干扰周围生活环境的声音。由于我国目前正处于工业发展和城市化进程加快阶段，建筑施工造成的噪声也就日益增多，不少地区群众意见相当大。为此，《环境噪声污染防治法》规定在城市市区范围内向周围生活环境排放施工噪声的，应当符合国家规定的建筑施工场界环境噪声标准。在城市市区范围内，建筑施工过程中使用机械设备，可能产生环境噪声污染的施工单位必须在工程开工15日以前向工程所在地县级以上地方人民政府环境保护行政主管部门申报该工程的项目名称、施工场所和期限、可能产生的环境噪声值以及所采取的环境噪声污染防治措施的情况。在城市市区噪声敏感建筑物集中区域内，禁止夜间进行产生环境噪声污染的建筑施工作业，除非是抢修、抢险作业和因生产工艺上要求或者特殊需要必须连续作业的。而且因特殊需要必须连续作业时，必须有县级以上人民政府或者其有关主管部门的证明，同时必须公告附近居民。

3.防治交通运输噪声污染

交通运输噪声是指机动车辆、铁路机车、机动船舶、航空器等交通运输工具在运行时所产生的干扰周围生活环境的声音。目前，由于我国人民生活水平日益提高，机动车数量越来越多，机动车的噪声污染问题也日益严重。对于交通运输工具在运行时所产生的干扰周围生活环境的声音都属于移动污染源。因此，《环境噪声污染防治法》首先规定：禁止制造、销售或者进口超过规定的噪声限值的汽车；在城市市区范围内行驶的机动车辆的消声器和喇叭必须符合国家规定的要求，即控制使用中的交通运输工具所排放的噪声，机动车辆在城市市区范围内行驶，机动船舶在城市市区的内河航道航行，铁路机车驶经或者进入城市市区、疗养区时，必须按照规定使用声响装置；同时控制警报器的安装和使用，警车、消防车、工程抢险车、救护车等机动车辆安装、使用警报器，必须符合国务院公安部门的规定；在执行非紧急任务时，禁止使用警报器。其次，规定城市人民政府公安机关可以根据本地城市市区区域声环境保护的需要，划定禁止机动车辆行驶和禁止其使用声响装置的路段和时间，并向社会公告。再次，要求合理选择噪声敏感建筑物的建设地点,如在已有的城市交通干线的两侧建设噪声敏感建筑物的,建设单位应当按照国家规定间隔一定距离,并采取减轻、避免交通噪声影响的措施。另外,规定在车站、铁路编组站、港口、码头、航空港等地指挥作业时使用广播喇叭的,应当控制音量,减轻噪声对周围生活环境的影响,即控制交通设施产生噪声污染。

4. 防治社会生活噪声污染防治

社会生活噪声是指人为活动所产生的,除工业噪声、建筑施工噪声和交通运输噪声之外的干扰周围生活环境的声音。社会生活噪声的污染,特别是饮食服务、娱乐场所等所产生的环境噪声的污染日益严重,是环境噪声污染的防治重点,《环境噪声污染防治法》以专章规定。

(1)商业企业噪声排放申报登记制度

在城市市区噪声敏感建筑物集中区域内,因商业经营活动中使用固定设备造成环境噪声污染的商业企业,必须按照国务院环境保护行政主管部门的规定,向所在地的县级以上人民政府环境保护行政主管部门申报拥有的造成环境噪声污染的设备的状况和防治环境噪声污染的设施的情况。

(2)文化娱乐场所防治环境噪声污染的规定

新建的营业性文化娱乐场所的边界噪声必须符合国家规定的环境噪声排放标准;不符合国家规定的环境噪声排放标准的,文化行政主管部门不得核发文化经营许可证,工商行政管理部门不得核发营业执照。经营中的文化娱乐场所,其经营管理者必须采取有效措施,使其边界噪声不超过国家规定的环境噪声排放标准。

(3)商业经营活动中防治环境噪声污染的规定

禁止在商业经营活动中使用高音广播喇叭或者采用其他发出高噪声的方法招揽顾客。在商业经营活动中使用空调器、冷却塔等可能产生环境噪声污染的设备、设施的,其经营管理者应当采取措施,使其边界噪声不超过国家规定的环境噪声排放标准。

(4)使用声响器材时防治噪声污染的规定

禁止任何单位、个人在城市市区噪声敏感建筑物集中区域内使用高音广播喇叭。在城市市区街道、广场、公园等场所组织娱乐、集会等活动,使用音响器材可能产生干扰周围生活环境的过大音量的,必须遵守当地公安机关的规定。

使用家用电器、乐器或者进行其他家庭室内娱乐活动时,应当控制音量或者采取其他有效措施,避免对周围居民造成环境噪声污染。

(5)室内装修活动防治环境噪声污染的规定

在已竣工交付使用的住宅楼进行室内装修活动,应当限制作业时间,并采取其他有效措施,以减轻、避免对周围居民造成环境噪声污染。

(四)典型案例及其评析

【案例】

原告李某、王某夫妇于 2001 年 6 月与被告庄维房地产开发公司签订《商品房买卖合同》,购买了北京市庄维花园 7 号楼房屋一套,并于同年 12 月 31 日入住。入住不久楼内地下室水泵房即出现噪声问题,影响其正常休息和生活。其后,开发公司对管道进行了改造处理,但噪声问题依然存在。2004 年 9 月 10 日,李某委托北京市丰台区环境保护监测站对其住房噪声进行检测,检测结果为:当天 22:10,主要声源是楼内地下室水泵,实测值客厅中心为 39.7 分贝,客厅中心本底值为 29.4 分贝。随后,原告诉至丰台区人民法院,要求被告彻底消除其住房内的噪声污染并赔偿入住以来的精神损害抚慰金 10 万元。

2004 年 12 月 23 日,李某及王某到医院就诊,经诊断为脑供血不足、神经衰弱等。2004 年 12 月 28 日,原告之子到北京儿童医院就诊,病历记载两三个月以来出现间断、无规律头痛现象。

案件审理期间,丰台区人民法院委托北京市丰台区环境保护监测站对原告住房再次进行了噪声检测,主要声源是水泵,实测值为:水泵启动时昼间为 44.1 分贝,夜间为 43.5 分贝;水泵正常运转时昼间为 36.2 分贝,夜间为 35.分贝;本底值昼间为 30 分贝,夜间为 30 分贝。

一审法院认为,国家环保总局为保护公民的生活环境,制定了环境噪声的最高限值标准,其中《城市区域环境噪声标准》规定,以居住为主的 1 类区域,白天噪声标准为 55 分贝、夜间噪声标准为 45 分贝。城市区域环境噪声测量方法》(GB/T14623—93)第 5.4 条规定:"不得不在室内测量时,室内噪声限值低于所在区域标准值 10dB。"在《工业企业厂界噪声标准》中同样规定,以居住为主的 1 类区域,白天噪声标准为 55 分贝、夜间噪声标准为 45 分贝。《工业企业厂界噪声测量方法》GB1234990)的第 2.62 条规定:"若厂界与居民住宅相连,厂界噪声无法测量时,测点应选在居室中央,室内限值应比相应标准值低 10dB(A)。"

原告购买的住宅属《城市区域环境噪声标准》和《工业企业厂界噪声标准》规定的 1 类区域,经环境保护监测站两次进行噪声检测,夜间噪声实测值分别为 39 分贝、43 分贝(水泵启动时)和 35 分贝(水泵正常运转时),均超过了《城市区域环境噪声标准》和《城市区域环境噪声测量方法》规定的夜间最高限值标准。如果充分考虑被告利益,按照《工业企业厂界噪声测量方法》(GB1234990)第 3 条"背景噪声的声级值应比待测噪声的声级值低 10

分贝以上,若测量值与背景值差值小于10分贝应进行修正"的规定,考虑李某住宅的本底噪声因素,39分贝、43分贝的噪声值超过了《工业企业厂界噪声标准》和《工业企业厂界噪声测量方法》规定的夜间最高限值标准;水泵在夜间启动时产生的噪声也高于被告坚持适用的国家强制性标准《住宅设计规范》第5.3.1条规定"住宅的卧室、起居室(厅)内的允许噪声级(A声级)夜间应小于或等于40分贝"的标准。

综上所述,法院判决:①被告庄维房地产开发公司于判决生效之日起60日内对庄维花园7号楼水泵采取有效、可靠的隔声降噪措施,使原告李某、王某住宅内的水泵噪声达到国家环保总局规定的最高限值以下;逾期未达标准,按每日100元对原告李某、王某进行补偿;②被告庄维房地产开发公司于判决生效之日起7日内赔偿原告李某、王某精神损害抚慰金10万元。

【法律剖析】

环境标准是国家为了防治环境污染、保证环境质量、维护生态平衡、保护人群健康,在综合考虑国内自然环境特征、社会经济条件和现有科学技术的基础上,规定环境中污染物的允许含量和污染源排放物的数量、浓度、时间和速率及其他有关的技术规范。环境标准不是固定不变的,它随着一个国家经济和科技水平的发展而不断修正。

《环境噪声污染防治法》第2条规定,环境噪声污染指超过国家规定的环境噪声排放标准,并干扰他人正常生活、工作和学习的现象。所以,环境噪声污染必须具备两个条件:一是排放的环境噪声超过国家规定的环境噪声排放标准;二是环境噪声干扰了他人的生活、工作和学习。也就是说,如果超过国家规定的环境噪声排放标准,就应认定构成环境噪声污染而构成侵权;如果没有超标也就不构成污染。

本案适用的环境噪声标准是评判案件事实是否侵权的依据。有关部门目前尚未出台专门针对住宅室内的低频噪声标准,本案只能适用20世纪90年代制定的《城市区域环境噪声标准》、《城市区域环境噪声测量方法》、《工业企业厂界噪声标准》和《工业企业厂界噪声测量方法》等区域性质的环境噪声衡量标准。这些标准的适用往往会产生对受害人不利的结果。因为噪声是感觉公害,对噪声所造成的危害的处理不应以超标不超标来判断。达标只意味着行政合法,当事人仅仅不承担行政责任,即行政机关不能对其作出行政处罚,然而,即使达标仍侵犯他人的人身权、财产权等民事权利时,其行为仍要承担侵权责任,否则就会对受害人极不公平。如北京市通州区人民法院审理的赵某一家诉楼内水泵噪声污染损害赔偿纠纷案中,其噪声值已达47.4分贝,老人患神经性耳聋,外孙女智力残缺,但此案因为水泵的噪声没有超过通州地区的环境噪声标准限值而一审败诉。在环境法学上，能量流和物质流的防治是有区别的。能量流主要指噪声、振动、光辐射、放射性物质，它不同于大气污染、水污染等物质流。在物质流中，物质造成污染一般是物质长时间积累的结果，而噪声这种能量流有其自身的特点。因此，像噪声污染这类问题，一般不会确立客观数值来作为妨害的标准，应该按照通常人体健康可接受的标准和人们普遍认识与感受的最大噪声限度作为衡量标准。本案中被告的噪声排放已经超过国家有关标准，自然应当承担法律责任，但对于达标排放噪声造成侵害的救济更应引起我们的思考。

五、固体废物污染环境防治法

（一）固体废物污染环境防治法概述

固体废物，是指在生产、生活和其他活动中产生的、丧失原有利用价值或者虽未丧失利用价值但被抛弃或者放弃的固态、半固态和置于容器中的气态的物品、物质以及法律、行政法规规定纳入固体废物管理的物品、物质。为了便于管理，通常按固体废物的来源将其分为工业固体废物、农业固体废物、城市生活垃圾。从对环境危害的程度上看，固体废物可分为一般固体废物和危险废物。

固体废物的产生并不必然导致固体废物污染。固体废物污染是指因对固体废物的处置不当而使其进入环境，从而导致危害人体健康或财产安全，以及破坏自然生态系统造成环境恶化的现象。

固体废物污染危害严重。固体废物占用土地且污染土壤，还可能污染水体和大气。固体废物以土壤、水、大气为媒介，直接由呼吸道、消化道或皮肤摄入人体，可能使人致病。

伴随着城市化进程的推进，大量的固体废物污染也成为全球不得不面对的问题。发达国家可再生资源综合利用率达到了50%~80%，而我国只有30%，并且固体废物无害化处置与发达国家相比相差甚远。因此，我国实行固体废弃物处理任重而道远。

20世纪70年代，我国就开展了有关固体废物综合利用和管理的工作。1989在巴塞尔签署的《控制危险废物越境转移及其处置巴塞尔公约》对固体废弃物越境转移问题作了详细的规定，我国于1992年加入该公约。为履行国际承诺，全国人大常委会于1995年10月30日颁布了《中华人民共和国固体废物污染环境防治法》(2004年修订)。该法是我国防治固体废物污染环境的第一部专项法律，规定了许多新的管理原则、制度和措施。此后，针对固体废物污染的法律法规和部委规章逐个出台。为了规范固体废物进口环境管理,防止进口固体废物污染环境,环境保护部、商务部等联合制定了《固体废物进口管理办法》(2011年)。它们构成了我国固体废物处理的法规体系。

《固体废物污染环境防治法》适用于中华人民共和国境内固体废物污染环境的防治,固体废物污染海洋环境的防治和放射性固体废物污染环境的防治不适用该法。减少固体废物的产生量和危害性、充分合理利用固体废物和无害化处置固体废物是指导固体废物污染防治的主要原则。

(二)固体废物污染环境防治法的主要法律规定

1. 固体废物污染环境防治法的监督管理制度

固体废物污染涉及生产生活的各个方面,其监督管理也涉及许多部门。国务院环境保护行政主管部门对全国固体废物污染环境的防治工作实施统一监督管理,对固体废物污染环境防治工作进行全面的检查、指导和督促,并依法对有关事项做出处理决定。国务院有关部门在各自的职责范围内负责固体废物污染环境防治的监督管理工作。

县级以上地方人民政府环境保护行政主管部门对本行政区域内固体废物污染环境防治工作实施统一监督管理,主要职责是:负责工业固体废物申报登记、审批危险废物经营许可证、进口废物许可证等。县级以上地方人民政府有关部门在各自的职责范围内负责固体废物污染环境防治的监督管理工作。如卫生行政主管部门,对医疗废物收集、运送、贮存、处置活动中的疾病防治工作实施统一监督管理;对外贸易主管部门、海关、质量监督检验检疫部门,负责固体废物的进口管理;铁路、交通、民航部门、铁道部门负责旅客列车产生的垃圾的监督管理。

县级以上人民政府应当统筹安排城乡生活垃圾的处置。城市生活垃圾清扫、收集、贮存、运输和处置的监督管理工作由国务院建设行政主管部门和县级以上地方人民政府环境卫生行政主管部门负责。依据《固体废物污染环境防治法》第49条的规定,农村生活垃圾污染环境防治的具体办法,由地方性法规规定。

2. 固体废物污染环境防治法的基本制度

(1)固体废物回收制度

近年来,随着我国经济的持续高速增长和人民生活水平的不断提高,包装产业也得到了快速发展。包装的过度化现象在我国也比较严重,不仅浪费了大量本就非常有限的资源,还造成了大量固体废物,污染了环境。为了节约资源,减少固体废物产生量,《固体废物污染环境防治法》第18条规定,产品和包装物的设计、制造应当遵守国家有关清洁生产的规定。国务院标准化行政主管部门应当组织制定有关标准,防止过度包装造成的环境污染。生产、销售、进口依法被列入强制回收目录的产品和包装物的企业,必须按照国家有关规定对产品和包装物进行回收。

据此,法律上主要通过标准控制和加大生产者责任对过度包装进行控制。从固体废物污染环境防治原则的角度看,通过制定标准防止过度包装污染环境,可以从源头上解决固体废物问题。而产品和包装物的强制回收制度是生产者责任延伸制度的具体体现。按照生产者责任延伸制度,产品的生产者不仅要对所生产产品的质量瑕疵以及生产过程中造成的环境污染负责,还要对无瑕疵的产品或包装物废弃后承担回收利用或者处置的责任。它通过延伸生产者的责任,将生产、消费、废物回收处置三种不同类型和阶段的责任有机地统一在一起,利于生产材料的减量化和资源化。

(2)固体废物转移申请制度

固体废物在转移的过程中,如果管理不到位,可能造成环境污染,因此,对固体废物的转移实行审批管理是必要的。

《固体废物污染环境防治法》第23、59条规定,转移固体废物出省、自治区、直辖市行政区域贮存、处置的,应当向固体废物移出地的省、自治区、直辖市人民政府环境保护行政主管部门提出申请,移出地的省、自治区、直辖市人民政府环境保护行政主管部门应当商经接受地的省、自治区、直辖市人民政府环境保护行政主管部门同意后,方可批准转移该固体废物出省、自治区、直辖市行政区域;转移危险废物的,必须按照国家有关规定填写危险废物转移联单,并向危险废物移出地设区的市级以上地方人民政府环境保护行政主管部门提出申请,移出地设区的市级以上地方人民政府环境保护行政主管部门应当商经接受地设区的市级以上地方人民政府环境保护行政主管部门同意后,方可批准转移该危险废物,转移危险废物途经移出地、接受地以外行政区域的,危险废物移出地设区的市级以上地方人民政府环境保护行政主管部门应当及时通知沿途经过的、设区的市级以上地方人民政府环境保护行政主管部门;未经批准的,均不得转移。

一般固体废物和危险废物境内转移都需要申请,但是申请的条件不同。一般固体废物跨省转移时才需要申请,危险废物跨市转移就要进行申请。与一般固体废物的转移相比,危险废物转移还涉及联单制度和报告制度。这是因为危险废物比一般固体废物产生危险的可能性更大,更严格的措施是为了最大限度保障转移的安全性。

此外,固体废物越境转移时也要遵循相应的规则。《固体废物污染环境防治法》禁止经我国过境转移危险废物,禁止境外的固体废物进境倾倒、堆放、处置。《固体废物进口管理办法》对固体废物的进口作了规定。

(三)固体废物污染防治法的主要领域

1. 防治工业固体废物污染

国务院环境保护行政主管部门会同国务院经济综合主管部门和其他有关部门对工业固体废物对环境的污染作出界定,制定防治工业固体废物污染环境的技术政策,组织推广先进的防治工业固体废物污染环境的生产工艺和设备。

《固体废物污染环境防治法》中建立了"限期淘汰产生严重污染环境的工业固体废物的落后生产工艺、落后设备的名录"的制度。生产者、销售者、进口者或者使用者必须在规定期限内分别停止生产、销售、进口或者使用列入名录中的设备;生产工艺的采用者必须在规定期限内停止采用列入名录中的工艺。并且,被淘汰的设备不得转让给他人使用。

县级以上人民政府有关部门应制定工业固体废物污染环境防治工作规划,推广使用能够减少工业固体废物产生量的先进生产工艺和设备。

产生工业固体废物的单位要建立、健全企业污染环境防治责任制度,采取防治工业固体废物污染环境的措施;国家实行工业固体废物申报登记制度,产生工业固体废物的单位必须按规定提供工业固体废物的产生量、流向、贮存、处置等有关资料;企业、事业单位对其产生的不能利用或者暂时不利用的工业固体废物,必须按规定建设贮存或者处置的设施、场所;露天贮存冶炼渣、化工渣、燃煤灰渣、废矿石、尾矿和其他工业固体废物的,应当设置专用的贮存设施、场所。上述设施、场所必须符合国务院环境保护行政主管部门规定的环境保护标准。

2. 防治城市生活垃圾污染

城市生活垃圾是指在城市日常生活中或者为城市日常生活提供服务的活动中产生的固体废物,以及法律、行政法规规定视为城市生活垃圾的固体废物。我国《固体废物污染环境防治法》对城市生活垃圾污染环境的防治作了明确的规定。如该法第 40 条是关于在指定地点倾倒、堆放城市生活垃圾的规定;第 42 条是有关城市生活垃圾的及时清运、分类收集和无害化处置的规定;第 43 条对清洁能源和净菜进城作出了规定;第 44、45、48 条分别对城市环境卫生的标准要求、配套设施建设以及管理作了规定;此外,第 46 条规定,施工单位应当及时清运、处置建筑施工过程中产生的垃圾,并采取措施,防止污染环境。

3. 防治危险废物污染

危险废物是指列入国家危险废物名录,或者根据国家规定的危险废物鉴别标准和鉴别方法认定的具有危险特性的废物。危险废物约占工业固体废物的 5%～10%,因其具有危险特点,造成的污染危害性质甚烈、程度甚重,是固体废物污染防治的重点,我国《固体废物污染环境防治法》对此作了专章规定。

该法第 58、60、61 条规定:收集、贮存危险废物,必须按照危险废物特性分类进行,禁止混合收集、贮存、运输、处置性质不相容而未经安全性处置的危险废物,禁止将危险废物混入非危险废物中贮存;运输危险废物必须采取防止污染环境的措施,并遵守国家有关危险货物运输管理的规定,禁止将危险废物与旅客在同一运输工具上载运;收集、贮存、运输、处置危险废物的场所、设施、设备和容器、包装物及其他物品转作他用时,必须经过消除污染的处理,方可使用。

该法第 63、64 条是有关危险废物发生污染事故时的强制应急措施和处理规定。转移危险废物的,必须按照国家有关规定填写危险废物转移联单,并向危险废物移出地和接受地的县级以上地方人民政府环境保护行政主管部门报告。

此外,我国禁止经我国过境转移危险废物。

(四) 典型案例及其评析

【案例】

擅自处置危险废物案

2007 年,云南陆良县中枢镇的李某家生活用水井被污染,原因是 1996 年当地化工实业有限公司将其生产的、未经过无害化处理的铬废渣交由张某自寻地点倾倒在李某家建房地点所致。李某将化工实业公司及张某一并诉至陆良县人民法院,要求判令被告支付打水井、建水塔费用 222872 元。法院审理认为,化工公司与张某的协议因违反法律、行政法规的强制规定而无效,张某不承担民事责任,化工公司应赔偿李某打一口不受污染水井的费用 222872 元。化工实业公司上诉,二审法院云南省曲靖市中级人民法院维持原判。

【法律剖析】

依照《固体废物污染环境防治法》第 88 条第 4 项的规定,"危险废物,是指列入国家危险废物名录或者根据国家规定的危险废物鉴别标准和鉴别方法认定的具有危险特性的固体废物"。含铬废物已被纳入《国家危险废物名录》,因而属于危险废物。

铬是一种银白色的坚硬金属,比铁稍轻,有三价和六价化合物。含铬的化合物都有毒性,其中六价铬的毒性最大。铬渣是生产金属铬和铬盐剩下的工业废渣,是一种毒性较强的危险废物。铬渣露天堆放,受雨雪淋浸,所含的六价铬被溶出渗入地下水或进入河流、湖泊中,污染环境。严重污染带内水中六价铬含量可高达每升数十毫克,超过饮用水标准若干倍。六价铬、铬化合物以及铬化合物气溶胶等,能以多种形式危害人畜健康。因此,铬渣的堆存场必须采取铺地防渗和加设棚罩。

《固体废物污染环境防治法》第52条要求:"对危险废物的容器和包装物以及收集、贮存、运输、处置危险废物的设施、场所,必须设置危险废物识别标志。"第55条规定:产生危险废物的单位,必须按照国家有关规定处置危险废物,不得擅自倾倒、堆放;不处置的,由所在地县级以上地方人民政府环境保护行政主管部门责令限期改正;逾期不处置或者处置不符合国家有关规定的,由所在地县级以上地方人民政府环境保护行政主管部门指定单位按照国家有关规定代为处置,处置费用由产生危险废物的单位承担。第57条特别规定:"从事收集、贮存、处置危险废物经营活动的单位,必须向县级以上人民政府环境保护行政主管部门申请领取经营许可证;从事利用危险废物经营活动的单位,必须向国务院环境保护行政主管部门或者省、自治区、直辖市人民政府环境保护行政主管部门申请领取经营许可证。具体管理办法由国务院规定。禁止无经营许可证或者不按照经营许可证规定从事危险废物收集、贮存、利用、处置的经营活动。禁止将危险废物提供或者委托给无经营许可证的单位从事收集、贮存、利用、处置的经营活动。"

根据上述规定,产生铬废渣的化工实业有限公司应当按照国家有关规定处置铬废渣,而不能随意倾倒和堆放,不得将危险废物提供或者委托给无经营许可证的单位从事贮存、处置活动,更不可将其提供或者委托给个人处置。张某作为普通公民,没有能力对化工实业有限公司产生的铬废渣进行无害化处理,违反了《固体废物污染环境防治法》的禁止性规定。

化工实业有限公司与张某的协议属于民事合同。根据《民法通则》第58条第1款第5项和《合同法》第52条第5项的规定,合同内容违反法律、行政法规的强制性规定的,该合同无效。化工实业有限公司与张某的协议违反了《固体废物污染环境防治法》的强制性规定,因此是无效的。

第二节 自然资源保护法系

自然资源保护是指国家和社会为确保自然资源的合力开发和可持续利

用而采取的各种行动的总称。① 运用法律手段保护自然资源则产生了自然资源保护法。实质上的自然资源保护法,是调整人们在开发、利用、管理和养护自然资源的过程中所产生的保护自然资源生态效益的各种社会关系法律规范的总称。② 形式上的自然资源保护法则是指各种自然资源保护法律规范的表现形式。

一、野生生物保护法

(一)野生生物保护法概述

野生生物包括野生动物和野生植物两大类。野生生物的保护不仅是经济价值意义上的保护,更是物种保护和生物多样性保护的重要范畴。

野生动物是指在自然状态下生长且未被驯化的动物,包括各种哺乳动物、鸟类、爬行动物、两栖动物、鱼类、软体动物、昆虫动物及其他动物。我国《野生动物保护法》(1988年制定通过,1989年施行,2004年修改)规定保护的野生动物,是指珍贵、濒危的陆生、水生野生动物和有益的或者有重要经济、科学研究价值的陆生野生动物。该法规定,珍贵、濒危的水生野生动物以外的其他水生野生动物的保护,适用渔业法的规定。《野生动物保护法》规定,野生动物资源属于国家所有。国家对珍贵、濒危的野生动物实行重点保护,该法依保护程度,将其分为国家重点保护野生动物、地方重点保护野生动物。国家或地方重点保护野生动物是指列入国家或地方重点保护野生动物名录而被加以特殊保护的动物。国家重点保护野生动物分为一级保护野生动物和二级保护野生动物。地方重点保护野生动物,是除国家重点保护野生动物以外,由省、自治区、直辖市重点保护的野生动物。

野生植物是指非人工培植、在自然状态下生存的各种植物,包括藻类、菌类、地衣、苔藓、蕨类和种子等植物。我国《野生植物保护条例》(1996年通过)规定:该条例所保护的野生植物,是指原生地天然生长的珍贵植物和原生地天然生长并具有重要经济、科学研究、文化价值的濒危、稀有植物;药用野生植物和城市园林、自然保护区、风景名胜区内的野生植物的保护,同时适用有关法律、行政法规。依《野生植物保护条例》规定,受保护的野生植物分为国家重点保护野生植物和地方重点保护野生植物。国家重点保护野生植物分为一级保护野生植物和二级保护野生植物。地方重点保护野生植物,是指国家重点保护野生植物以外,由省、自治区、直辖市保护的野生

---

① 金瑞林.环境与资源保护法.北京:北京大学出版社,2000,第295页
② 同上书,第296页

植物。

我国目前关于野生动物保护的法律法规主要有《野生动物保护法》、《渔业法》、《进出境动植物检疫法》(1991年通过,1992年施行)、《陆生野生动物保护实施条例》(1992年颁布施行)、《水生野生动物保护实施条例》(1993年颁布施行)等。我国关于野生植物保护的法律法规主要有《野生植物保护条例》、《植物检疫条例》(1983年颁布施行,1992年修改)、《野生药材资源保护管理条例》(1987年颁布施行)等。其他相关法律有《森林法》、《草原法》、《防沙治沙法》、《自然保护区条例》等。我国参加的相关国际公约主要有《关于特别是作为水禽栖息地的国际重要湿地公约》、《濒危野生动植物种国际贸易公约》、《生物多样性公约》等。

(二)野生生物保护法的主要法律规定

1. 野生动物的保护措施

(1)野生动物名录和栖息地

第一,国家对珍贵、濒危的野生动物实行重点保护。

国家重点保护的野生动物分为一级保护野生动物和二级保护野生动物。国家重点保护的野生动物名录及其调整,由国务院野生动物行政主管部门制定,报国务院批准公布。

地方重点保护野生动物,是指国家重点保护野生动物以外,由省、自治区、直辖市重点保护的野生动物。地方重点保护的野生动物名录,由省、自治区、直辖市人民政府制定并公布,报国务院备案。

第二,野生动物生存环境的保护。

为保护野生动物的生存环境,法律规定了以下措施:

首先,划定自然保护区加强保护管理。国务院野生动物行政主管部门和省、自治区、直辖市人民政府,应当在国家和地方重点保护野生动物的主要生息繁衍地区和水域,划定自然保护区,加强对国家和地方重点保护野生动物及其生存环境的保护管理。

其次,监视、监测环境对野生动物的影响。各级野生动物行政主管部门应当监视、监测环境对野生动物的影响。由于环境影响对野生动物造成危害时,野生动物行政主管部门应当会同有关部门进行调查处理。

最后,实行环境影响报告书制度。建设项目对国家或者地方重点保护野生动物的生存环境产生不利影响的,建设单位应当提交环境影响报告书,报环境保护行政主管部门依法审批。

此外,国家和地方重点保护野生动物受到自然灾害威胁时,当地政府应当及时采取拯救措施。

(2)野生动物资源的管理

第一,野生动物资源档案制度。为及时、准确掌握野生动物资源状况,野生动物行政主管部门应当定期组织对野生动物资源的调查,建立野生动物资源档案。

第二,野生动物猎捕管理的法律规定。为实现野生动物资源的可持续利用,国家规定了严格的猎捕管理措施:

首先,法律禁止猎捕、杀害国家重点保护野生动物。因科学研究、驯养繁殖、展览或者其他特殊情况,需要捕捉、捕捞国家一级保护野生动物的,必须向国务院野生动物行政主管部门申请特许猎捕证;猎捕国家二级保护野生动物的,必须向省、自治区、直辖市人民政府野生动物行政主管部门申请特许猎捕证。

其次,实行猎捕许可证制度。猎捕非国家重点保护野生动物的,必须取得狩猎证,并且服从猎捕量限额管理。猎捕者应当按照特许猎捕证、狩猎证规定的种类、数量、地点和期限进行猎捕。

再次,在自然保护区、禁猎区(禁渔区)、禁猎期(禁渔期),禁止猎捕和进行其他妨碍野生动物生息繁衍的活动。

最后,法律禁止使用军用武器、毒药、炸药进行猎捕。

第三,野生动物的驯养。国家鼓励驯养繁殖野生动物。驯养繁殖国家重点保护野生动物的,应当持有许可证。许可证的管理办法由国务院野生动物行政主管部门制定。

驯养繁殖国家重点保护野生动物的单位和个人,可以凭驯养繁殖许可证向政府指定的收购单位,按照规定出售国家重点保护野生动物或者其产品。工商行政管理部门对于进入市场的野生动物或者其产品,应当进行监督管理。

第四,野生动物的经营利用管理。针对野生动物的经营利用管理,《野生动物保护法》作出如下规定:

禁止出售、收购国家重点保护野生动物或者其产品。因科学研究、驯养繁殖、展览等特殊情况,需要出售、收购、利用国家一级保护野生动物或者其产品的,须经国务院野生动物行政主管部门或者其授权的单位批准;需要出售、收购、利用国家二级保护野生动物或者其产品的,必须经省、自治区、直辖市人民政府野生动物行政主管部门或者其授权的单位批准。

运输、携带国家重点保护野生动物或者其产品出入境的,须经省、自治区、直辖市人民政府野生动物行政主管部门或者其授权的单位批准。

出口国家重点保护野生动物或者其产品的,进出口中国参加的国际公约限制进出口的野生动物或者其产品的,须经国务院野生动物行政主管部门或者国务院批准,并取得国家濒危物种进出口管理机构核发的允许进出口证明书。海关凭允许进出口证明书查验放行。

经营利用野生动物或者其产品的,应当交纳野生动物资源保护管理费。

第五,对于危害野生动物资源的行为,法律规定了行政责任与刑事责任。行政责任主要有两类:一是针对违法失职的国家工作人员所实施的行政处分;二是行政处罚措施。行政处罚包括没收猎获物、猎捕工具和违法所得,没收实物,罚款,吊销狩猎证,责令停止破坏行为,限期恢复原状,以及《治安管理处罚法》中规定的有关处罚措施等。

构成犯罪的,依据1997年修订后的《刑法》承担相应的刑事责任。

现行立法中尚未涉及野生动物资源损害的民事赔偿制度,以及野生动物资源的市场化运营问题。《野生动物保护法》中的某些规定也已不符合市场经济的要求,如禁止转让特许猎捕证、狩猎证、驯养繁殖许可证和允许进出口证明书,等等。这些问题有待于通过《野生动物保护法》的修订予以解决。

2. 野生植物的保护措施

《野生植物保护条例》对野生植物保护的一般规定,如野生植物资源保护方针、保护依法开发利用和经营管理野生植物资源者的合法权益等,与《野生动物保护法》对野生动物保护的规定相同。其他有关野生植物及其生境保护的具体措施主要包括:

第一,对于野生植物的保护,规定鼓励和支持野生植物的就地保护和迁地保护(第5条)。禁止任何单位或个人非法采集野生植物或者破坏其生长环境(第9条)。

第二,实行野生植物保护名录制度。条例将野生植物分为国家重点保护和地方重点保护两类。其中,国家重点保护野生植物又分为国家一级保护野生植物和国家二级保护野生植物(第10条)。1999年8月国务院批准了《国家重点植物保护名录(第一批)》,2001年8月国务院还批准发布了《国家重点保护野生植物名录(第一批)修正案》。

除国家重点保护野生植物外,地方还可以制定地方重点保护野生植物名录。

第三,通过建立自然保护区保护野生植物。在自然保护区以外的其他区域,地方人民政府可以根据实际建立国家重点保护野生植物和地方重点野生植物的保护点或者设立保护标志(第11条第1款)。

第四,对野生植物实行监视制度。该监视制度与野生动物保护法的规定相同。对于生长受到威胁的国家或地方重点保护的野生植物,应当采取拯救措施,保护或者恢复其生长环境,必要时应当建立繁育基地、种质资源库或者采取迁地保护措施(第 14 条)。

(三)典型案例及其评析

【案例】

受国家林业局委托,2006 年秋季国际狩猎野生动物额度准备于 8 月 13 日在成都举槌拍卖。这是我国首次通过拍卖方式,对获批准的狩猎野生动物种类、数量猎捕权进行转让。拍卖的狩猎额度为 14 种野生动物共 289 只(头);狩猎以可持续性方式进行。据介绍,"野生动物狩猎额度"指的是经专家论证的狩猎的对象、数量及狩猎区域。此次拍卖的狩猎额度涉及盘羊、羚牛、白唇鹿、岩羊、矮岩羊、马鹿等 14 种野生动物共 289 只(头),分布在四川、新疆、青海、甘肃、陕西、宁夏、内蒙古、湖南等 8 个省和自治区。

消息一经发布,引起不小的争议:此举将保护生态平衡还是破坏生态平衡?群众的反对声音一浪高过一浪,国际爱护动物基金会等民间环保组织表达了担忧和顾虑。国家林业局有关负责人说,虽然这些野生动物中有国家一级和二级保护动物,但在极其严格的限定下,狩猎不会破坏野生动物种群。根据调查,适当狩猎的地区野生动物的种群反而处于增长状态。狩猎额度是根据当地野生动物的种群情况确定的,猎杀什么野生动物和猎杀多少都是由专家详细调查后确定并分配给各个地区的。中国野生动物保护协会有关负责人也认为,合理的狩猎活动有利于野生动物保护。在西部的一些地区,因为保护力度的加大,岩羊种群成倍增加,使单位面积的载畜量超标,反而给本就吃不饱肚子的其他濒危野生动物的生存带来了麻烦。狩猎能人为地调节野生动物的种群数量。

据国家林业局介绍,我国国际狩猎活动始于 1985 年,多年来各级林业部门在借鉴国际经验的基础上,不断探索改革,初步建立起限定狩猎区域、严控狩猎物种和数量、提升资源利用效益、合理分配狩猎收益、促进社区共管的管理框架,主要体现在以下方面:严格依法限定国际狩猎场所;对狩猎野生动物种类和数量实行科学评估制度;促使国际狩猎价格与国际接轨,极大提高资源利用效益;建立和逐步完善狩猎收益分配制度,确保狩猎收入主要用于保护和补偿周边群众。

由于国人建立起保护野生动物的观念不容易,加上国家林业局有自己监管和自己拍卖的矛盾身份,因此国内反对拍卖的抗议浪潮非常大,一些学者,如王灿发、常纪文教授在媒体上公开呼吁拍卖要慎重。最后,在国家领导人的干预下,拍卖最终取消。

【法律剖析】

本案涉及猎捕野生动物的许可证制度。我国对于野生动物保护规定了严格的管理制度。《野生动物保护法》第 16 条规定:"禁止猎捕、杀害国家重点保护野生动物。因科学研究、驯养繁殖、展览或者其他特殊情况,需要捕捉、捕捞国家一级保护野生动物的,必须向国务院野生动物行政主管部门申请特许猎捕证;猎捕国家二级保护野生动物的,必须向省、自治区、直辖市政府野生动物行政主管部门申请特许猎捕证。"也就是说,我国对于捕捉、捕猎野生动物,包括一级保护的野生动物并不是决然禁止的,只是需要向国务院或者省级野生动物行政主管部门申请特许猎捕证。但是申请猎捕国家一级或者二级野生动物需要满足一定的条件,即必须是为了科学研究、驯养繁殖、展览或者其他特殊情况的需要。本案中,国家林业局拍卖的野生动物猎捕额度是为了调节野生动物的种群数量,提高资源利用效益,将狩猎收入主要用于保护和补偿周边群众,可以将之归为其他特殊情况。但什么情况是"特殊情况",国家林业局有无解释权,社会各界的理解不一。我们认为,只要符合《野生动物保护法》、《行政许可法》等法律的规定,并且有科学依据并经过充分论证,国家林业局许可捕猎便是合理合法的。但是,国家林业局在负有监管职责的情况下,是否可以自己组织野生动物拍卖呢?一般认为,为了避免腐败,如果可以拍卖,最好应由国家的其他部门(如国家资产管理部门)组织拍卖。

但是需要说明的是,如果拍卖合法,根据《野生动物保护法》的规定,本案中猎捕人对野生动物进行捕猎还需要遵循一定的规则。《野生动物保护法》第 19 条规定:"猎捕者应当按照特许猎捕证、狩猎证规定的种类、数量、地点和期限进行猎捕。"即通过拍卖获得猎捕额度的猎捕人不得随意捕获野生动物,必须按照猎捕证的规定进行猎捕活动。否则就要承担相应的法律责任。本案的另一个特殊之处在于,此次狩猎权拍卖的对象不仅包括中国人还包括外国人。对于外国人在中国进行捕猎,除了应当适用上述规定外,还应当遵循《野生动物保护法》的其他规定。例如,《野生动物保护法》第 26 条规定:"外国人在中国境内对国家重点保护野生动物进行野外考察或者在野外拍摄电影、录像,必须经国务院野生动物行政主管部门或者其授权的单位批准。建立对外国人开放的猎捕场所,应当报国务院野生动物行政主管部门备案。"据此,获得此次猎捕野生动物额度的外国人,还应当在已经向国务院野生动物行政主管部门备案的猎捕场所进行捕猎。

二、土地资源法

(一)土地资源法概述

土地资源是指在当前和可预见的未来,可以为人类利用的土地。由于戈壁、冰川、石山、高寒荒漠等难以被人类利用,难以归类为土地资源。土地资源通常可分为耕地、林地、牧地、水域、城镇居民用地、交通用地、其他用地(军事、工矿、盐场等用地)。土地资源具有养育、承载、仓储、景观等功能,是任何社会物质生产部门(包括农业、工业、交通运输业、建筑业等)所必需的物质条件,是人类生存的基础。我国土地总面积约960万平方千米(144亿亩),居世界第三位,但人均占有土地面积约为12亩,不到世界人均水平(约40亩)的1/3;且山地多,平地少,约60%的国土为山地和高原。

由于不合理的开发与利用,我国土地资源破坏现象严重,如土壤的水蚀和风蚀,现有水土流失面积356.92万平方千米,占国土总面积的37.2%;且耕地减少过多过快,目前已不足19亿亩,粮食安全的压力很大。为了有效保护和利用有限的土地资源,我国非常重视土地资源的立法,迄今已形成了较为完整的法律体系,包括《宪法》、《土地管理法》、《城市房地产管理法》(2007年)、《农村土地承包法》(2002年)、《土地管理法实施条例》、《基本农田保护条例》、《土地复垦条例》(2011年)、《城镇国有土地使用权出让和转让暂行条例》(1990年)、《闲置土地处置办法》(2012年)等法律法规。

(二)土地资源法的主要法律规定

1. 耕地保护制度

在《土地管理法》以及《基本农田保护条例》中规定了耕地保护制度。我国耕地保护的目标是保证现有耕地的面积不再减少,并通过各种措施,使耕地的质量有所提高。主要内容是:

(1)实行占用耕地补偿制度,保持耕地总量动态平衡

国家保护耕地,严格控制耕地转为非耕地,实行占用耕地补偿制度。非农业建设经批准占用耕地的,按照"占多少,垦多少"的原则,由占地单位负责开垦与所占用耕地的数量和质量相当的耕地;没有条件开垦或者开垦的耕地不符合要求的,应当按照省、自治区、直辖市的规定缴纳耕地开垦费,专款用于开垦新的耕地。根据《土地管理法》的有关规定,保持耕地总量不减少实行省级人民政府负责制,国务院负责监督。省、自治区编制的土地利用总体规划,应当保证耕地总量不减少;应当严格执行土地利用总体规划和土地利用年度计划,采取措施,保证本行政区内耕地总量不减少,耕地总量减少的,由国务院责令在规定期限内组织开垦与所减少耕地的数量与质量相当的耕地,并由国务院土地行政主管部门会同农业行政部门验收。个别省、直辖市确因土地后备资源匮乏,新增建设用地后,新开垦的耕地的数量不足以补偿所占用耕地的数量的,必须报经国务院批准减免本行政区内开垦耕地的数量,进行易地开垦。

(2)基本农田保护制度

基本农田是根据一定时期的人口和国民经济对农产品的需求,以及对建设用地的预测而确定的在土地利用总体规划期内,未经国务院批准不得占用的耕地。① 划定基本农田保护区,对基本农田保护区内的耕地实行特殊保护,是我国国情的需要。基本农田保护区划定的范围,包括:①经国务院有关主管部门或县级以上地方人民政府批准确定的粮、棉、油生产基地内的耕地;②有良好的水利和水土保持设施的耕地,正在实施改造计划以及可以改造的中、低产田;③蔬菜生产基地;④农业科研、教学试验田;⑤国务院规定应当划入基本农田保护区的其他耕地。依照《土地管理法》的规定,各省、自治区、直辖市划定的基本农田应占本行政区域内耕地的80%以上。

这些具体措施和制度的严格执行,对于我国耕地数量的保护和保证耕地总量动态平衡目标的实现,起到了十分重要的作用。

(3)土地开发、整理与复垦法律制度

土地开发是指对未利用地的开发利用。国家鼓励单位和个人依照土地利用总体规划对未利用地进行开发。未利用地开发要以保护和改善生态环境、防止水土流失和土地沙化为前提。禁止单位和个人在土地利用总体规划确定的禁止开垦区内从事土地开发活动。

土地整理是指通过采取各种措施,对田、水、路、林综合整治,提高耕地质量,增加有效耕地面积,改善农业生态条件和生态环境的行为。国家鼓励土地整理,并予以政策上的支持。土地整理应当由县、乡级人民政府按照土地利用总体规划,组织农村集体经济组织制定土地整理方案,并组织实施。

土地开发是指对未利用地的开发利用。国家鼓励单位和个人依照土地利用总体规划对未利用地进行开发。未利用地开发要以保护和改善生态环境、防止水土流失和土地沙化为前提。禁止单位和个人在土地利用总体规划确定的禁止开垦区内从事土地开发活动。

土地整理是指通过采取各种措施,对田、水、路、林综合整治,提高耕地质量,增加有效耕地面积,改善农业生态条件和生态环境的行为。国家鼓励土地整理,并予以政策上的支持。土地整理应当由县、乡级人民政府按照土地利用总体规划,组织农村集体经济组织制定土地整理方案,并组织实施。

2. 水土保持制度

为预防和治理水土流失,保护和合理利用水土资源,减轻水、旱、风沙灾

---

① 卞耀武,李元. 中华人民共和国土地管理释义. 北京:法律出版社,1998,第115页

害,改善生态环境,1991年中国制定了《水土保持法》(2010年进行了修订),1993年国务院制定实施了《水土保持法实施条例》。除此之外,我国在《环境保护法》、《土地管理法》、《水法》、《森林法》、《草原法》以及《农业法》中也规定了防治水土流失的规定。《水土保持法》关于水土保持的规定主要包括如下四个方面。

第一,国家对水土保持工作实行预防为主、保护优先、全面规划、综合治理、因地制宜、突出重点、科学管理、注重效益的方针。为实施水土保持的基本方针,法律规定国家实行水土保持规划制度,县级以上人民政府应当将水土保持工作纳入本级国民经济和社会发展规划,对水土保持规划确定的任务,安排专项资金,并组织实施。国家在水土流失重点预防区和重点治理区,实行地方各级人民政府水土保持目标责任制和考核奖惩制度。

根据《水土保持法》的规定,国务院水行政主管部门主管全国的水土保持工作。

第二,规定了水土保持的规划措施。内容主要包括:编制水土保持规划的原则;水土流失调查;县级以上人民政府依据水土流失调查结果划定并公告水土流失重点预防区和重点治理区;水土流失规划的主要内容;水土流失规划的批准和实施等。

第三,规定了水土流失的预防措施。内容主要包括:地方各级人民政府应当按照水土保持规划,采取封育保护、自然修复等措施,组织单位和个人植树种草,扩大林草覆盖面积,涵养水源,预防和减轻水土流失;禁止在崩塌、滑坡危险区和泥石流易发区从事取土、挖砂、采石等可能造成水土流失的活动;水土流失严重、生态脆弱的地区,应当限制或者禁止可能造成水土流失的生产建设活动;禁止在25°以上陡坡地开垦种植农作物;禁止毁林、毁草开垦和采集发菜。禁止在水土流失重点预防区和重点治理区铲草皮、挖树兜或者滥挖虫草、甘草、麻黄等;林木采伐应当采用合理方式,防止水土流失;生产建设项目选址、选线应当避让水土流失重点预防区和重点治理区;无法避让的,应当提高防治标准,优化施工工艺,减少地表扰动和植被损坏范围,有效控制可能造成的水土流失。

第四,规定了水土流失的治理措施。内容主要包括:国家加强水土流失重点预防区和重点治理区的坡耕地改梯田、淤地坝等水土保持重点工程建设,加大生态修复力度;加强江河源头区、饮用水水源保护区和水源涵养区水土流失的预防和治理工作;开办生产建设项目或者从事其他生产建设活动造成水土流失的,应当进行治理;国家鼓励单位和个人按照水土保持规划参与水土流失治理,并在资金、技术、税收等方面予以扶持;国家鼓励和支持承包治理荒山、荒沟、荒丘、荒滩,防治水土流失,并依法保护土地承包合同

第七章 环境法学实务研究——我国环境法系

当事人的合法权益;在水力、风力和重力侵蚀地区以及水源保护区进行水土流失治理;退耕还林、退耕还草等。

3. 土地资源税费制度

我国现行的土地资源税费主要有以下几种:

(1)耕地占用税。为了合理利用土地资源,控制非农建设对耕地的占用,国家对于占用耕地建房和从事非农业建设的单位和个人,依法征收耕地占用税。

(2)城镇土地使用税。为了合理利用城镇土地,提高土地利用效益,加强土地管理,我国按使用土地的等级和数量,对城镇、独立工矿区范围内的土地使用者征收城镇土地使用税。

(3)土地增值税。国家为了规范土地、房地产市场,向转让国有土地使用权、地上建筑物及其附着物并取得收入的单位和个人,按照转让房地产所取得的增值额和规定的税率计算征收土地增值税。

(4)土地出让金。土地出让金是指国家将国有土地使用权在一定年限内出让给土地使用者,由土地使用者向国家支付土地使用费。严格来说,土地出让金本质上是一次性收取的土地租金折现价值之和,所以应该说称为地租更为确切。

(5)新菜地开发基金。国家为保证城市人民生活需要,向被批准使用城市郊区菜地的用地单位征收的一种建设基金。它是在征地单位向原土地所有者缴纳征地补偿费、安置补助费、地上建筑物和青苗补偿费等费用之外,用地单位按规定向国家交纳的一种特殊用地费用。

(6)外商投资企业场地使用费。它指外商独资、合营、合作企业利用中方合营或合作者原使用的土地所缴纳的土地使用费。它是由场地开发费和土地使用费两部分组成。外商投资企业以出让方式取得土地使用权,缴纳出让金的,不缴纳场地使用费中的场地开发费。

(7)土地闲置费。《房地产管理法》规定,对于以出让方式取得土地使用权进行房地产开发的,超过出让合同约定的动工开发时间满一年未动工开发的,可以征收相当于土地使用权出让金20%的土地闲置费;满两年未动工开发的,可以无偿收回土地使用权。

(三)典型案例及其评析

【案例】

2005年7月,某市一工业企业以1000万元的价钱通过协议出让方式取得某国有土地使用权,并与市国土资源局签订了出让合同,取得的土地面积为3000平方米,总投资额1.5亿元,并于当月取得了建设用地批准书。

· 179 ·

该企业随即开始动工建设,但由于资金问题,在投3000万元,已动工建设900平方米后,自2006年7月起自行停止了建设。由于这块土地长期得不到开发利用,市国土资源局先后两次发文通知该企业到该局进行处理。在2008年8月,市国土资源局对该企业作出无偿收回闲置土地的处罚。该企业不服,认为企业在土地取得和土地开发上已经投入总计4000万元,并已建设900平方米,应不属于闲置土地。

【法律剖析】

1. 该企业的闲置情形可以认定为闲置土地

根据《城市房地产管理法》第36条和《闲置土地处置办法》等规定,闲置土地的构成要满足三个要件:①依法取得土地使用权后,未按照规定的动工开发建设日期开发建设;②未经原批准用地的人民政府同意而闲置土地;③土地闲置的原因不是由于不可抗力或者政府、政府有关部门的行为或者动工开发必需的前期工作造成动工迟延的。

因此,以下四种情形应当认定为闲置土地:①超过国有土地有偿使用合同约定的动工开发建设日期,或者超过建设用地批准书规定的动工开发建设日期的;②国有土地有偿使用合同或者建设用地批准书未规定动工开发建设日期,自国有土地有偿使用合同生效或者土地行政主管部门建设用地批准书颁发之日起满1年未动工建设的;③动工开发建设但开发建设的总面积不足应动工开发建设总面积的1/3,或者已投资额占总投资额不足25%,且未经批准中止开发建设连续满1年的;④法律、行政法规规定的其他情形。

按照国土资源部《关于闲置土地处置有关问题的复函》(国土资厅函[2001]30号),"应动工开发建设总面积"是指土地使用者依照土地使用权出让合同的约定和规划设计条件,应当在规定时间内完成开发建设的土地面积,"开发建设的总面积"是指"应动工开发建设总面积"中土地使用者已经进行实际投资开发建设的土地面积,"应投资额"是指土地使用者直接投入用于土地开发的资金总额,不包括取得土地使用权的费用,"已投资额"是指土地使用者已经投入用于开发建设的资金总额。

本案中该企业虽已动工建设,但其开发建设的面积900平方米不足应动工开发建设总面积3000平方米的1/3,已投资额3000万元(不包括取得土地的费用)也不到总投资额1.5亿元的25%,并且自2006年7月起,该企业未经市国土资源局同意即中止开发建设已连续满一年以上,因此,该土地应认定为闲置土地。

2. 关于闲置土地的处置

《闲置土地处置办法》的立法精神是盘活闲置土地,促进土地的高效合理利用。因此,除未使用土地或未动工开发满2年的土地应当无偿收回外,可以采用以下方式处置:①延长开发建设时间,但最长不得超过1年。对已缴清土地价款及相关费用且符合土地利用总体规划和城市总体规划要求,在近期有意动工建设的,收取闲置费的同时,可以延长开发建设时间,延长的时间从批准延长之日算起。②安排临时使用,待原项目开发建设条件具备后,重新批准开发,土地增值的,由政府收取增值地价。③政府为土地使用者置换其他等价闲置土地或者现有建设用地进行开发建设。④政府采取招标、拍卖等方式确定新的土地使用者,对原建设项目继续开发建设,并对原土地使用者给予补偿。⑤土地使用者与政府签订土地使用权交还协议等文书,将土地使用权交还给政府,原土地使用者需要使用土地时,政府应当依照土地使用权交还协议等文书的约定提供与其交还土地等价的土地。《国务院关于促进节约集约用地的通知》(国发[2008]3号)重申:土地闲置满2年、依法应当无偿收回的,坚决无偿收回,重新安排使用;土地闲置满1年不满2年的,按出让或划拨土地价款的20%征收土地闲置费。对闲置土地特别是闲置房地产用地要征缴增值地价。依照以上规定,本案中该企业的土地闲置已满2年,依法应当无偿收回,市国土资源局的做法是正确的。

三、水资源法

(一)水资源法概述

水是自然环境的基本要素,广义上的水资源是指地球上水圈内水量的总体,包括经人类控制并直接可供灌溉、发电、给水、航运、养殖等用途的地表水和地下水,以及江河、湖泊、井、泉、潮汐、港湾和养殖水域等。狭义上的水资源是指淡水资源,即在一定经济条件下可以被人类利用的淡水总称。水资源是人类及一切生物赖以生存的必不可少的重要物质,也是工农业生产中不可替代的宝贵资源。我国水资源总量为2.8万亿立方米,居世界第六位,但人均水资源量仅为世界人均占有量的28%。水资源空间分布不均,水资源分布与土地资源、经济布局不相匹配。南方地区水资源量占全国的81%,北方地区仅占19%。目前,我国水资源形势极为严峻,水资源破坏严重,天然水面缩小,水体污染严重;大量开采地下水,地下水源面临枯竭的危险,且地下水位下降造成地面下沉、塌陷甚至断裂等现象。

为了合理开发利用和保护水资源,防治水害,充分发挥水资源的综合效益,我国建立了水资源法律法规体系,包括《宪法》、《水法》、《水土保持法》(2010年)、《防洪法》(1997年)、《中共中央、国务院关于加快水利改革发展的决定》(2010年)、《取水许可和水资源费征收管理条例》、《国务院关于实行最严格水资源管理制度的意见》(2012年)、《水土保持法实施条例》(1993年)、《城市供水条例》(1994年)、《河道管理条例》(1988年)等。

(二)水资源法的主要法律规定

第一,确立了水资源开发利用的基本原则。包括:兴利与除害相结合;开发利用与保护管理相结合;生活用水优先;发展农业水利;鼓励多目标梯级开发水能资源;计划用水和节约用水。

第二,对供水实行供求计划制度。在调蓄径流和分配水量方面,应当兼顾上下游和左右岸用水、航运、竹木流放、渔业和保护生态环境的需要。

第三,对直接从地下或者江河、湖泊取水的,实行取水许可制度。为家庭生活、畜禽饮用取水和其他少量取水的,不需要申请取水许可。使用供水工程供应的水,应当按照规定向供水单位缴纳水费。

第四,国家保护和鼓励开发水运资源。要求在通航或者竹木流放的河流上修建永久性拦河闸坝,建设单位必须同时修建过船、过木设施,或者经国务院授权的部门批准采取其他补救措施,并妥善安排施工和蓄水期间的航运和竹木流放。

第五,对于兴建跨流域引水工程的,规定必须进行全面规划和科学论证,统筹兼顾引出和引入流域的用水需求,防止对生态环境的不利影响。

第六,在防治水质破坏方面,除了要执行国家《水污染防治法》防治水污染的规定外,我国《水法》还规定,在容易发生盐碱化和渍害的地区,应当采取措施,控制和降低地下水的水位,保护地下水资源。在鱼、虾、蟹洄游通道修建拦河闸坝,对渔业资源有严重影响的,建设单位应当修建过鱼设施或者采取其他补救措施。

此外,我国《水法》还规定,禁止围湖造田,禁止围垦河流,确需围垦的,必须经过科学论证,并经省级以上人民政府批准。

第七,对开采地下水,规定必须在水资源调查评价的基础上,实行统一规划,加强监督管理。在地下水已经超采的地区,应当严格控制开采,并采取措施,保护地下水资源,防止地面沉降。对于开采矿藏或者兴建地下工程,因疏干排水导致地下水水位下降、枯竭或者地面塌陷,对其他单位或个人的生活和生产造成损失的,采矿单位或者建设单位应当采取补救措施,赔偿损失。

对城市中直接从地下取水的单位,征收水资源费。而对于其他直接从地下或者江河、湖泊取水的,可以由省、自治区、直辖市人民政府决定征收水资源费。

第七章　环境法学实务研究——我国环境法系

（三）典型案例及其评析

【案例】

原告 A、B、C 三村民小组与被告 D 村民小组属同一行政村，隔贵子河相望，被告 D 村背靠赤犁窝至高石湾桥头的山场，该山场属原、被告共有。山场有两条坑，即水坑和榕木坑，如遇枯水期，坑内鲜有地表水，但地下水（即山泉水）较为丰富，在坑内的某些地段挖一泉眼，均有泉水涌出，山泉水质较好。20 世纪 80 年代之前，原、被告的生活用水大部分靠贵子河水，后因河水污染严重，原告三村村民便在村庄的低洼处挖井抽水作生活用水，亦有少量村民从对岸的水坑和榕木坑处取水。1992 年，被告 D 村在水坑处建起了蓄水和引水设施，基本解决了本村村民的生活用水。由于农业生产大量使用农药化肥，且原告村民的水井在农田附近的低洼处，不时有昆虫尸体掉进井里，污染井水，A、B、C 三村生活用水供给变得困难。为解决生活用水，在未与被告协商的情况下，三原告于 2004 年 8 月在距被告水坑原蓄水引水泉眼下方约十米处挖泉眼取水，被告发现后，即表示反对并将原告的引水胶管拆除搬回本村。双方因之发生纠纷，甚至引发打斗，当地派出所及时制止才防止了事态的进一步恶化。纠纷发生后，经镇政府及市水务局调解，双方未能达成用水协议。在调解无效的情况下，原告 A、B、C 三村将被告 D 村告上法庭，请求判决确认其在赤犁窝至高石湾桥头山场的水坑及榕木坑水源取水饮用的权利，并要求被告停止侵害；被告 D 村应诉后提出反诉，要求法院确认赤犁窝至高石湾桥头山场内的水坑及榕木坑水源的使用权为其独有，并要求原告停止侵害。

法院经审理认为，原告在此水源处取水有法可依，被告要求独占此水源使用权于法无据。因而判决，原告 A、B、C 三村依法可在赤犁窝至高石湾桥头山场内的水坑、榕木坑引水作生活用水，驳回被告 D 村的反诉请求。

【法律剖析】

本案系取水权引起的纠纷，取水权是以取水行为为标的的权利。水资源属于国家所有，但是使用人可依法取得取水权。取水权人享有如下权利：向水行政管理部门申请取水权、利用水资源从事生产经营活动、享有自由使用家庭生活少量取水的权利；取水权人应承担如下义务：节约用水，防治水土流失、水体污染，改善生态环境，引水、截（蓄）水、排水时不得损害公共利益和他人的合法权益。

根据《水法》第 3 条和第 20 条规定，农村集体经济组织可以获得取水权，但其对于资源水的使用不具有排他性，各使用人在行使自己的权利时，不仅不能排除其他使用人对水资源的使用，而且必须兼顾其他使用人对水资源的使用。本案原告 A、B、C 三村因难以解决生活用水,未与被告 D 村协商便在对岸的水坑挖泉眼蓄水引水,做法欠妥。但其所挖泉眼在被告 D 村泉眼的下方,且两泉眼相距十多米,对被告的泉眼蓄水影响不大;且水坑所处山场属原、被告共有,原告解决的只是生活用水,根据水法,开发利用水资源应当首先满足城乡居民的生活用水,原告在水坑蓄水引水有法可依;同时,水资源属自然再生资源,在丰水期,水坑的地下水较丰富且有少量的地表水,被告并未完全利用,原告在此蓄水引水,合乎情理。被告在 20 世纪 90 年代初期便采取集体行动在水坑建起了蓄水引水设施,其用水习惯应得到尊重,但其并不能因其地理优势而独自享有水坑水资源的使用权。因此,在不影响被告蓄水引水的情况下,原告要求在水坑蓄水引水的诉讼请求合法,应予支持。

四、森林资源法

(一)森林资源法概述

森林是指存在于一定区域的以树木或其他木本植物为主体的植物群落。森林资源是林地及其所生长的森林有机体的总称,包括森林、林木、林地以及依托森林、林木、林地生存的野生动物、植物和微生物。森林通常可分为热带雨林、季雨林、亚热带常绿阔叶林、温带落叶阔叶林、中温带针阔混交林、寒温带针叶林、竹林等;也可分为防护林、用材林、经济林、薪炭林、特种用途林等。森林是地球上最大的陆地生态系统,是全球生物圈中重要的一环,能蓄水保土、防风固沙、调节气候、净化空气、美化环境、降低噪音、养育生物、保留物种,对维系整个地球的生态平衡起着至关重要的作用,是人类赖以生存和发展的资源和环境。根据第七次全国森林资源清查(2004—2008 年)结果,全国森林面积 19545.22 万公顷,森林覆盖率 20.36%;森林面积列世界第 5 位,森林蓄积列世界第 6 位,人工林面积居世界首位。

近年来,随着国家对森林保护力度的加大,森林资源保护形势总体较好,但是在森林资源的保护和利用方面还是存在一些问题。为保护和有效利用森林资源,我国建立了森林保护法律法规体系,包括《宪法》、《森林法》、《关于开展全民义务植树运动的决议》(1981 年)、《关于开展全民义务植树运动的实施办法》(1982 年)、《森林法实施条例》(2000 年)、《森林防火条例》(2008 年)、《森林病虫害防治条例》(1993 年)、《城市绿化条例》(1992 年)、《退耕还林条例》、《制定年森林采伐限额暂行规定》(1985 年)、《森林采伐更新管理办法》(1987 年)、《森林资源档案管理办法》(1985 年)等。

第七章 环境法学实务研究——我国环境法系

(二)森林资源法的主要法律规定

《森林法》中设有森林保护的专章,规定地方各级人民政府应当组织有关部门建立护林组织,负责护林工作;切实做好森林火灾的预防和扑救工作;各级林业主管部门负责组织森林病虫害防治工作;禁止毁林开垦等行为;建立自然保护区等。与此有关,国家还颁布与森林法相配套的法规:《森林法实施细则》、《森林防火条例》、《森林病虫害防治条例》等。

1. 护林组织

一般有护林指挥机构,由地方各级人民政府组织有关部门建立;基层护林组织,由林区的国有林场、农场、牧场、厂矿和集体经济组织等单位建立;护林联防组织,由行政区交界的林区,在各级人民政府的领导下建立。基层单位可订立护林公约,组织群众护林,划定护林责任区,配备专职或者兼职护林员,巡护森林、制止破坏森林资源的行为。

2. 森林防火

火灾对森林资源危害极大,必须防止。《森林法》规定地方各级人民政府应当做好森林火灾的预防和扑救工作。规定森林防火期;在林区设置防火设施;发生森林火灾,可优先利用交通通信工具,立即组织扑救;因扑救森林火灾负伤、致残、牺牲的,应给予医疗、抚恤。

3. 森林病虫害防治

病虫害对森林的危害相当严重,《森林法》规定,各级林业主管部门负责组织森林病虫害防治工作。林业主管部门负责规定林木种苗的检疫对象,划定疫区和保护区,对林木种苗进行检疫。一旦发现病虫害,必须立即采取各种措施,组织防治,控制疫区,防止蔓延,可采取飞机撒药等积极措施。

4. 严禁毁林开垦、乱砍滥伐

毁林开垦、乱砍滥伐的后果是水土流失、沙漠化、生态环境被破坏,对人类的危害是很严重的,其损失是难以弥补的。《森林法》规定,禁止毁林开垦和毁林采石、采砂、采土以及其他毁林行为。禁止在幼林地和特种用途林内砍柴、放牧。进入森林和森林边缘地区的人员,不得擅自移动或者损坏为林业服务的标志。为此,还规定了严厉的法律制裁措施。违法进行开垦、采石、采砂、采土、采种、采脂、砍柴和其他活动,致使森林、林木受到毁坏的,由林业主管部门责令赔偿损失,补种毁坏株数一至三倍的树木。滥伐森林或者其他林木,情节轻微的,由林业主管部门责令补种滥伐株数五倍的树木,并处以违法所得二至五倍的罚款。情节严重的,可追究刑事责任,给以刑法制裁。

5. 建立自然保护区

由林业主管部门和省、自治区、直辖市人民政府,在不同自然地带的典型森林生态地区、珍贵动物和植物生长繁殖的林区、天然热带雨林等具有特殊保护价值的林区,划定自然保护区,加强保护管理,如有以保护森林植被和珍贵树种为主的黑龙江丰林和凉水保护区。对自然保护区以外的珍贵树木和林区内具有特殊价值的植物资源,应当认真保护;未经省、自治区、直辖市林业主管部门批准,不得采伐和采集。

6. 其他保护措施

《森林法》还具体地规定了对森林实行限额采伐,鼓励植树造林,建立林业基金制度、森林生态效益补偿基金、征收森林植被恢复费等多项措施,对森林进行保护。2002年国务院颁布了《退耕还林》法规,在我国建立退耕还林制度。

(三)典型案例及其评析

【案例】

2005年10月,李某以翻修房子需要木头为由,向其所在的村、组提出砍伐自家承包地里的水杉树的申请。这些树是1985年左右李某亲自栽种在自家承包地里的。对于李某提出的申请,村、组均盖章表示同意,但该市林业局未核准,李某没有取得林木采伐许可证。当年10月25日,李某在未取得采伐许可证的情况下,到自家承包地里砍了28棵水杉树,最粗的有22厘米、最细的仅有6厘米,堆放在自家房子边上,准备翻修房子时用。2005年11月2日,都江堰市林业局公安人员在执法过程中,发现了这批被非法砍伐的树木。经查,李某砍伐的28棵水杉换算为活立木蓄积达163立方米。该市林业局当即向岳某发出"暂扣林木通知书",对所砍水杉就地查封。可李某置之不理,擅自将已被依法查封的杉木全部用于翻修房子。2006年1月3日,都江堰市公安局受理了这起盗伐林木案;1月8日,李某被刑事拘留;1月22日,李某被依法逮捕。都江堰市人民法院认为,水杉系国家明令保护的一级珍贵野生植物,李某违反《森林法》和其他有关行政法规,在未取得林业部门核发的采伐许可证的情况下非法砍伐水杉,其行为已构成非法采伐珍贵树木罪。

【法律剖析】

这是一起典型的非法采伐、毁坏珍贵树木案件,李某违反国家保护珍贵树木的法律,严重破坏了国家的林木资源。都江堰市公安局以涉嫌盗伐林木罪对其刑事拘留并依法逮捕,都江堰市人民法院在查明事实、正确适用法律的基础上,对李某予以刑事处罚。《森林法》第40条规定:"违反本法规定,非法采伐、毁坏珍贵树木的,依法追究刑事责任。"《中华人民共和国森林法实施细则》第25条规定:"违反森林法规定,致使防护林、经济林、特种用途林、珍贵树木和自然保护区的森林资源遭受破坏的,除应当依法追究刑事责任的以外,按本细则第二十二条的规定从重处罚。"在本案中,李某仅经村、组同意,但未取得县级林业主管部门颁发的采伐许可证,即采伐栽种在自家承包地里的水杉,砍伐数量多达28棵,其数量之多和行为之恶劣,已经达到"特别重大案件"的立案标准,非法采伐、毁坏珍贵树木罪因此成立。人民法院在准确认定事实、正确适用法律的基础上进行了审理,最终作出了正确的判决。

五、矿产资源法

(一)矿产资源法概述

矿产资源是指由地质作用形成的,具有利用价值的,呈固态、液态、气态的自然资源,一般分为能源矿产、金属矿产、非金属矿产和水气矿产四大类。矿产资源是人类赖以生存和发展的生产资料和生活资料的重要来源,是国家经济建设的重要物质基础。我国现已发现171种矿产资源,查明资源储量的有158种;有矿产地1.8万处,其中大中型矿产地7000余处。我国矿产资源总量丰富,矿种齐全;人均资源量少,部分资源供需失衡;优劣矿并存;查明资源储量中地质控制程度较低的部分所占的比重较大。由于开发利用技术水平、管理水平低,浪费和破坏现象严重,加上不合理的开采导致和加剧了生态环境破坏。

为有效保护和管理我国矿产资源,规范其开发利用,我国建立了矿产资源法律法规体系,包括《宪法》、《矿产资源法》、《煤炭法》、《探矿权采矿权转让管理办法》(1998年)、《对外合作开采陆上石油资源条例》(2011年)、《矿产资源开采登记管理办法》(1998年)和《矿产资源勘查区块登记管理办法》(1998年)、《矿产资源法实施细则》(1994年)、《地质资料管理条例》(2002年)、《矿产资源监督管理暂行办法》(1987年)、《矿产资源补偿费征收管理规定》(1997年)、《地质勘查市场管理暂行办法》(1991年)、《探矿权采矿权使用费和价款管理办法》(1999年)、《关于授权颁发勘查许可证采矿许可证的规定》(1998年)、《(市)(地)、县(市)级国土资源主管部门矿产资源监督管理暂行办法》(2003年)、《石油地震勘探损害补偿规定》(1989年)等。

（二）矿产资源法的主要法律规定

1. 探矿权、采矿权有偿取得制度

探矿权是指在依法取得的勘查许可证允许的范围内，勘查矿产资源的权利；采矿权是指在依法取得采矿许可证允许的范围内，开采矿产资源和获得所开采的矿产品的权利。依据《矿产资源法》的有关规定，国家实行探矿权、采矿权有偿取得的制度。开采矿产资源，必须按照有关规定缴纳资源税和资源补偿费，其具体征收办法依照《探矿权采矿权使用费和价款管理办法》执行。

2. 矿产资源登记制度

根据《矿产资源法》、《矿产资源法实施细则》、《矿产资源勘查区块登记管理办法》和《矿产资源开采登记管理办法》，国家建立矿产资源登记制度，具体内容如下：

（1）勘查区块登记管理：国家对矿产资源勘查实行统一的区块登记管理制度，国务院地质矿产主管部门负责矿产资源勘查登记工作，特定矿种的矿产资源勘查登记工作，可以由国务院授权有关主管部门负责。跨省、自治区、直辖市的矿产资源；领海及中国管辖的其他海域的矿产资源；外商投资勘查的矿产资源；本办法附录所列的矿产资源；勘查石油、天然气矿产的，经国务院指定的机关审查同意后，由国务院地质矿产主管部门登记，颁发勘查许可证。除此之外的矿产资源勘查，由省、自治区、直辖市人民政府地质矿产主管部门审批登记，颁发勘查许可证，并应当自发证之日起 10 日内，向国务院地质矿产主管部门备案。

（2）开采登记管理：依照矿产资源的重要程度和矿种的不同，矿产资源开采的审批登记及颁发许可证分别由国务院、省、地（市）、县四级矿产行政管理部门负责。采矿权申请人申请办理采矿许可证时，应当向登记管理机关提交规定的有关材料。登记管理机关收到采矿申请后准予登记的，采矿权申请人应当自收到通知之日起 30 日内，依照《矿产资源开采登记管理办法》第 9 条、第 10 条规定，缴纳采矿权使用费，并缴纳国家出资勘查形成的采矿权价款，办理登记手续，领取采矿许可证，成为采矿权人。登记管理机关应当对本行政区域内的采矿权人合理开发利用矿产资源、保护环境及其他应当履行的法定义务等情况依法进行监督检查。任何单位和个人，未办理登记手续及未领取采矿许可证擅自采矿的，由登记管理机关依法予以处罚。

3. 矿产资源信息管理制度

根据《矿产资源法》第 14 条的规定，国家建立矿产资源信息管理制度，

矿产资源勘查成果档案资料和各类矿产储量的统计资料,实行统一管理,按照国务院规定汇交或者填报。其具体内容主要有:

(1)资料的汇交管理。国家建立地质资料信息系统,国土资源部负责全国地质资料汇交、保管、利用的监督管理;省级人民政府地质矿产主管部门负责本行政区域内地质资料汇交—保管、利用的监督管理。国务院地质矿产主管部门和省级地质矿产主管部门的地质资料馆承担地质资料的保管和提供利用工作。

(2)储量登记资料的档案管理。国土资源行政主管部门应当建立矿产资源登记统计资料档案管理制度,加强对本行政区域内矿产资源登记统计资料、统计台账及数据库的管理,全国矿产资源登记统计数据库由国土资源部统一制定。探矿权人、采矿权人和建设单位应当建立矿产资源登记统计资料档案管理制度,妥善保管本单位的矿产资源登记统计资料、统计台账及其他相关资料,并接受县级以上国土资源行政主管部门的监督检查。

(3)资料的保管与使用。矿产资源勘查的原始地质编录和图件,岩矿心、测试样品和其他实物标本资料,各种勘查标志,应当按照有关规定保护和保存。矿床勘探报告及其他有价值的勘查资料,按照国务院规定实行有偿使用。

(三)典型案例及其评析

【案例】

湖南省静云锰矿勘查区位于湖南省衡阳县A村,2010年8月,湖南省国土资源厅挂牌将静云锰矿探矿权以100万元的价格出让给B公司。2010年12月23日,省国土资源厅颁发了矿产资源勘查许可证,证号:T43420101202043174,探矿权时限为2010年12月23日至2013年12月22日,探矿勘查面积为4.4平方公里。不久,A村村民举报本村村民许某自2008年起至今在未经许可情况下非法开采静云锰矿,且其在非法采矿期间,毁坏山林田地数百亩,严重影响了当地村民的生活居住环境和生态环境。县国土资源局对此进行了查处,2011年4月,在查清许某非法开采静云锰矿矿区矿产品10吨并获利若干的基础上对其作出了行政处罚决定,责令其停止开采、没收违法所得并处罚款。

【法律剖析】

1.非法采矿应承担法律责任

(1)行政责任。根据《矿产资源法》和《矿产资源法实施细则》等规定,擅自进入他人矿区范围内采矿的,矿业主管部门将对非法采矿人实施责令停止开采、赔偿损失、没收采出的矿产品和违法所得、罚款等行政处罚;对于超越批准的矿区范围采矿的,矿业主管部门将对越界开采人实施责令退回本矿区范围内开采、赔偿损失,没收越界开采的矿产品和违法所得,罚款等行政处罚。

(2)民事责任。采矿权为《物权法》规定的用益物权之一,非法采矿侵害了采矿权人的权利,应承担侵权民事责任,最高人民法院的《民事案由规定》也将矿业权纠纷界定为一种用益物权纠纷。因此,当非法采矿人擅自进入他人的矿区范围内采矿,被害人可以要求加害人停止侵害,并赔偿其遭受的损失。

(3)刑事责任。根据《刑法》第343条第1款和《刑法修正案八》的规定,违反矿产资源法的规定,未取得采矿许可证擅自采矿,擅自进入国家规划矿区、对国民经济具有重要价值的矿区和他人矿区范围采矿,或者擅自开采国家规定实行保护性开采的特定矿种,情节严重的,处3年以下有期徒刑、拘役或者管制,并处或者单处罚金;情节特别严重的,处3年以上7年以下有期徒刑,并处罚金。

2. 许某应该承担相应的责任

开采矿产资源,必须依法申请,经批准取得采矿权;未取得采矿许可证的,不得开采。许某未经申请采矿许可证,擅自进入他人矿区采矿,违反了《矿产资源法》第16条等规定,应该承担相应的法律责任。衡阳县国土资源局依据《矿产资源法》第39条、《行政处罚法》第23条、《矿产资源法实施细则》第42条第1款,对许某作出了行政处罚决定,责令其停止开采、没收违法所得并处罚款。这仅追究了其行政责任,被害人B公司仍有权利要求加害人许某承担相应的民事责任,赔偿其损失。而且,根据开采的产品的数量与获利情况,许某的行为还可能构成非法采矿罪,须承担相应的刑事责任。

六、草原资源法

(一)草原资源法概述

草原包括草山、草地,草地又包括天然草地、改良草地和人工草地。草原资源是指草原、草山及其他一切草类资源的总称。草原通常分为草甸草原、典型草原、荒漠草原、高寒草原。草原作为一个生态系统,具有保持水土、防风固沙、保护和养育草原动植物、保持生物多样性、维持生态平衡、生产生物产品,满足人类物质生活需要等功能。我国草原面积4亿公顷,约占国土面积的41.7%,仅次于澳大利亚,居世界第二位;但人均占有草原只有0.33公顷,仅为世界平均水平的一半。我国草原的优良草地面积小,草地品质偏低;天然草地面积大,人工草地面积比例过小。由于不合理的利用,草原生态系统遭到了严重破坏,草地载畜力下降,草地退化面积不断扩大,且荒漠化日益严重,沙尘暴频繁发生。

为有效保护和利用草原,我国建立了草原资源法律法规体系,包括《宪法》、《草原法》、《草原防火条例》(2008年)、《关于进一步做好退耕还林还草试点工作的若干意见》(2000年)、《关于加强草原保护与建设的若干意见》(2002年)、《全国草原火灾应急预案》(2010年)、《全国草原监测工作方案》(2008年)、《草原征占用审核审批管理办法》(2006年)、《草畜平衡管理办法》(2005年)、《甘草和麻黄草采集管理办法》(2001年)、《关于同意收取草原植被恢复费有关问题的通知》(2010年)等,地方性法规有《黑龙江省草原条例》(2005年)、《甘肃省草原条例》(2006年)、《内蒙古自治区基本草原保护条例》(2011年)等。

(二)草原资源法的主要法律规定

1. 草原保护的发展规划

为实现国家对草原保护、建设的宏观调控,以及草原的分类管理和合理利用,必须制订草原保护的发展规划。《草原法》对此作了专章规定。

(1)草原保护、建设、利用的统一规划制度

国家对草原保护、建设、利用实行统一规划制度。

国务院草原行政主管部门会同国务院有关部门编制全国草原保护、建设、利用规划,报国务院批准后实施。县级以上地方人民政府草原行政主管部门会同同级有关部门依据上一级草原保护、建设、利用规划,编制本行政区域的草原保护、建设、利用规划,报本级人民政府批准后实施。经批准的草原保护、建设、利用规划确需调整或者修改时,须经原批准机关批准。

草原保护、建设、利用规划一经批准,必须严格执行。

(2)草原保护、建设、利用规划的制订原则

编制草原保护、建设、利用规划,应当依据国民经济和社会发展规划并遵循下列原则:

第一,改善生态环境,维护生物多样性,促进草原的可持续利用。

第二,现有草原为基础,因地制宜,统筹规划,分类指导。

第三,保护为主,加强建设,分批改良,合理利用。

第四,生态效益、经济效益、社会效益相结合。

(3)草原保护、建设、利用规划的主要内容

草原保护、建设、利用规划的主要内容包括:草原保护、建设、利用的目标和措施;草原功能分区和各项建设的总体部署;各项专业规划,等等。

规划的设计需要与土地利用总体规划相衔接,注意与环境保护规划、水

土保持规划、防沙治沙规划、林业长远规划、城市总体规划、村庄和集镇规划以及其他有关规划相互协调。

(4)其他制度

为确保草原保护、建设、利用规划的完善与实施,《草原法》确立了草原调查制度、草原分等定级制度、草原统计制度以及草原生态监测预警制度。

2.草原建设

(1)鼓励投资建设草原

国家鼓励单位和个人投资建设草原,按照谁投资谁受益的原则保护草原投资建设者的合法权益。国家鼓励与支持人工草地建设、天然草原改良和饲草饲料基地建设,稳定和提高草原生产能力。

(2)县级以上人民政府对草原建设的责任

县级以上人民政府应当增加草原建设的投入,支持草原建设;应当支持、鼓励和引导农牧民开展草原围栏、饲草饲料储备、牲畜圈舍、牧民定居点等生产生活设施的建设;应当支持草原水利设施建设,发展草原节水灌溉,改善人畜饮水条件;应当按照草原保护、建设、利用规划加强草种基地建设,鼓励选育、引进、推广优良草品种;应当依法加强对草种生产、加工、检疫、检验的监督管理,保证草种质量。

3.草原利用

为扭转草原开发利用中生产方式不合理而引发的生态失衡问题,《草原法》规定:

(1)草原承包经营者应当遵循草原资源的生态规律,合理利用草原

草原承包经营者应当合理利用草原,不得超过草原行政主管部门核定的载畜量;应当采取种植和储备饲草饲料、增加饲草饲料供应量、调剂处理牲畜、优化畜群结构、提高出栏率等措施,保持草畜平衡。

(2)非牧业征用、利用草原的协调

勘察、开采矿藏和工程建设需要征用或者使用草原的,必须经省级以上人民政府草原行政主管部门审核同意后,依照有关土地管理的法律、行政法规办理建设用地审批手续。因建设征用集体所有的草原的,应当依照《中华人民共和国土地管理法》的规定给予补偿;因建设使用国家所有的草原的,应当依照国务院有关规定对草原承包经营者给予补偿。因建设征用或者使用草原的,应当交纳草原植被恢复费。

(3)临时占用草原的规定

需要临时占用草原的,应当经县级以上地方人民政府草原行政主管部门审核同意。临时占用草原的期限不得超过两年,并不得在临时占用的草

原上修建永久性建筑物、构筑物；占用期满，用地单位必须恢复草原植被并及时退还。

4. 草原保护措施

实行基本草原保护制度，对重要放牧场、割草地，用于畜牧生产的人工草地、退耕还草地以及改良草地、草种基地，对调节气候、涵养水源、保持水土、防风固沙具有特殊作用的草原，作为国家重点保护野生动植物生存环境的草原，草原科研、教学试验基地以及国务院规定应当划为基本草原的其他草原，划为基本草原。对有代表性的草原类型、珍稀濒危野生动植物分布区和具有重要生态功能和经济科研价值的草原地区建立草原自然保护区，并加强对草原珍稀濒危野生植物和种质资源的保护、管理。对草原实行以草定畜、草畜平衡制度。

5. 禁止开垦草原

对水土流失严重、有沙化趋势、需要改善生态环境的已垦草原，应当有计划、有步骤地退耕还草；已造成沙化、盐碱化、石漠化的，应当限期治理。对严重退化、沙化、盐碱化、石漠化的草原和生态脆弱区的草原，实行禁牧、休牧制度。禁止在荒漠、半荒漠和严重退化、沙化、盐碱化、石漠化、水土流失的草原以及生态脆弱区的草原上采挖植物和从事破坏草原植被的其他活动。在草原上种植牧草或者饲料作物，应当符合草原保护、建设、利用规划；县级以上地方人民政府草原部门应当加强监督管理，防止草原沙化和水土流失。做好草原防火以及草原鼠害、病虫害和毒害草防治的组织管理工作。

(三) 典型案例及其评析

【案例】

2001年9月，原告A经被告B草原监督管理站（下文简称B）批准，在缴纳了草原补偿费1000元后，领取了《新疆维吾尔自治区临时使用草原许可证》，取得了乌鲁木齐市西山13团骑马山下200平方米土地的临时使用权，该许可证注明使用标明用途为"住宅"。之后，A在未经相关部门批准的情况下，花费4.7万余元，在被许可土地上盖了一栋面积为116平方米的砖混结构房屋。2001年11月，乌鲁木齐市城市规划局以该房屋未经规划批准为由将房屋强行拆除，A遂要求B及市规划局等部门给予赔偿。市规划局认为，为有效制止西山地区非法用地、违法批地和违法建房行为，市政府已发出相关《通告》，对西山地区责令停工后仍继续建设的违法建筑实施了强行制止。A虽取得临时使用草原许可证，但还应办理规划施工许可等审批手续，其在未办理规划等相关许可手续的情况下，擅自建房，由此造成的损失,应自行承担,故决定不予赔偿。

原告 A 遂将 B 起诉至法院,要求被告 B 就其非法行政行为承担责任,赔偿其损失 5 万余元。法院经审理认为,《草原法》第 40 条第 2 款规定:"临时占用草原期限不得超过 2 年,并不得在临时占用的草原上修建永久性建筑物、构筑物;占用期满,用地单位必须恢复草原植被并及时退还。"被告 B 理应依据此规定履行监管职责,但其违法批准原告侵占草原修建住宅,其行为已超越批准占用草原的法定职权,应就其违法行政行为承担相应的责任,其收取原告的草原补偿费应予以退还。至于原告 A 未经市规划局批准而建房的损失 4.7 万元应由自己承担。法院最后判决如下:撤销被告 B 颁发的新草监临许字(2001)第 124 号《临时使用草原许可证》;被告 B 退还收取原告 A 的草原补偿费 1000 元;驳回原告 A 的其他诉讼请求。宣判后,原、被告对一审判决都不服,皆向乌鲁木齐市中级人民法院提起上诉,市中级人民法院经审判后裁定维持原判。

【法律剖析】

本案被告 B 颁发给原告 A 临时占用草原许可证是一种行政许可行为,该行为是否违法,被告 B 是否因此承担行政赔偿责任,这是本案中值得探讨的两个问题。

1. B 不应当承担行政赔偿责任

(1)B 的行政许可行为违法。B 颁发的新草监临许字(2001)第 124 号《临时使用草原许可证》,虽然该许可证上有"临时"字样,但又同时载明其核准 A 使用 200 平方米面积草原的用途是建造"住宅",实际上是许可原告 A 在草原上修建永久的建筑物,显然违反了《草原法》第 40 条的规定,属于违法行政许可。

(2)A 的损失系本人违法行为所致。原告 A 虽然取得了《临时使用草原许可证》,但不必然产生允许"在草原上修建永久建筑"的效果,A 只有依照《城市规划法》再取得建设工程规划许可证等证件,方可修建永久建筑。原告 A 在未依法取得有关房屋批准证件的情况下修建住宅,是造成其住宅被确认为违法建筑从而被拆除的根本原因,其所遭受的损失是本人的违法行为所致。

(3)A 的损失由自己承担。因为原告 A 的 5 万元损失不符合《国家赔偿法》第 2 条的规定"合法权益"的损失。根据《国家赔偿法》第 5 条的规定,此种情形不应该获得国家赔偿;《最高人民法院关于审理行政赔偿案件若干问题的规定》第 33 条也规定:被告的具体行政行为违法但尚未对原告合法权益造成损害的,或者原告的请求没有事实根据或法律根据的,人民法院应当判决驳回原告的赔偿请求。所以,尽管 B 的行政行为违法但尚未对原告合法权益造成损害,原告 A 无权获得国家赔偿,只能自己承担损失。

2.违反草原临时占用权应承担的法律责任

依照《草原法》的规定,草原临时占用权必须经合法取得,并且遵守相关义务,否则应受到相应处罚:①未经批准或者采取欺骗手段骗取批准,非法使用草原,构成犯罪的,依法追究刑事责任;尚不够刑事处罚的,由县级以上人民政府草原行政主管部门依据职权责令退还非法使用的草原,对违反草原保护、建设、利用规划擅自将草原改为建设用地的,限期拆除在非法使用的草原上新建的建筑物和其他设施,恢复草原植被,并处草原被非法使用前 3 年平均产值 6 倍以上 12 倍以下的罚款。②在临时占用的草原上修建永久性建筑物、构筑物的,由县级以上地方人民政府草原行政主管部门依据职权责令限期拆除;逾期不拆除的,依法强制拆除,所需费用由违法者承担。③临时占用草原,占用期届满,用地单位不予恢复草原植被的,由县级以上地方人民政府草原行政主管部门依据职权责令限期恢复;逾期不恢复的,由县级以上地方人民政府草原行政主管部门代为恢复,所需费用由违法者承担。

参考文献

[1]蔡守秋.环境与资源保护法学.长沙:湖南大学出版社,2011.
[2]徐祥民,肖国兴,李启家.环境法学.北京:北京大学出版社,2005.
[3]陈泉生.环境法学.厦门:厦门大学出版社,2008.
[4]周训芳.环境法学.北京:中国林业出版社,2001.
[5]汪劲.环境法学.北京:北京大学出版社,2014.
[6]信春鹰.《中华人民共和国环境保护法》学习读本.北京:中国民主法制出版社,2014.
[7]金瑞林.环境法学(第三版).北京:北京大学出版社,2013.
[8]汪劲.环保法治三十年:我们成功了吗.北京:北京大学出版社,2011.
[9]林灿铃.国际环境法.北京:人民出版社,2004.
[10]蔡先凤.环境法学.北京:中国环境科学出版社,2009.
[11]周轲.环境法学研究.北京:中国人民大学出版社,2008.
[12]陈德敏.环境法原理专论.北京:法律出版社,2008.
[13]李建华.法治社会中的伦理秩序.北京:中国社会科学出版社,2004.
[14]陈贵民.现代行政法的基本理念.济南:山东人民出版社,2004.
[15]李雪松.中国水资源制度研究.武汉:武汉大学出版社,2006.
[16]宋宗宇.环境侵权民事责任研究.重庆:重庆大学出版社,2005.
[17]齐树洁,林建文.环境纠纷解决机制研究.厦门:厦门大学出版社,2005.
[18]王明远.环境侵权救济法律制度.北京:中国法制出版社,2001.
[19]王曦.国际环境法.北京:法律出版社,2005.
[20]徐淑萍.贸易与环境的法律问题研究.武汉:武汉大学出版社,2002.
[21]赵玉焕.贸易与环境.北京:对外经济贸易大学出版社,2002.
[22]万霞.国际环境保护法律理论与实践.北京:经济科学出版社,2003.

[23]陈建国.贸易与环境:经济·法律·政策.天津:天津人民出版社,2001.

[24]张梓太.环境法律责任研究.北京:商务印书馆,2004.

[25]吕忠梅等.环境资源法学.北京:中国法制出版社,2001.

[26]韩德培.环境保护法教程.北京:法律出版社,2003.

[27]王利明.侵权行为法归责原则研究.北京:中国政法大学出版社,2003.